行人の膝に読み染む歌冊記

玄月

edit gallery

協力　学校法人二松学舎
二松学舎大学漱石アンドロイドプロジェクトチーム

撮影　熊谷聖司

千夜千冊エディション

源氏と漱石

松岡正剛

角川文庫
23565

千夜千冊
EDITION

源氏と漱石

松岡正剛

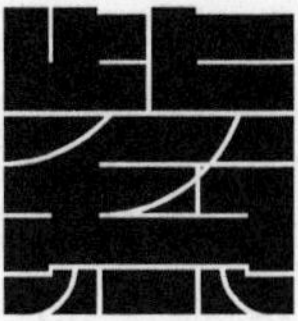

前口上

「源氏」と「漱石」をつないでみたいと思ってきた。
「もののあはれ」と「可哀想だた惚《ほ》れたってことよ」である。
途中には右京大夫《うきょうのだいぶ》、西行、後鳥羽院、連歌、芭蕉、西鶴、井月《せいげつ》たちがいて、
主人公をあからさまにしないスタイルを試みてきた。
しかし「漱石」以降、近代文学は主人公を用意して、
その「創《きず》」を描くことにした。何かの「夜明け前」だったのか。

目次

第三章　近代との遭遇

第一章　源氏という構想

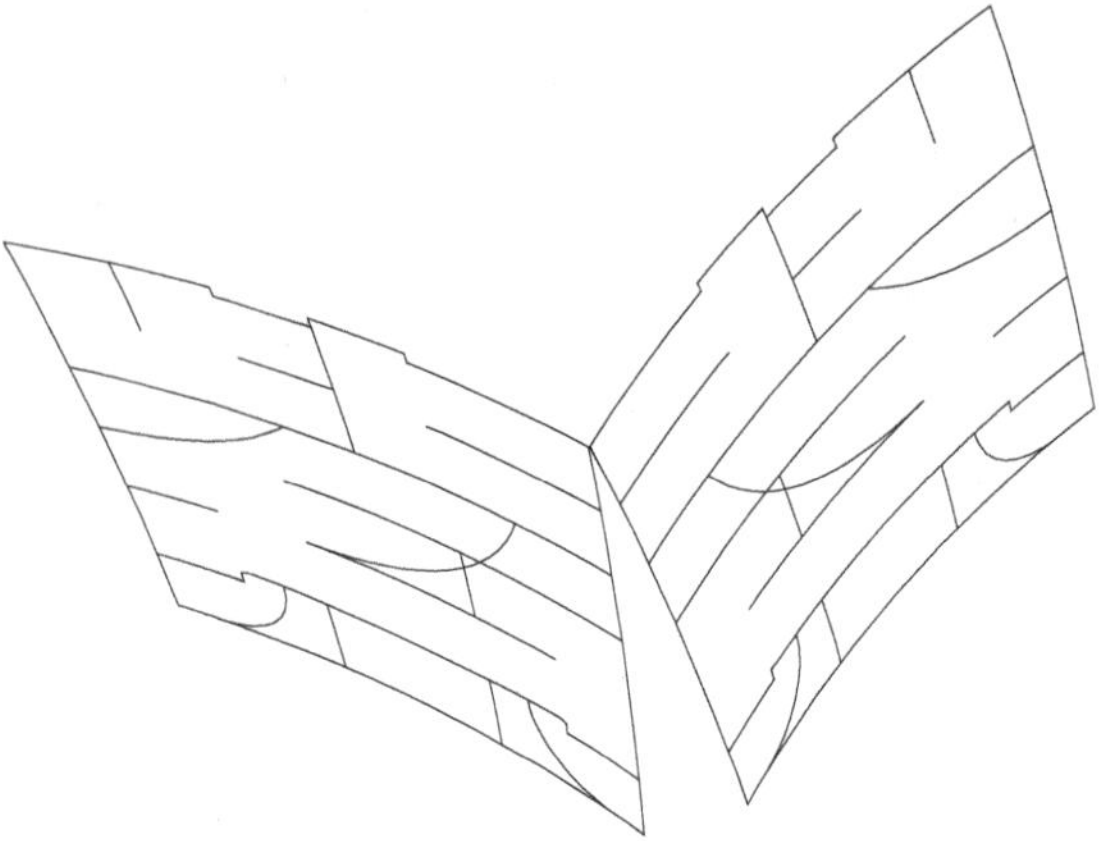

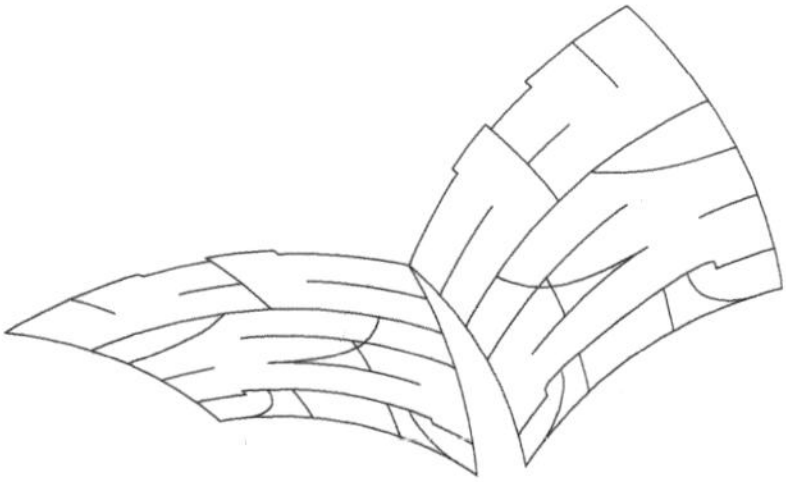

紫式部『源氏物語』その1

紫式部『源氏物語』その2

紫式部『源氏物語』その3

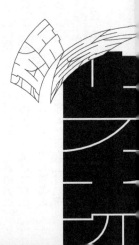

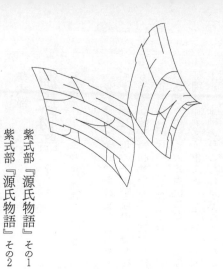

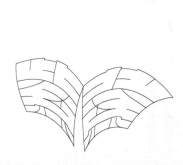

紫式部が見つめた「宿世《すくせ》」は
どのように「いろごのみ」と「もののあはれ」に変じたのか。

紫式部

源氏物語　その1

石田穣二・清水好子校注　新潮日本古典集成（全八巻）　新潮社　一九九九

少し遅めですが、あけましておめでとうございます。乙未（いつび／きのとひつじ）の正月です。新しい年の千夜千冊の「語り初め・書き始め」なので、幾分あらたまる気持ちをもって『源氏物語』をめぐる話をしたいと思います。

正月の『源氏』といえば、巻二二の「玉鬘《たまかずら》」とそれに続く巻二三の「初音《はつね》」。紆余曲折のあげくついに太政大臣《だいじょう》になった光源氏が、完成した六条院の四方に住まう女君たちに正月の晴れ着を配るという有名な場面が入るところです。辰巳《たつみ》の方位の春の町には紫の上が、未申《ひつじさる》の秋の町には秋好中宮《あきこのむちゅうぐう》が住み、丑寅《うしとら》にあてがわれた夏の町には花散里《はなちるさと》が、戌《いぬ》亥《い》の冬の町には明石《あかし》の君が住むという、なんとも華やかな光源氏絶頂期の話です。

六条院というヴァーチャルな結構は、おそらく源　融《みなもとのとおる》の河原院《かわらのいん》や東三条殿や土御門《つちみかど》殿などをモデルにしたんだろうと思いますが、ざっと二四〇メートル四方、五万七六〇〇平米という大きさ。四町ぶんもある。巻二五の「蛍」や巻三三の「藤裏葉《ふじのうらば》」に描写されていることですが、端午《たんご》の節会では邸宅内の馬場で競射《きょうしゃ》が、川の流れでは鵜飼ができたくらいです。

どんなところだったのか。ごくかんたんな全体像なら宇治の「源氏物語ミュージアム」に行かれれば模型があります。風俗博物館の五島邦治さんが監修して四分の一の模型をいろいろの撮影角度で収めて一冊にした『源氏物語 六條院の生活』（青幻舎）という本もある。老舗の「井筒」さんの先代も、六条院を三分の一くらいに復元したいと言っておられた。「井筒」は黒澤明の《乱》をはじめ、ワダエミさんが映画衣裳づくりのときにいろいろ協力してもらっている法衣屋さんです。

六条院は六条京極《きょうごく》にあったという設定ですが、現在の京都人にとって六条という地域はちょっとピンとこない界隈かもしれません。しかし当時なら、桜と柳をみごと交互にこきまぜた八三メートル幅の朱雀《すざく》大路が賑わっていて、東山山麗寄りとはいえ存分に目立っていたはずです。ただし、そこは紫宸殿《ししんでん》や清涼殿《せいりょうでん》がある「御所」ではありません。センターではないのです。このことに光源氏が王権のトップに座れなかった複雑な事情が、もっといえば光源氏に「血」をもたらした桐壺《きりつぼ》の帝《みかど》がメインストリームから外れた事情が、暗示されています。

『源氏』は総じて、この「外《はず》れる」あるいは「逸《そ》れる」ということを宮廷内外の目をもって描いていく物語です。紫式部の狙いも関心も、藤原摂関政治に対する批判の仕方も、その「外れる」「逸れる」の描写具合に出入りしています。グレン・グールドがいみじくも喝破したように、比類のない芸術精度は「よく練られた逸脱」をもってしか表現できません。このグールドの芸術精度についての見方は、紫式部が桐壺の帝と光源氏の発端を「逸脱の様式」としてあらわした『源氏物語』にもあてはまります。

ま、その手の話はまたあとでするとして、この「玉鬘」から「真木柱《まきばしら》」までは俗に「玉鬘十帖《じょう》」とも言って、光源氏三十代後半の最もきらびやかで雅《みや》びなシリーズが描かれている巻立てで、六条院を舞台に源氏意匠が派手に揃ったという場面集です。

そういう正月のハレの王朝文化や六条院のみごとな結構と趣向のまま、ぼくの千夜千冊も『源氏』の全体像に入っていければ、それこそ正月らしくていいんですが、いやいや、なかなかそうもいきません。『源氏』はなかなかなもの、容易じゃない。

ふりかえって、たんに源氏っぽいものって何かというだけなら、京都の呉服屋に育った者にとってはそこそこ親しみやすいものでした。母がたいそうな源氏好きでしたし、百人一首の得意な母が最初に教えてくれたのも、紫式部の「めぐり逢ひて見しやそれともわかぬ間に雲隠れにし夜半《よわ》の月かな」と、清少納言の「夜をこめて鳥の空音《そらね》ははかるとも世に逢坂《おうさか》の関はゆるさじ」と、和泉《いずみ》式部の「あらざらむこの世のほかの思ひ出にいまひとたびの逢ふこともがな」、そして「むすめふさほせ」でした。

近江《おうみ》商人でもあった父のほうは文芸好きというより遊芸派で、反物《たんもの》を広げ、「これ、琳派《りんぱ》源氏やしなあ」などと言って、ちょっと源氏意匠の着物を低く見ていたりしていたのですが、そういうことを含めて源氏っぽいものは、わが家の近くで動いていました。

でも、こういうことはあくまで印象源氏であって、どこかあやふやです。

それなら文章源氏のほうはどうだったかというと、こちらはこちらでなかなかちゃんとは読めません。なにしろ長文きわまりない古文です。ぼくの場合は家にあった現代語訳の「谷崎源氏」を高校時代に拾い読みしたのが最初の源氏体験です。

そのあと、これまた家にあった「舟橋《ふなはし》源氏」や「円地《えんち》源氏」を覗《のぞ》くんですが、なぜかふいに戯曲めいたものにしたくなって、伊丹十三（そのころは一三《いちぞう》）を光源氏に想定し、そのほか八千草薫とか草笛光子とか磯村みどりとか嵯峨三智子を適当に配して妄想を駆りたて、拙《つたな》いシノプシスにとりくんだりしたものでした。

若造のくせにこんな一知半解なことをする気になったのは、小学校の頃に両親に連れられて見た長谷川一夫主演の《源氏物語》がちっともおもしろくなかったのと、昭和三二年のテレビドラマの《源氏物語》が松本幸四郎（八代目）の光源氏でがっかりしたこと、さらに昭和三六年の大映の《新源氏物語》で寿美花代《すみはなよ》が藤壺《ふじつぼ》と桐壺をやっていたのに呆《あき》れたことなどが作用したんだと思います。もっとも、のちに長谷川一夫の《源氏》（吉村公三郎監督）をあらためて見たことがあるのですが、けっこうよく出来ていました。吉村監督はどうも本気で「もののあはれ」を演出しようとしたようでした。

いずれにせよ谷崎源氏をちらちら覗いたということは、その華麗な言葉づかいのせいか、のちのち原文で『源氏』を渉猟するのに大いに役立ちました。

その後、二十代になって与謝野晶子の『新訳源氏物語』を読むのですが、こちらは感動的でした。全訳ではないけれど、さすが晶子。独特のコンデンセーションをしています。コンデンスしているのに、実にうまく書いてある。いまでも源氏ヴァージンの諸君には、これを読むと紫式部の構想や気分や狙いにかなり見当がつくんじゃないかと薦めています（晶子はのちに全訳も試みます）。

といったようなことは、ああだこうだと通り過ぎてきたのですが、三十代をすぎるまで『源氏』に本気でとりくんだということはしていません。源氏についてまとめて何かの話をするのは、今夜この千夜千冊が初めてです。

知っての通り、『源氏』が書かれたのは十一世紀の初頭、遅くとも一〇一〇年代にはほぼ完成しています。これは相当に大変な事件です。あのダンテの『神曲』にして十四世紀の初め、それより三〇〇年も早い。しかもべらぼうに長い大作で（『神曲』も超大作ですが）、それを一人の女性が書いた。こんな作品は世界中を探してもまったくありません。長編という意味だけでもわずかにペトロニウスの『サチュリコン』があるくらいでしょう。

この少し後に、フランスでは『ロランの歌』が、イギリスでは『アーサー王の物語』が、ドイツでは『ニーベルンゲンの歌』などが出来ていたとおぼしいけれど、これらはいずれも伝承や詩歌が集合知によってまとまったもので、誰か一人が書いたわけではありません。日本でいえば『竹取』や『伊勢』や『大和物語』にあたる。それを紫式部は一人で書いてしまったのです。

なぜこんな快挙が成立したのかということは、紫式部に比類ない文才や才気があっただろうことはむろんですが、他にもいろいろの理由が想定できます。そのころの日本の宮廷文化の事情、『源氏』の物語様式が「歌物語」という様式を踏襲したこと、真名仮名まじりの文章を女性が先導できたこと、藤原一族の複雑な権勢変化が同時進行していたこと、平安朝の「後宮」がもたらした恋愛文化が尋常ではなかったということなどが、あたかも桃と桜と躑躅《つつじ》が一緒に咲いたように参集したのです。

とりわけ女君たちと宮仕えの女房たちが、今日では想像がつかないほど格別な「女子界」をつくりだしていたことは、たとえば七〇〇年後にヨーロッパに開花した宮廷女性文化やロココ文化とくらべても、かなり風変りで奇蹟《きせき》的なことでした。何でもありそうな古代中世の中国にも、こんな「女子界」はない（そもそも中国には仮名文字がありません）。と、まあ、あれこれ説明するにはキリがないくらいの「女書き」をめぐる可能性が寄り集まって、あの時期、紫式部に結晶したんだと思います。

紫式部は何を書こうとしたのでしょうか。いろいろの解釈が可能だとは思いますが、本居宣長や折口信夫《おりくちしのぶ》は、『源氏』の根本には「いろごのみ」や「もののあはれ」があると主張しました。

たしかに『源氏』は全篇に男女の恋愛をめぐる交流と出来事がずうっと出入りしています。その浮気ぶり、不倫ぶりは目にあまるほどですけれど、だからといって『源氏』を好色文学とは言えません。そこで折口は「いろごのみ」というふうに言った。折口ならではの網打ちでした。

しかし「いろごのみ」って好色のことじゃんかと思ってしまうと、これはかなり勘違いです。まして源氏や男君たちを、芸能ニュースよろしく「稀代《きたい》のプレイボーイ」などと片付けるのはよろしくない。『源氏』はたんなる好色文学ではありません。

なぜなのか。「いろごのみ」には、古代このかたの日本人の栄枯盛衰の本質にかかわる見方や観念形態の動向が含まれているからで、それを『源氏』のテキストから引き抜いたセクシャルな人間関係だけから解読していこうとすると、あまりにオーバーフローするのです。「いろごのみ」というキーワードは『源氏』まるごとにあてはまるコンセプトではあるんですが、そこには「色恋沙汰」といった意味にはとどまらないものがひそんでいるのです。

本来の意味は、古代の神々の世界において、国々の神に奉る巫女《みこ》たちを英雄たる神々が「わがもの」とすることによって、武力に代わる、ないしは武力に勝る支配力を発揮するという、そのソフトな動向のこと、ソフトパワーのようなもの、それが「いろごのみ」です。つまり「いろごのみ」は、もともとはその人物の性的個人意識にもとづいたものではなくて、古代日本の神々に特有のソフトパワーだったのです。それがしだいに宮廷社会のなかで宮人たちの個人意識に結び付いていった。

それって藤原社会がそうさせていったからそうなったわけで、紫式部はそこを見抜いていたからこそ『源氏』のような物語が書けた。色恋沙汰を綴《つづ》っているようで、それはいちがいに個人に属するものとはかぎらなかったのです。

一方、「もののあはれ」を書いたとは、どういうことなのか。たんなる「あはれ」を書きたかったんではないでしょう。「もののあはれ」は日本人の古来のメタコミュニケーションにかかわる揺れ動く情感のようなものです。しかも、意外にもむしろ個人意識に発する感情です。『源氏』でいえば巻三九「夕霧《ゆうぎり》」に、雲居雁《くもいのかり》の「あはれをもいかに知りてかなぐさめむあるや恋しき亡きや悲しき」という歌があるのですが、この「あるや、なきや」の感じです。夕霧が柏木《かしわぎ》追悼にことよせて、ひそかに落葉《おちば》の宮に近づこうとしているとき、その本心をはかりかねた雲居雁が詠んだ歌です。

「もののあはれ」の感覚はこのように、「あるや、なきや」の「揺れ動くのにしみじみしてしまう感じ」というニュアンスだとみなせます。こうした情感は『源氏』以前の古代歌謡にも万葉にも、もちろん古今集にも見られた日本的情緒ですが、それは必ずもって「歌」によってこそあらわせるものでした。もっとはっきりいえば、歌によってしかあらわせない。宣長ふうにいえば「ただの詞《ことば》」ではなく「あやの詞」でしかあらわせないのです。紫式部はそのことを充分に感知していました。

ことほどさように『源氏』には日本文化にまつわる深みがいろいろひそんでいるようなのです。これは一個の文芸作品としてはとんでもないことで、シェイクスピアだって近松だって、いくつもの作品を並列させてやっと深みに近づいたのに、紫式部はそれを長大な一作で十一世紀にやってのけてしまったのです。

その深みには、日本人が長らく感じてきた「世《よ》」というものについての寂しい思いや、「無常」という驚くべき価値観や、さらには力のあるものに何かを感じながらもそれを特定できない「稜威《いつ》」といった敬神的感覚なども入っていて、それが「もののあはれ」や「いろごのみ」として表象されているようなのです。とはいえ、さあ、それをいざちゃんと説明しようとなると、たいへんむつかしい。ついつい『源氏』から離れていってしまうこともある。それゆえお正月だからといって「玉鬘」や「初音」にかこつけて源氏語りをしていくというふうには、なかなかならないのです。

というわけで、今夜はとりあえずいま述べたような本質論や日本論にはあまり踏み込まないで、物語の中身のほうと紫式部の比類ない表現編集力のほうについて彷徨《ほうこう》したいと思います。そして、後半でちょっと本質論に踏み込みたい。

さて、いうまでもないことですが、『源氏』の読み方にはセオリーはありません。好きに自由に読んでいっこうにかまわない。それで十分に愉しめます。

たとえば光源氏をかこむ女性たちを比較する論評や案内が出回っていますが、あれはあれでおもしろい読み方です。秋山虔《けん》さんの『源氏物語の女性たち』（小学館ライブラリー）をはじめ、三〇冊くらい、その手の本やガイドが出ていると思います。秋山さんは「天皇の社会文化」に基軸を見据えて源氏研究に生涯を捧げた人です。

ちなみにぼくは、高校時代にＩＦという読書派の女生徒から、「松岡さんは『源氏』の女性なら誰が好き？」と言われてどぎまぎしたことがあります。彼女はぼくが大好きだった女生徒なんですが、そんな謎かけをされた。さあ、紫の上か藤壺か、そのときはちょうど宇治十帖を読んでいたときだったので浮舟《うきふね》と言うのか、そんなこと言うと嫌われるかなとか、それとも女三《おんな》の宮にするか、でも地味だしなとか、どぎまぎしながらも結局は「ま、それぞれいいところがあるからね」などと、まことにつまらない返事をしたものでした。

完訳を果たした瀬戸内寂聴《じゃくちょう》さんは、理想的な女性として描かれている紫の上や貞淑の鑑《かがみ》のような花散里《はなちるさと》より、六条御息所《ろくじょうのみやすどころ》や朧月夜《おぼろづきよ》や明石の君、あるいは源氏には愛されなかった女三の宮などに惹《ひ》かれたと書いていました。なかでも六条御息所が一番だとおっしゃる。これはなかなかの御意見で、われわれ凡なる男からは、生霊《いきりょう》となって夕顔《ゆうがお》や葵《あおい》の上《うえ》にとり憑《つ》き死に到らしめた御息所を、『源氏』一番の女性とは言いがたい。たいていは「業の深い女」だと見てしまいます。けれども瀬戸内さんは、あの「とめどもない愛」と「あふれてやまない情熱」こそ、紫式部がつくりあげた「胸が熱くなるほどいとおしい女性」なのだと言っていた。うーんと唸《うな》りました。

こんなふうに、登場する女性像から『源氏』を語るのはけっこう愉快で、それでいてそこそこ滋味ある見方にもなりうるのですが、『源氏』の読み方や楽しみ方はそれにはとどまりません。

おそらく『源氏』はシャーロッキアンのようにいろいろに読んでいいのだと思います。大きい構造からも読めますが、小さな窓越しにも調度の具合からも愉しめる。シャーロック・ホームズになっていいのです。たとえば、『源氏』には「かいま見る」(垣間見)ということがやたらに出てくるんですが、どのくらい「覗き見の場面」があるかをピックアップしてみるのもおもしろい。

巻五の「若紫《わかむらさき》」では、北山に赴いていた源氏が美少女を垣間見《かいま》て、この少女を連れ帰ることを思い立ちます。「限りなう心を尽くしきこゆる人にいとよう似たてまつれる」と感じたからです。そこで連れ帰ってすばらしい女性に仕立て上げ、自分の奥さんにしようと思います。この美少女こそのちの紫の上でした。源氏とこの少女との出会いは全篇に流れる「紫のゆかり」の系譜が、桐壺の更衣、藤壺をへて紫の上に及んで、さらに〝紫化《むらさきか》〟していったということの強調ですから、この垣間見はたいへん重大なきっかけだったのです。

そのほか「野分《のわき》」では、夕霧(光源氏の長男)が紫の上、玉鬘、明石の中宮を次々に垣間見ますし、「橋姫」で薫《かおる》が大君《おおいぎみ》を垣間見たことも、その後の宇治十帖の混沌を予告しています。垣間見は物語に「数寄《すき》の構造」をつくるんです。

垣間見は男が女を垣間見るとはかぎりません。逆もある。ということは『源氏』は男女リバースの「覗き見文学」であって、相互侵犯文学であって、つまりは不倫文学のバイブルでもあるからです。人妻、ギャル、少女、年増《としま》、美人、ブス、熟女、やさ男、イケメン、少年、おやじ、髭《ひげ》男、身分の差、貧富の差を問わず、男女の交情がのべつまくなしに描かれている。さすがにパワハラは出てきませんが、ストーキングやセクハラはしょっちゅうです。あからさまなレイプはないけれど、和姦《わかん》はしょっちゅうです。それでも、そこには『源氏』なりの特徴がありました。

『源氏』以前の代表的な物語に『落窪物語《おちくぼ》』や『宇津保物語《うつほ》』があります。紫式部も熱中して読みました。

その『落窪』では寝所に侵入するなり服を脱いで添い寝してくる男君に、「怖くて心細くて、震えながら泣いていた」という場面があって、それは「着ている衣が見苦しいのと、とくに下着が汚れていたので、それが恥ずかしくて、たったいま死にたいほどの気持ちになったので泣いたのだ」という叙述が入ります。『宇津保』には父母のない女君が寺社参詣に来た男君に犯される場面があるんですが、その前に歌の贈答があったり、女のほうも琴《きん》を鳴らして応接したりしている。

つまり下着が気になったとか贈答歌があったとか、それなりの応接があったとか、『源氏』以前の物語ではそういう説明がつく交情になっているんです。いわば弁解付きのセクハラものが前時代には多かったのです。

けれども、紫式部はこの趣向を踏襲していません。『源氏』は前代の物語様式を継承していながらも、男女の交わりをその場の理由で叙述していません。そういう方針をもっているなということが文意の特徴にはっきり出ています。その場ではあからさまな情交がおこっているのですが、その理由を源氏や男君たちも女君たちも、容易に説明できないように書いてある。そこでは「説明しがたいもの」が暗示されているだけなのです。どうしてそんなふうに書いてあるのか、その物語技法の奥行きを見ていくのは、なかなか興味深い読み方です。

もちろん、もっとカジュアルにもっとポップに、もっと現代に引き付けて読む手もあります。田辺聖子《せいこ》が翻案した『新源氏物語』（新潮文庫）や橋本治の『窯変《ようへん》 源氏物語』全一四巻（中公文庫）、あるいはいまは中断しているようですが、江川達也が性的表象を重視して描いたマンガ『源氏物語』（集英社）なんかがそういうものでした。

そうしたなか、コミックの得意手をふんだんに綾《あや》なしてみせたのは大和和紀《やまとわき》の先駆的な『あさきゆめみし』全一三巻（講談社）でした。まだヴィジュアルな史料が乏しかった一九七九年からの連載でしたが、たいへんうまく源氏的なるものを扱っていた。

さらにフェミニズムの立場から読むとか、ジェンダー的に突っ込んでみるという手もあるでしょう。大塚ひかりという古典エッセイストの『源氏の男はみんなサイテー』（マガジンハウス→ちくま文庫）とか『「ブス論」で読む源氏物語』（講談社＋α文庫）などは、思いきってドライな源氏読みです。

ついでながら、現代語訳の『源氏』がどのくらい読まれているか、見当つきますか。晶子訳が一七二万部、谷崎源氏が八三万部、円地源氏が一〇三万部で、田辺聖子訳が二五〇万部、瀬戸内訳が二二五〇万部。『あさきゆめみし』はなんと一八〇〇万部だそうです。しかし、『源氏』から男と女の関係ばかり抜き出していては、もったいない。

そもそも『源氏』はその全体が「生と死と再生の物語」として読めるようになっています。これは大切な見方です。それとともに「もののけ」を含めた「もの・かたり」の大きなうねりが脈動しています。「もののけ」は葵《あおい》の上を呪殺しただけではなく、何度も出没します。

王朝期、「つくる」というと「物語を書く」ことをさしました。紫式部はその「もの」の「語り」をどういう作り方にするか、そうとう意欲をもって取り組みました。そこで「本歌取り」ならぬ「物語取り」の手法をいろいろ工夫した。暗示や例示、仮託や暗喩の語りを駆使します。だから『源氏』からは驚くほど多様なナラティビティや趣向や属性を、今日なお読みとることが可能です。

紫式部はそうした「もの」に寄せたフィクションの力を確信していました。巻二五の「蛍」には、光源氏の養女になった玉鬘《たまかずら》が物語に熱中していたので、源氏が自分がどのように物語について感じているかを述べる有名なくだりが出てきます。そこで源氏は大和和紀の漫画『あさきゆめみし』で、はじめて「源氏」に触れた読者も多いだろう。数ある現代語訳のなかでも「円地源氏」を下地にしている。光源氏の色好みと女性たちの葛藤と悲愴がよく描けている。生霊となり葵の上を襲う六条御息所と(上)、義母である藤壺との不義を犯す光源氏(下)。

「物語というのは虚構《そらごと》だからすばらしいんだ」という持論を述べてみせるのですが、これは作者が源氏を借りて自分の物語観を吐露しているところです。さらに「日本書紀なんてリアルで瑣末《さまつ》なことばかり書いていて、かなり片寄っている」とも、源氏に言わせている。ここはかなりの思想です。

こんなふうに、日本の言葉の奥行き、すなわち大和言葉や雅語の使い勝手をまさぐるために『源氏』を読むということは、たいへん得がたい作業です。国学者たちが挑んできた王道のひとつでした。

たとえば「らうたし」とか「らうたげ」という言葉が夕顔や女三の宮に使われているのですが、これは「うつくし」とも「いとほし」とも違います。「うつくし」は小さいものや幼いものへのいたわりで、「いとほし」は相手への同情を含む気の毒な感覚から生まれた言葉なのですが、「らうたし」は弱いものや劣ったものを庇《かば》ってあげたくなる気持ちをもった「可憐《かれん》だ、愛らしい」という意味で使われます。夕顔や女三の宮をそのように見ることは「らうたし」からも推しはかることができるのです。

このへんのことは国文学の研究書がとことんやっているので、そういうものを繙《ひもと》くとすぐに見えてくる奥行きですが、こうした「言葉読みの可能性」をわかりやすく、かつおもしろい仮説として提供しているのは、ぼくにとっては、国語学の大野晋《すすむ》さんと作家の丸谷才一さんが対談しながら全巻を巻ごとに繙いていった『光る源氏の物語』上下（中央公論社）でした。これ、けっこうおすすめです。

忘れないうちに加えておきますが、『源氏』が描く衣裳や色合い、源氏絵と呼ばれてきた絵画を通した源氏体験をするのも、また源氏調度や源氏香《げんじこう》などに分け入って源氏理解をするのも、なかなかオツなものです。ぼくはどちらかというと、こちらのほうに子供の頃から親しんできました。

源氏色については吉岡幸雄《さちお》さんが染色の技を駆使してみごとな再生をされました。その成果『源氏物語の色辞典』（紫紅社）は大事なプレゼンテーションです。吉岡さんの色の再現と色彩文化にまつわる造詣にたちまち引き込まれます。以前、ホテルオークラで公開対談をしたときは、すばらしい源氏色の由来を茜《あかね》や紅で染めた布で説明してくれました。

紫式部の色彩表現感覚は、かなり独特なのです。赤だ、緑だ、白だとは書かない。「若菜下」には洗い髪の色合いを綴った息を呑むような表現があります。「（洗った髪が）露ばかりうちふくみ迷ふ筋もなくて、いと清らにゆらゆらとして、青み衰え給へるしも色は真青に白く美しげに透きたるやうに見ゆる……」というあたり。溜息《ためいき》が出ます。

源氏絵をじっくり見るのも「源氏読み」のひとつです。源氏絵はなんといっても国宝の《源氏物語絵巻》が「鈴虫」「関屋《せきや》」「夕霧」「柏木」「宿木《やどりぎ》」など一九場面をのこしているのが基本の基本ですが、宗達《そうたつ》が「関屋」「澪標《みおつくし》」をユニークな一枚絵に描いたように、王朝ルネサンスとしての源氏絵は国宝の絵巻だけでなく、白描《はくびょう》の源氏絵、永徳《えいとく》らの源氏屏風《びょうぶ》、土佐派の《源氏物語画帖《がじょう》》、住吉具慶《すみよしぐけい》の源氏絵巻など、いろいろあるんです。

これらは「美術としての源氏」というより、源氏というのはこういうものだということを、絵そのものとして把握できるようになっています。「吹抜屋台《ふきぬきやたい》」という図法で描いているとか、顔は「引目鉤鼻《ひきめかぎばな》」になっているとかだけではない。絵を見ていると、文章ではやってこないいろいろな情報がアルス・コンビナトリアをおこして伝わってきます。いわばバーバラ・スタフォードのイメージング・サイエンスのような見方ができるように描かれています。

こうしたヴィジュアル源氏を愉しむには、秋山虔・小町谷《こまちや》照彦の『源氏物語図典』(小学館)、三田村雅子の『源氏物語　物語空間を読む』(ちくま新書)、『源氏物語　感覚の論理』(有精堂出版)、三田村と三谷邦明との共著『源氏物語絵巻の謎を読み解く』(角川選書)などが参考になります。

このほか、お能にも『源氏』の各巻を本説《ほんぜつ》とした幾つもの作品があるので、これを通してみてもさまざまな源氏体験ができます。夕顔をシテとする《夕顔》や《半蔀《はじとみ》》、六条御息所をシテとする《葵上》や《野宮《ののみや》》、彷徨する主人公を謡う《玉鬘》や《浮舟》、光源氏がシテになる《須磨《すま》源氏》紫式部にアヤをつけた《源氏供養》など、いくつかの源氏ものがあります。

ただ、ちょっと意外なのは世阿弥が『源氏』をあまり好まなかったようだということで、これについてはまだ本気の研究がないのではないかと思います。紫式部の時代は田楽の流行の段階で、世阿弥はこれを脱したかったから、あえて『源氏』に入らないようにしたのかもしれません。《葵上》は世阿弥が改作したという説があるのは、何かそのへんを暗示しているのかなと思うときもあります。

というふうに、源氏読みや源氏体験にはいろいろのアプローチがあっていいわけですが、どうしても欠かせないのは、やはり「歌」にカーソルを合わせつつ「歌物語としての源氏」を読むということだろうと思います。

なにしろ八〇〇首近く、七九五首の和歌が『源氏』に入っている。それを紫式部がすべて登場人物に即して歌い分けたのです。こんな例はほかにない（あるとしたらオペラです）。それだけでなく、「引歌《ひきうた》」というんですが、前代の和歌がおびただしく引用されている。藤原俊成が「六百番歌合」の判詞（判定）で「源氏見ざる歌詠みは遺恨のことなり」と言ったように、『源氏』はそれ自体が歌詠みが必ず通るアーカイブだったのです。

それゆえ中世から近世にかけて、日本を代表する歌人や連歌師や俳人たちが源氏注釈をしながら、こうした歌のアーカイブを探索しました。四辻善成《よつつじよしなり》の先駆的な評釈『河海抄《かかいしょう》』を筆頭に、一条兼良《かねら》の『花鳥余情《かちょうよせい》』、三条西実隆《さんじょうにしさねたか》の『細流抄《さいりゅうしょう》』、北村季吟《きぎん》の『湖月抄』など、ずらりと揃っている。

これらを総合的に点検し、巨《おお》きな視野で仕上げていったのが賀茂真淵《かものまぶち》の『源氏物語新釈』で、それにさらに磨きをかけたのが本居宣長の『源氏物語 玉《たま》の小櫛《おぐし》』でした。ちなみに『湖月抄』までを源氏研究のギョーカイでは「旧注」と言いまして、それ以降は「新注」と言います。

こういうふうな源氏の歌世界に入っていくには、多少なりとも和歌を愉しめなくてはなりません。そして、いったん和歌を読みくらべたりすることがおもしろくなると、『源氏』はたまりません。それはプロの歌人にとっても同じこと、塚本邦雄の『源氏五十四帖題詠』（ちくま学芸文庫）を一度、手にとってみてください。五十四帖全巻に対して塚本さんが一首ずつを新たに詠み、それを含めて各巻の趣向を解説してしまうという、とんでもなくアクロバティックな遊びでした。

ちょっとだけ紹介すると、たとえば「桐壺」は「桐に藤いづれむらさきふかければきみに逢ふ日の狩衣は白」を、「夕顔」には「その夏のわざはひの夢わがために一茎ゆふがほぞ裂かれし」を、「玉鬘」が「きのふ初瀬にめぐりあひたるゆかりとて日蔭の花のあはれ移り香」で、「橋姫」が「宇治十帖のはじめは春の水鳥のこゑ橋姫をいざなふごとし」

というふうに。七七五七七の字余り塚本節も滲《にじ》み出しての、塚本邦雄以外の誰にもできそうもないプレゼンテーションでした。

ついつい勝手な話ばかりしてしまいました。それでは、そろそろ本題に入ることにします。やっぱり作者のことから入りましょう。まずもって紫式部とはどういう女性なのか。いったいなぜ『源氏物語』などという長大なものを書いたのか。時代背景としては何を見ていたのか。ここからが今夜の源氏彷徨です。

一言でいえば、紫式部は受領《ずりよう》の子です。生家は藤原北家《ほつけ》の一門ではあったものの、祖父の代では受領レベル（諸大夫）の身分になっていましたから、栄華を極めていった藤原道長の家系とはほど遠い家柄です。それでも四代前の醍醐《だいご》天皇のころは、それなりに優遇されていました。曾祖父、兼輔《かねすけ》の時代です。それがだんだん落ちぶれてきた。落ちぶれたといっても落魄《らくはく》したわけではなく、ずるずると「家の位」が後退したという程度ですが、ここが『源氏』が書かれた時代背景としてけっこう大事なところです。

なぜならこのことは、紫式部にとって「くちをしき宿世《すくせ》」だったんです。長生きをした祖母の口から往時の華やかな日々のことを聞いて、いささか悔しい思いをもっていた。なぜ父の代でそうなってしまったのか、なぜ祖母はその懐古話をしてくれたのか。ここに執筆のモチベーションの一端があります。『源氏』冒頭が「いづれの御時《おほんとき》にか、（中略）

すぐれて時めきたまふありけり」というふうに始まっているのは誰もが知っていることでしょうが、この「いづれの御時」という御時は、四代昔の醍醐天皇の御時のこと、曾祖父の御時のことだということなんです。

もう少しくわしく言っておくと、父の藤原為時《ためとき》は漢学者でした。菅原文時《ふみとき》を師として漢籍を学び、慶滋保胤《よししげやすたね》や文雅に長じた具平《ともひら》親王らとも親交を結んでいます。花山《かざん》天皇に大事にされたこともあった。けれども花山帝は藤原兼家《かねいえ》の策略で二年たらずで出家退位しましたから、そのあとは長く文章生散位《もんじょうのしょうさんに》のまま捨ておかれた身分でした。おまけに妻を病気で失った。

こうした家柄の浮沈に関する出来事は、その後の紫式部の人生観と、物語作りの気持ちのスタンスを決めていきます。宮廷社会で生きるとはそういうものでした。それはまたあとで話すとして、さて、父の為時が不遇の散官時代をへて長徳《ちょうとく》二年(九九六)に越前守《えちぜんのかみ》となると、翌々年に結婚します。いくつくらいの時だったと思いますか。十代後半？　二十代になってから？

いやいや、そのころとしてはかなり遅い二十代後半です。相手は四十半ばの藤原宣孝《のぶたか》という貴族で、山城守《やましろのかみ》という職掌です。この旦那さんは『枕草子』によると、まあまあ明るい茶目っけもある貴族だったようですが、長保《ちょうほう》三年(一〇〇一)、折からの疫病に倒れて死んでしまいます。紫式部は、同じ年に身罷《みまか》った東三条女院の詮子《せんし》の死と思いを重ねて、「雲の上も物思ふ春は墨染に霞むそらさへあはれなるかな」と詠んでいる。わずか数年の結婚生活でした。

で、それから数年後に一条天皇の内裏《だいり》に宮仕えすることになる。中宮の彰子《しょうし》の女房として出仕しなさいという誘いがきたのです。彰子は道長の娘で、貴族のトップです。そしてここから先に「紫式部」となっていくわけなのですが、当初、この出仕にけっこう迷っています。

女房というのは、宮廷や貴族の館に局《つぼね》をもらって仕える高級女官です。宮廷では、天皇に仕える「上の女房」(内裏女房《じゅだい》)と後宮の后に仕える「宮の女房」とがありました。紫式部の場合は一条天皇に入内した中宮の彰子に仕える女房として声がかかったので、当然「宮の女房」です。当時はこうした女房が後宮サロンをつくり、それぞれ妍《けん》を競いあっていた。藤原道隆《みちたか》の娘の定子《ていし》のサロンには清少納言が、彰子のサロンには和泉式部が入っています。

しかし、出仕の決意が定まらない。「数ならぬ心に身をば任せねど身に随《したが》ふは心なりけり」と歌っている。ともかく最初のうちはぐずぐずしていたようで、里に帰ってしまったこともあったようです。それでも結局は決断する。キャリアウーマンとして、栄華に酔いしれる宮廷社会の実態を見てみようという決意だったかもしれないし、あるいはかつての曾祖父の時代の宮廷感覚を取り戻したかったのかもしれません。

このあたりのことは、杉本苑子《そのこ》さんに『散華《さんげ》』（上下・中公文庫）という小説があるので、読まれるといい。現代語による会話が少し興ざめしてしまうところがありますが、紫式部の生涯を小説にしたものとしては、本名を小市《こいち》というふうにして、その小市から紫式部になっていく境遇に沿って女心のカーソルを動かしているので、そこそこわかりやすいと思います。歴史的なプロフィールについては、今井源衛『紫式部』（吉川弘文館）、清水好子『紫式部』（岩波新書）などが参考になるでしょう。

紫式部という名称は自分から名のったのではありません。自分でつけたペンネームでもありません。これは「候名《さぶらいな》」あるいは「女房名」というもので、仕事の肩書き上の呼び名です。

候名や女房名には、本人が帰属する家を代表する者の官職名を用います。紫式部の「式部」は父親が式部丞という官職に就いたことに由来します。清少納言は近親に「少納言」がいたから、伊勢は父親が伊勢守《いせのかみ》だったから、相模《さがみ》は夫が相模守だったから、それぞれそう呼ばれました。清少納言の「清」は清原氏の出自であることを示します。だから念のために言っておきますが、セイショー・ナゴンではなくセイ・ショーナゴン。ドンキ・ホーテではなくドン・キホーテであるように。

どうしてこんなふうなハンドルネームのようなもの、まさに水商売の源氏名のようなものがついたかというと、貴族社会では女性の実名を伏せるという仕来《しきた》りになっていたからでした。それゆえ女房たちは系図にもめったに実名が記されません。

では「紫式部」はどんなネーミングかというと、前述したようにこれは候名で、通称です。実際には父の姓は藤原なので、「藤式部《とうしきぶ》」と呼ばれていたはずです。それが『源氏』が有名になり、ヒロインの紫の上に宮廷の人気が集まったので、また『源氏』の物語の全体が「紫のゆかり」が導きの糸になっていたので、いつしか「紫の式部」になったのではないかというのが学界の定説です。そのくらい同時代によく読まれていたということでもあるわけです。これは有名なエピソードですが、当代きっての知的ダンディの藤原公任《きんとう》が彰子の皇子出産の祝宴に出ていたときに式部に出会い、「すみません、このあたりに紫の方はいらっしゃいますか」と冗談めかして尋ねたという話がのこっています。

ついでながら、角田文衛《つのだぶんえい》さんは長年の研究を通して、紫式部の本名が実は「香子」(かおりこ／たかこ／こうし)だったということを調べ上げました。『紫式部伝』(法藏館)という大著になっています。大論争がおこった仮説でしたが、いまなお賛否両論です。

さて、夫に死なれ、中宮に出仕する誘いがあって、紫式部がひそかに決断したのが

「物語をつくる」ということでした。寛弘五年（一〇〇八）の日記（のちに『紫式部日記』となったもの）に、「はかなき物語などにつけてうち語らふ人」になりたいといったことを書いています。

こうして、何年何月何日とは確定できないものの、夫を亡くして六、七年、宮仕えをして三年ほどたったころ、『源氏』をほぼ書き了《お》えます。ということは、もう少し前から草稿を綴っていたんだと思います。

草稿段階でどんな構想ができあがっていたのか、そこはわかりません。おそらく、主人公を大胆にも天皇の第二皇子にしたことが決定的なトリガーになったんではないかと思います。「世になく清らなる玉の男みこ」としての「光の君」です。「かかやく日の宮」とも呼ばれた。源融《みなもとのとおる》や源高明《たかあきら》や藤原伊周《これちか》などを参考モデルにしたようです。まあ、合体ロボのような超イケメンです。

この「光の君」の父は桐壺の帝《みかど》というふうにしました。それこそ曾祖父の時代の醍醐天皇がモデルです。その帝が選んだのが桐壺の更衣です。帝の寵愛《ちょうあい》を独占したために同輩から疎《うと》まれ、さまざまな陰湿な「いじめ」にあったという設定にした。ついで、その帝と更衣のあいだに輝くような「光の君」が授けられたのに、母なる更衣が死んでしまうというイニシャルステージを思いついたことで、あらかたの構想ができたはずです。

紫式部は、漢の武帝と李《り》夫人の秘話や、白楽天《はくらくてん》の『長恨歌《ちょうごんか》』が詠んだ玄宗《げんそう》皇帝と楊貴《ようき》妃《ひ》の悲恋などをヒントに、日本の宮廷社会のあからさまな日々を綴ることにしたようです。その後、どんなふうに書き進めたのかということはわかっていないのですが、おそらく四〜五年で書き上げたのだろうと思います。きっと没頭したんでしょう。それにしても、この物語を一気に読めた同時代の王朝貴族、宮廷文化、後宮社会というものの文化水位というのも、驚くべきものだったと思います。

ということで作者像のことはこのへんにして、それではそろそろ『源氏物語』という大河小説のような物語がどんな「しかけ」や「しくみ」になっているのかということを、ざっと見ておこうと思います。

ご存知のように『源氏』は五十四帖《じょう》でできています。五十四帖になったのは藤原定家の校訂本以降のことで、それ以前には異同がいくつかあったようですが、それはともかく源氏といえば五十四帖。

そのなかに、たくさんのエピソードやプロットがちりばめられているのですが、それらすべては時の流れに従って話が進行するようになっています。光源氏をはじめとする主人公たちの成長、登場人物の生老病死、季節の変化、節会と行事のめぐり移り、調度の出入りや装束のメッセージ、神社仏閣への参詣、さらには「もののけ」の出没などが織りなされ、それが五十四帖にわたって連続的に及びます。

とはいえ、むろんベタには書いていない。光源氏が生まれて十二歳の元服のときに葵の上と結婚させられるまでが巻一の「桐壺」ですが、次の巻二「帚木《ははきぎ》」では十七歳にとぶ。桐壺の帝が亡くなって、朧月夜との密通がバレてしまってピンチにたった源氏の話は巻十の「賢木《さかき》」で描いて、ここに大きなターニングポイントがあらわれるのですけれど、次に源氏が須磨・明石に退却するところも二～三年とんでいます。

おびただしい登場人物についても、必ずしも追跡描写があるわけではありません。囲碁の布石のようにしっかり伏線は綴られていて、忘れたところに再記述や後追い記述がされるということもしばしばです。おそらくはトレーサビリティ（追尾性）を微妙にしておくことが、作者の魂胆であり意図だったのでしょう。

たとえば巻三「空蟬《うつせみ》」で源氏と一夜の契りを交わした空蟬のその後は巻一六「関屋」にとびますし、巻六「末摘花《すえつむはな》」の後日譚《ごじつたん》は巻一五「蓬生《よもぎう》」を読むまではわからない。しかし、ときどきとんでいたからといって、『源氏』の物語構造はゆるがない。プロットは複雑ではあるけれど、かなりしっかりした構造です。ぼくは長らくレヴィ＝ストロースが言うように「構造は関係である」と確信してきたのですが、『源氏』はまさに「物語＝構造＝関係」になっているんです。

東と西を問わず、物語には母型（マザータイプ）というものがあります。とくに古典は母型をもっている。たいていはその民族に伝わってきた神話がもたらした構造を母型にしました。ゼウス神話やスサノオ神話です。その母型を支えているのはワールドモデルです。ワールドモデルにもとづいた世界観です。『源氏』のワールドモデルは何なのか。「都」ではありません。「宿世《すくせ》」です。宿命が支配する世界観です。『源氏』はこの宿世と物語構造を融即させました。

かくて『源氏』の物語構造は、結果的に大きく三部構成に分かれます。これは研究者たちが便宜的に区分けしたものですが、こういうふうに見るのはわかりやすいので、ぼくもこれを使わせてもらいます。

第一部は「桐壺」「帚木」「夕顔」から「須磨」「明石」をへて「野分《のわき》」「玉鬘」「梅枝《うめがえ》」、巻三三の「藤裏葉」に及ぶという長丁場です。この進行のなかで二つのストリームが交差します。複数の予言的な暗示が提示され、その予言にもとづいたロングストリームの物語がうねるように進行しているなか、ショートヴァージョンのエピソードがしばしば絡んで、しだいに光源氏の特徴と野望があきらかになっていく。それとともに、その複雑な心情を浮き上がらせるというふうになるのです。

ロングストリームの話の根底に流れるメタモチーフは、母の桐壺の更衣の「面影」です。その面影が先帝の四の宮だった藤壺へ移り、さらにその姪《めい》の紫の上に投影されていく。この面影が「うつる」（移・映・写）ということこそ、源氏全体に出入りしている最も重要な特色のひとつです。

ところが光源氏と藤壺との密通によって罪の子が誕生すると、この子が冷泉院《れいぜいいん》となって帝位につくのですが、このストリームは潜在的な王権の可能性のほうに転化します。光源氏は太政大臣、また准太上天皇《じゅんだいじょうてんのう》にまで昇りつめるけれども、それは摂関家の権力でもなく、また天皇の権威でもない別様のもの。あくまで光源氏独特の地位です。

一方のショートヴァージョンのほうは、源氏が空蟬、夕顔、末摘花、夕顔の遺児の玉鬘らとどういうふうに交わったかという話の連鎖です。これらの女性はロングストリームの物語には登場しません。けれどもそのぶんたいへん印象深く描かれます。

そういうなか、源氏は葵の上を正妻にします。これは言ってみれば政略結婚のようなものですが、その葵の上は六条御息所の生霊《いきりょう》に取り憑かれ、夕霧を難産したあとについに取り殺されるという、まるでシェイクスピア並みの悲劇か、ホラー小説に匹敵するような驚くべき事態に見舞われます。三島由紀夫がこの顚末《てんまつ》を現代劇に置きなおしました。『葵上』です。

御息所は死んだ後も女三の宮や紫の上に取り憑きます。さしもの華やかさに彩られた六条院の邸宅も、死霊によって揺さぶられる屋敷と化していく。六条院は増築を重ねて広大なものになったのですが、その「秋の町」の結構は実は六条御息所の邸宅を吸収したものでした。この土地はそういうゲニウス・ロキ（地霊）をもっていました。それゆえこのエピソードは上田秋成が『雨月物語』の「浅茅《あさじ》が宿」に換骨奪胎しています。

葵の上との死別を経て舞台が変わって、源氏その人は須磨・明石に移ります。あとで説明するように、そうなった表向きの理由は弘徽殿《こきでん》の女御《にょうご》の妹である朧月夜の官能力にあるのですが、ぼくはここは紫式部が源氏に「侘《わ》び」を選択させたところだと見ています。須磨・明石のくだりは神話の物語類型から言うと「貴種流離譚」に当たります。

光源氏が落ち着いた先は明石の入道の邸宅でした。入道が娘の明石の君を縁付けたいと申し出ると、源氏はこれを受け入れ、二人のあいだに生まれた子は今上《きんじよう》帝の中宮になって、源氏一族の繁栄のシンボル力のように見えてきます。

しかし光源氏はまだ「侘び」のなかにいる。なんとなく気がふさいでいます。ここに浮上してくるのが玉鬘《たまかずら》と夕霧です。玉鬘は頭中将《とうのちゆうじよう》と夕顔のあいだに生まれた子で、源氏が引き取って養女にしていたのですが、たいそう美しく育った。そこでみんなが言い寄るようになっていく。養父の源氏さえ妖しい気分になる。この玉鬘をめぐる話が、さきにも紹介しておいたように、巻二二の「玉鬘」から巻三一の「真木柱《まきばしら》」まで続いて「玉鬘十帖」と呼ばれてきました。

一方の夕霧は光源氏と葵の上のあいだに生まれた長男です。雲居雁《くもいのかり》とのあいだに四男三女、藤内侍《とうないしのすけ》とのあいだに二男三女、さらに落葉の宮とも結婚するという「まめ人」ですが、のちのち源氏が亡くなったあとは大いに権勢をふるいます。

ですから物語の男主人公としては、光源氏から夕霧へとバトンタッチされていくというふうになっているわけですが、けれども、そこには静かな逸脱のストリームが流れていきます。

第二部は巻三四「若菜上」から巻四一の「幻」までです。源氏はもう四十代になっている。ここでは女三の宮が六条院に降嫁してきたことがきっかけになって、それまでの六条院の栄華が目に見えてくずれ、源氏と紫の上のあらまほしい関係が世俗にまみれていくという進行をとります。

結局、栄華を手にするようになったのは明石の君の一族でした。ここに登場してくるのが柏木（頭中将＝内大臣の長男）です。柏木は蹴鞠《けまり》の日に垣間見した女三の宮に懸想《けそう》していて、落葉の宮との結婚に満足していない。それでも強引に密通して思いをとげます。こうして生まれてきたのが次の第三部で活躍する薫《かおる》です。

ここから事態がしだいに複雑になってきて、源氏の心も右に左に乱れていきます。源氏は藤壺との罪の因果応報を感じながら、五十日《いか》の祝いで幼い薫を抱くのですが、そこにはうっすらと苦渋の表情があらわれてくる。柏木は柏木で、源氏に女三の宮との秘め事を知られて自滅するかのように死んでいき、女三の宮は出家します。実直だったはずの夕霧も落葉の君に恋慕するというふうに踏み外す。その豹変《ひょうへん》ぶりに雲居雁は失望して実家に戻ってしまいます。

すべての歯車がちょっとずつ狂っていく。源氏もだんだん常軌を逸した言動を見せます。紫の上はすべてを諦観してこの世を去ってしまいます。これでは源氏はどうしようもない。紫の上を哀悼しながら出家の道を選ぼうとするというふうになって、「幻」の巻で光源氏は消えていく。物語に登場しなくなる。

実際には光源氏の死の場面は描かれていないんですが、そのことは第三部の宇治の物語で、源氏は嵯峨《さが》の地に出家して亡くなったというふうに回想されることになります。かくて第二部はしだいに仏道の求道感覚が色濃くなって閉じられます。けれども抹香くさくはなりません。かなり紫式部は工夫したでしょう。

第三部は「幻」の巻から八年がたって始まります。「匂宮《におうのみや》」「紅梅」「竹河《たけかわ》」ときて、「橋姫」から「夢浮橋《ゆめのうきはし》」までがいわゆる宇治十帖。

宇治十帖はぼくが高校時代に惹かれたところで、いまその理由を考えてみると、薫が自身が生まれながらの疑念を抱えていて、その体に仏身をおもわせるような芳香がそなわっていたりするところに惹かれたのかもしれません。薫は源氏の形見の子として扱われますが、実は柏木と女三の宮のあいだに生まれていた。薫は何か二つの陰陽のスティグマをもっているのです。

もう一人、第三部で鮮烈な印象を放つのが浮舟です。薫がひっそりと宇治に移り住まわせていたところ、匂宮（光源氏の孫）が薫と偽って宇治に乗りこんで接触すると、それまであえて距離をとっていた薫が浮舟に耽溺《たんでき》します。宇治十帖はこの浮舟の物語になっていく。話の流れとしては、源氏は死んでしまっているので、新たな主人公として薫と匂宮が中心になって進みます。舞台はもはや洛中《らくちゅう》ではなく、洛外の宇治や小野の里といった閑静な「凹《くぼ》んだ場所」。

前半で描かれるのは、源氏亡きあとの人物たちのその後の動向と、柏木の遺児である薫の言動、そして匂宮のふるまいです。とくに薫の「まめ」と匂宮の「すき」が対照的に描写されます。光源氏は「まめ」と「すき」の両方を兼ね備えていたのですが、もはやそういう統合像をもったヒーローはいません。この薫と匂宮にあたかも逆対応するかのようにかかわってくるのが、八の宮とその女君たちでした。大君《おおいぎみ》、中《なか》の君、浮舟などが登場する。八の宮は『源氏』全巻のなかでも、きわめて特異なキャラクターです。

そもそも薫は八の宮の求道的な姿勢に関心をもって宇治に赴くようになったのですが、そこに匂宮が介入してきます。そういうなかで薫は大君に求婚をする。けれども大君は父親の遺言に縛られて応じられないままに病死してしまいます。結局、中の君は匂宮と結婚しました。浮舟はどうかというと、薫と匂宮の板挟みにあって、宇治十帖を象徴するかのように宇治川に入水する。浮舟は紫式部が物語の最後に用意した「面影」です。これまでの女君たちとはまったく違っている。だから、いったい最後の最後になって、なぜ浮舟なのかということが問題になってきます。

物語はここで最後です。浮舟が横川《よかわ》の僧都《そうず》に助けられて小野の里に暮らし、やがて出家するというふうに五十四帖は終わっていく。なんとも不思議なエンディングです。男の主人公は、光源氏、夕霧、匂宮、薫、そして横川の僧都というふうに変移していったわけでした。

以上がおおざっぱな三部構成の流れです。

詳しいことは省いて起承転結の流れだけをスキミングしたので、これで『源氏』の物語性が編み出せるわけではありませんが、いまはこんな流れだけをかいつまみました。ぼくとしては『源氏』が以上のような「ゆるやかな崩れ」を追っているということを強調しておきたかったのです。

たくさんの「小さな芽生え」と、重なりあい離れあっていく「ゆるやかな崩れ」。『源氏』はこの離合の組み合わせで織られているのです。そこにはつねに「別様の可能性」がコンティンジェントに見え隠れして、そのたびに「面影」が濃淡の色合いを変えて出入りするのです。

なぜそんなふうになるのかといえば、そもそもにおいて「当初の過ち」があったからです。それを紫式部が「宿世」の反映と捉えたかったからです。では、この流れを巻立ての順に一つひとつ見ていくと、どうなるか。それについては次夜に続けたいと思います。

第一五六九夜　二〇一五年一月十三日

参照千夜

九八〇夜：『グレン・グールド著作集』　四一九夜：清少納言『枕草子』　二八五夜：『和泉式部日記』　六八二夜：伊丹十三『女たちよ！』　六〇夜：谷崎潤一郎『陰翳礼讃』　二〇夜：佐藤春夫『晶子曼陀羅』　九一三夜：ダンテ『神曲』　九九二夜：小林秀雄『本居宣長』　一四三夜：折口信夫『死者の書』　六〇〇夜：シェイクスピア『リア王』　九七四夜：『近松浄瑠璃集』　五〇八夜：トマス・シービオクほか『シャーロック・ホームズの記号論』　一七九二夜：橋本治『知性の顚覆』　九夜：丸谷才一『新々百人一首』　一二三五夜：バーバラ・スタフォード『ヴィジュアル・アナロジー』　一一八夜：世阿弥『風姿花伝』　一二七〇夜：塚本邦雄『星餐圖』　一七夜：堀田善衞『定家明月記私抄』　三一七夜：レヴィ＝ストロース『悲しき熱帯』　一〇二二夜：三島由紀夫『絹と明察』　四四七夜：上田秋成『雨月物語』

五十四帖を「歌」で読み、
そこに「面影」のネットワーク連鎖を掬《すく》っていく。

紫式部

源氏物語　その2

石田穣二・清水好子校注　新潮日本古典集成（全八巻）　新潮社　一九九九

どんな小説にもどんな物語にも、調子が上がっていくところとそうでもないところがあります。映画やテレビドラマがそうであるように、文学作品もそういうものです。調子のよしあしは筋書きや内容のつながりというより、文章の興奮度や透明度や稠密《ちゆうみつ》度でわかります。ははん、このへん来てるなという感じがやってくる。紫式部の場合は、畳みかけるような暗示感のなか、登場人物たちが肝心の出来事で浮沈する心情を短い言葉の描写で綴《つづ》っていくところです。そこを抑え気味に書く。

『源氏』は総数四〇万語で仕上がっている長尺の大河ドラマです。当然、緩んだり高まったりする。おまけに四〇万語のうちの半分の二〇万語は助詞か助動詞ですから、ちょっとしたことで調子が変わります。最初に調子が上がっていくのは、巻七「紅葉賀《もみじのが》」から「花宴《はなのえん》」、「葵」へと続くところ。暗示的文章がみごとに連鎖します。

そこの筋立てを少し言っておくと、光源氏十九歳のとき、藤壺がようやく皇子を出産します。のちの冷泉帝です。気を揉《も》んでいた桐壺の帝は胸をなでおろす。「紅葉賀」はその皇子の父親が光源氏であるかもしれないことを仄《ほの》かに暗示して、次の「花宴」では心地よく酔った源氏が弘徽殿《こきでん》の三の口の細殿《ほそどの》に忍びこんで、見知らぬ女と交わる夢うつつな夜を描きます。その夢のような官能をもたらしたのは東宮（のちの朱雀《すざく》帝）と契りを結んでいた朧月夜《おぼろづきよ》の君でした。

はたして桐壺の帝は、わが子のこのような過ちをどう見ているのか。だいたい帝《みかど》はどこまで知っているのか。そんなことを読者にやきもき感じさせますが、そこを紫式部は次のような文にして綴ります。「師走も過ぎにしが、心もとなきに、この月はさりともと宮人も待ち聞え、内裏《だいり》にもさる御心まうけどもあるに、つれなくてたちぬ」。師走を過ぎても藤壺が皇子をお産みにならないので、女官たちは正月にはと案じて待ちうけ、帝もそのご用意をなさっていたけれど、日はむなしく流れたという説明です。

また、「御物《もの》の怪《け》にやと世人も聞え騒ぐを、宮いとわびしう、この事により身のいたづらになりぬべき事とおぼし嘆くに御心地もいとくるしくて悩み給ふ」。こんなに出産が遅れているのは「もののけ」（物の怪）のたたりのせいかなどと人はうるさく噂する。藤壺はたいそう辛《つら》いお気持ちで、この遅れのせいで事が露見し、身の破滅となるのではないかと怖れ嘆くので、身も心もひどくお疲れになった様子だったと描写します。

作者は「この事」あるいは「事」とだけ書いている。その書き方で、源氏と藤壺の不義がこのあと何をもたらすのか、何がどのように露見するのか読者は気になるところだろうけれど、そこを藤壺の宮の「御心地もいとくるしくて悩み給ふ」とするだけで、何も解説しない。事態の本質的気配というか、その核心におよぶ人々の気分のアフォーダンスのかけらというか、それだけを示す。

それで無事に皇子が生まれると、「程よりは大きにおよすけ給ひてやうやう起きかへりなどし給ふ」(発育がよくてよかったが)、「浅ましきまでまぎれどころなき御顔つきを思し寄らぬ事にしあれば、また並びなきどちは、げに通ひ給へるにこそはと思ほしけり」(驚くほど源氏の君に似通った顔立ちに、帝はすぐれている者は似通うというけれど、まったくそうだと思われたようだ)というふうに、今度はその顔立ちの印象だけを残響させるにとどめるのです。

出入りするのは、文章の上では一瞬の「面影」のイメージの擦過だけ。あとは連想するしかないことばかり。たいへんアレゴリカルでメタフォリカルです。

こうして巻立てはそのまま「きさらぎの二十日《はつか》あまり、南殿《なんでん》の桜の宴させたまふ」に始まる「花宴《はなのえん》」に移り、今度は源氏が二十歳の桜の宴を南殿(紫宸殿)で堂々と舞っている。前シーンで謎を仄めかし、次のシーンではもう源氏の舞にカメラが寄っているんです。まるでその顔立ちに新しい皇子の貌《かんばせ》が宿っているかのように。

ところが舞いおわり、上達部《かんだちめ》たちと酒を酌みかわし、ほろ酔い気分になった源氏はなにやら動き出す。ほんとうは藤壺のところに行きたかったのに、戸がしまっているので向かいの細殿に入りこんで、「朧月夜に似るものぞなき」とだけ声にした見知らぬ女と一夜をあかします。

一ヵ月ほどたってこの「朧月夜の君」が右大臣の六の君であることを知るのですが、そんなことはここでは一言一句も綴りません。源氏が詠んだ歌「深き夜のあはれを知るも入る月のおぼろけならぬ契りとぞ思ふ」と、その女の歌「うき身世にやがて消えなば尋ねても草の原をば問はじとや思ふ」だけが示され、そこに作者は一言、「艶《えん》になまめきたり」という一行だけを添える。これで充分です。

こういう、文章の明暗陰陽の効かし方に「ハイライトちょっと」と「シャドーのグラデーション九〇パーセント網伏せ」といった表現術は、まったくもって巧妙です。ひたすら読者の想像力や連想力に訴えるだけの文体に徹している。


少々種あかしをすると、『源氏』には「心内語《しんないご》」と「草子地《そうしじ》」というエクリチュールが駆使されています。

「心内語」というのは作中人物が心に思う言葉(内語)のことです。秋山虔《けん》さんが指摘したように、『源氏』の心内語は人の心情心理と、そのような心をもたらした状況との、「双方のけじめをつけない表現」になっているのです。「草子地」はいわゆる地の文にあたる文芸用語ですが、これも『源氏』では作者の詞《ことば》、登場人物についての詞、状況描写の詞が巧みに交錯します。

ふつう、文芸作品で地の文と図の文というときは、「地」(ground)が状況描写で「図」(figure)は会話になります。これはエーリッヒ・アウエルバッハが『ミメーシス』(筑摩叢書・ちくま学芸文庫)で、「地」をディエゲーネスと、「図」をミメーシスと呼んで以来の伝統なのですが、紫式部はこのミメーシスを心内語であらわしたのでした。

ということは、『源氏』の文章文体はすこぶる「共示性」に富んでいるということになります。そのうえで、紫式部はそうした心内語と草子地をまぜながら、われわれの想像力や連想力に生じるアフォーダンスに〝限り〟をつけていった。仄めかしの範囲を限定して測っているのです。そういうことはミステリー作家ならほぼ誰だってできることだけれど、それは筋書きやプロットによる仄めかしの限定です。紫式部はそれを文章の調子だけで測っている。憎いというか、じれったいというか、たいしたもんです。これこそがきっと「雅《みや》びのサスペンス」というものなんでしょう。

こうして「葵」に話が進んだときは、一年以上がたっています。この切り替わりもまことにうまい。そのあいだに桐壺帝は退位して、朱雀帝の治世となっている。「御代替《みよがわ》り」がおこっていたのです。そういう「世」の変わりぐあいだけを語っておいて、ここに登場してくるのが六条御息所《ろくじょうのみやすどころ》です。このあと御息所の生霊が葵の上に取り憑《つ》くという前代未聞のホラーな出来事がおこるのですが、これまで御息所についてはちょっとしか記述がなかったので、読者はこの女性が何者かはわかっていません。では、どのように御息所を再登場させればいいか。

紫式部は「まことや、かの六条の御息所の御腹の前坊の姫君、斎宮にゐたまひにしかば、大将（源氏のこと）の御心ばへもいとたのもしげなきを、幼き御ありさまのうしろめたさにことつけて下《くだ》りやしなましと、かねてよりおぼしけり」というふうに、いったい源氏と御息所はどんな因縁をもつのかということを、ごく少々摘まんでみせます。どうも御息所は源氏に対する気持ちをがまんして、娘の斎宮と伊勢に下向しようかと迷っていたらしい。そのとき、葵の上がいよいよ懐妊するという、ここまでの物語の筋書きからすると最も正当な予兆が少しだけあきらかになります。

その直後、葵の上が御息所の生霊に苦しめられ、ついに男児（源氏の長男となった夕霧）を出産したにもかかわらず死んでいくというふうに、いまでは誰もが知っている恐るべくも意外な展開が波状的におこるわけです。

要約すればそういうことなんですが、紫式部の文章はさらに複相的で暗示的で、読んでいる者には得体の知れない「もののけ」のような「もの」ばかりが静かに跳梁跋扈《ちょうりょうばつこ》しているかのように感じられます。「大殿《おほいどの》には御もののけいたう起こりて、いみじうわづらひたまふ」「この御生霊《いきすだま》、故父大臣《おとど》の御霊などいふものありと聞きたまふにつけて、おぼし続くれば、身一つの憂き嘆きよりほかに、人（葵の上）をあしかれなど思ふ心もなけれど、もの思ひにあくがるなる魂は、さもやあらむとおぼし知らるることもあり」といったふうに。

　こういうふうに「もの」の気配で文章を書く。紫式部はこれがめっぽう得意です。それだけではありません。作者はここで、御息所の滲《にじ》み出るような教養に源氏がたじたじになっていることを巧みに浮上させるように綴っている。つまり「もの」を登場人物に分配しているのです。ぼくはこのへんにも参りました。

　こういう場面があります。「深き秋のあはれまさりゆく風の音」が「身にしみけるかな」と感じられる夜を独り寝ですごした源氏が、翌朝ふと見ると、たちこめる霧の中の咲きかけの菊の枝に、濃い青鈍《あおにび》の付け文が結ばれている。それが御息所の手紙で、「ちょっとご無沙汰してしまったあいだのこと、お察しください」とあって、一首がしたためられていた。「菊のけしきばめる枝に、濃き青鈍の紙なる文《ふみ》つけて、さし置きて去《い》にけり。今めかしうもとて、見たまへば、御息所の御手なり。聞こえぬほどはおぼし知るらむや。人の世をあはれときくも露けきに　おくるる袖を思ひこそやれ」というふうです。そして「今朝の空模様にそそのかされて、つい筆をとりました」と添えてある。これでは源氏は手も足も出ない。

紫式部は、このように独特の暗示的文章によって随所で登場人物にまつわる気配を自在に操り、宮中文化のあれこれに思いのたけをぶつけているように思います。それがまた、当時の宮中に対するあてこすりになってはまずいことも手伝って、紫式部はそのためにもとんでもなくアンビバレントで優雅な文章と、そこに秘めた歌の雅びの表象力を用意することになったのです。

ということで、ここから千夜千冊『源氏物語』その2の本筋に入りますが、今夜はあらためて全巻の巻名をちゃんと並べ、ざっとどういうふうに巻立てがされているのか、ごくかんたんな説明を割りふりながら一瞥《いちべつ》しておこうと思います。

これは物語の推移があらかたわかっていないと、『源氏』特有のディテールがなかなか立ち上がってこないだろうと思うからで、また、好きな場面や気になる場面だけをお話ししているだけでは、なんだか訳知りなことでおわりかねないなという気になっているからでもあります。そういう訳知りはぼくの意図ではありません。以下、ごくごく粗雑な解説をしておきますので、参考にしてください。

『源氏』は時の流れに沿って綴られているのですが、クロニクルとして成立しているわけではありません。そのため中世このかた、源氏注釈が試みられるたびに物語や登場人物を年代順に並べることが流行してきました。これを源氏ギョーカイでは「年立《としだて》」といいます。

以下、光源氏をはじめとする主な登場人物の「年立」が見えるようにするため、カッコ内に年齢と季節、主要登場人物の途中年齢と没したときの年齢を入れておきました。源氏をめぐる人物たちが、みんなとても若いことがわかると思います。加えて、それぞれの筋立てが何を本歌取りや物語取りをしたか、その巻がどんな問題を扱ったのか、ちょっとしたオムニシエント（俯瞰視的）なメモを入れてあります。

それからほんの少しですが、主要な和歌を詠み手とともに掲げておきました。なんといっても『源氏』は歌物語であって、歌の交わしあいが心内語としての〝心境会話〟になっているのだから、これは欠かせません。平安王朝期の和歌には一人で詠む独詠歌、二人で贈りあう贈答歌、三人以上の唱和歌という三つのスタイルがありますが、『源氏』は圧倒的に贈答歌です。あらかじめ例をあげておきます。

巻十の「賢木《さかき》」に、さっきの場面と関連して、源氏が久々に嵯峨の野宮《ののみや》に六条御息所をたずねる場面があります。

二人は互いになんとも名状しがたい気持ちをもっています。御息所は源氏を振り切って娘の斎宮とともに伊勢に下向しようと思い、源氏のほうは御息所の生霊が「もののけ」となって自分の正妻である葵の上に取り憑いた事件からというもの、自分たちがかかえこんでいる妄執の深さをかみしめています。とはいえ、二人は互いの未練を捨てきれない。

そこで源氏が簀子《すのこ》に上がりこみます。御簾《みす》を隔てた庇《ひさし》の間《ま》には御息所が対座していますす。源氏はきまりわるそうに榊《さかき》の枝を少し手にとって御簾の下から差し入れて「榊の色のように昔ながらの変わらぬ心でいたいのに、こんなにも情けないあしらいをするんですか」などと未練がましいことを言う。そうすると御息所が「神垣《かみがき》はしるしの杉もなきものをいかにまがへて折れるさかきぞ」と詠む。この神垣には目印の杉もないのに、どこをどう間違われて榊を折って私のところに来られたのですかという歌です。そこで源氏が「少女子《おとめご》があたりと思へば榊葉《さかきば》の香《か》をなつかしみとめてこそ折れ」と返す。だって神にお仕えする乙女のいるあたりだと思って香りが懐かしい榊の枝を折って来たのですという返歌です。

『源氏』にはこういうやりとりがのべつ挟まっています。いや、挟まっているというより、こういう応答によってメインの〝心境会話〟が進んでいく。

では、もうひとつ。巻一四の「澪標《みおつくし》」の、都に戻った源氏が願解《がんほどき》のために住吉《すみよし》神社に詣でると、そこで明石の君も恒例の住吉詣をしていて二人が鉢合わせをするという場面。

明石の君は気後れをしています。そこで源氏が「みをつくし恋ふるしるしにここまでもめぐり逢ひけるえには深しな」と詠むと、明石の君はこれに応じる余裕がちょっと出てくる。それで「数ならでなには（難波）のこともかひなきになどみをつくし思ひそめけむ」と答える。

源氏の一首は、身を尽くして恋い慕う甲斐《かい》があって、澪標のあるこの難波までやってきたら巡り会えましたね、あなたとの縁は深いんですよと詠んでいる。澪標と「身を尽くし」を掛けています。明石の君は「自分なんて人の数に入らないような身で、特別の甲斐なんて何もないのに、どうしてあなたのことを思うようになってしまったのでしょう」と返歌します。いろいろ掛詞《かけことば》や縁語が駆使されていてわかりにくいかもしれませんが、二人の心境や感情が十分に伝わってきます。

贈答歌では暗示的な言葉の技量のかぎりが尽くされて、相互編集状態をつくりあげています。『源氏』はこんなふうに歌による文脈的編集力を見ながら読めるようになっているのです。だから、やっぱり和歌は欠かせない。ただし、以下のペーパーに掲げたのは代表的な和歌と気になる和歌だけです。あしからず。

というところで、それでは『源氏物語』五十四帖《じょう》をざざっと案内してみます。いくぶん長くなりますが、どうもこれをしておかないと突っ込んだ話ができない。突っ込んだ話は第三夜（その3）で試みます。

【第一部】

一 「桐壺」 きりつぼ （源氏誕生〜十二歳元服、桐壺更衣没、藤壺入内十六歳、葵の上十六歳）

「いづれの御時にか」（おそらく醍醐天皇期）、桐壺の帝は弘徽殿《こきでん》の女御とのあいだに第一皇子として朱雀帝《すざくてい》をもうけ、桐壺の更衣とのあいだに第二皇子としての光をもうける。更衣は女御たちからいじめられ、帝《みかど》が庇《かば》えばかばうほど憎まれる。その日々に耐えられず三歳の光をのこして病没する。その後、幼児の光の君に「源」姓が与えられ、帝には美しい藤壺が入内する。源氏は母に面影が似ている藤壺を慕い、源氏は「光る君」「かかやく日の宮」と呼ばれるほど人気を集める。十二歳の元服のとき、左大臣家の葵の上と結ばれる。桐壺帝の悲嘆の描写は白楽天の『長恨歌』などを投影させている。

◉桐壺更衣「かぎりとて別るる道の悲しきに　いか（生・行・逝）まほしきは命なりけり」

◉桐壺帝「雲のうへも涙にくるる秋の月いかですむ（澄・住）らむ浅茅生《あさちふ》の宿」

◉桐壺帝「いときなきはつもとゆひ（初めての元結）に長き世を契る心は結びこめつや」

◉左大臣「結びつる心も深きもとゆひに濃きむらさきの色しあせずは」

あまりにも有名な冒頭なのでとくに説明することもないと思いますが、ここにこれからの物語のすべてがイニシャライズされているということから言うと、いくら説明しても足りません。最大の眼目は桐壺の帝と光源氏が藤壺に桐壺の更衣の面影を求めたということで、この面影が『源氏』全巻につながっていくアーキタイプとしての面影です。

桐壺の更衣の歌はイミシンです。帝《みかど》に偏愛されるのですが、その日々はそうとう辛いものだったということが、物語冒頭近くに掲げられているこの更衣の歌から察せられてくる。「いかまほしき」は「行く」「生く」「逝く」の掛詞。これが『源氏物語』の本文で最初に出てくる歌です。

更衣は物語が始まってすぐに病気になります。そこで更衣の母が病気を治すために「里下り」(実家に戻る)させようとするのですが、帝は重篤になるまで手放さない。母が泣く泣く訴えてやっと実家に戻ったら、更衣はその夜のうちに死んでしまいます。なんともきわどい物語のスタートです。

この更衣のモデルは、おそらく花山天皇に寵愛《ちょうあい》されながら早くに亡くなった姫子(藤原朝光の娘)や、やはり花山天皇に迎えられながら懐妊とともに周囲の憎しみをかって十七歳そこそこで亡くなった忯子《きし》、あるいは一条天皇に迎えられながら出家した定子(藤原道隆の娘)などにあったのではないかと想定されています。

二「帚木」ははきぎ　(源氏十七歳夏)

五月雨の夜、元服した源氏は頭中将《とうのちゅうじょう》・左《さ》馬頭《まのかみ》らと世の女の品定めに興じる。結論として「中流の女」（中品《ちゅうぼん》の女）が評価されると、翌日、源氏はさっそく伊《い》予介《よのすけ》の後妻の空蟬《うつせみ》と交わる。今後の源氏の行動パターンが予告される一帖。有名な「雨夜の品定め」は『法華経』、空海『三教指帰《さんごうしいき》』などを踏襲している。

◉光源氏「帚木の心を知らで園原の　道にあやなくまどひぬるかな」

◉空蟬「数ならぬふせ屋（伏屋）に生ふる名のう（憂）さに　あるにもあらず消ゆる帚木」

三「空蟬」うつせみ（源氏十七歳夏）

源氏は空蟬の弟の小君《こぎみ》をつてに執拗《しつよう》に空蟬との再度の交情を求めるが、空蟬は寝所に忍びこんできた源氏に薄衣《うすぎぬ》の小袿《こうちき》を残してたくみに逃れてしまう。源氏はその場に寝ていた軒端荻《のきばのおぎ》と交わる。こんな空蟬の「引かないやりかた」から、これはきっと紫式部自身をモデルにしているのではないかという説が出ている。

◉光源氏「うつせみの身をかへてける木《こ》のもとに　なほ人がら（人殻・人柄）のなつかしきかな」

◉空蟬「うつせみの羽《は》におく露の木《こ》隠れて　忍び忍びに濡るる袖かな」

早くも源氏の「隠ろへごと」が綴られます。こっそり女性たちを口説く。なかで空蟬は目上の男との恋の戯れについて心得ている。誇りもある。源氏の甘い誘いに身も心もとろけそうになりながらも、辛うじて小袿一枚を残して生絹《すずし》の単《ひとえ》で逃げだしました。源氏は仕方なくというか、無謀にもというか、残っていた軒端荻と寝てしまうんですが、読んでいると、むしろ「はかない逢瀬《おうせ》」という情感が香りたってきます。

貴族の情事というもの、かなりあやしいものです。当時の王朝社会のルールについて一言補っておくと、当時の結婚は男が女の住んでいる所に通うという「通い婚」でした。その仕方は、女の家にときどき行く、女の家に住みつく、女が男の家で暮らすの三つです。このことから女の身分や家格や親族の勢力が重要になってきます。女の実家が権力をもっていれば、男はそこへ行って婿《むこ》になり、その家の力を後ろ盾にして出世していける。それほどアテにならなければ、男は女を自分の屋敷に引き取るんです。

では、どうしたら結ばれるかというと、男のほうは人の噂や垣間見《かいまみ》でめらめら恋情を燃やし、なんらかの「やりとり」（手紙や部下のさぐりなど）で「脈」があるとなると、三日続けて通います。これをしなければいけません。ついで、その三日間が成立したら二人で「三日夜《みかよ》の餅」を食べ、女の邸《やしき》で親族とともに「露顕《ところあらわし》」をすると、これで結婚。でも、あとは夫が通ってくるのを待つだけ。来なければ「夜離《よがれ》」です。

四「夕顔」ゆふがほ（源氏十七歳夏から冬へ、夕顔没十九歳）

五条の一隅で夕顔の咲く家に好奇心をもった源氏は、その家の女君の夕顔に気持ちを寄せ、二人は互いに身元をあかさぬまま魔性のような激しい恋情にのめりこむ。しかし夕顔は「もののけ」に取り憑かれて急死。源氏も病いに臥《ふ》せる。のちに夕顔が頭中将の愛人だったことを知る。三輪山《みわやま》伝承、唐代の伝奇小説『任氏伝《じんしでん》』などが投影される。

●夕顔「心あてにそれかとぞ見る白露の光（光・光の君）そへたる夕顔の花」
●光源氏「寄りてこそそれかとも見めたそかれに　ほのぼの見つる花の夕顔」
●夕顔「前《さき》の世の契り知らるる身の憂さに　ゆくすゑかねて頼みがたさよ」
●光源氏「夕露に紐とく花は玉鉾《たまぼこ》のたよりに見えしえにこそありけれ」
●夕顔「光ありと見し夕顔の上露《うはつゆ》はたそかれどきのそら目なりけり」

この「帚木」「空蟬」「夕顔」の三帖はあきらかにつながっています。作者が執筆にあたって最初に仕上げたエピソディックなプロトタイプにあたっている。これで語り部としての自信がついたんだと思います。それとともに、桐壺の更衣と藤壺という「面影」の系譜を前提にしたことによって源氏の浮気心に免罪符を与えます。おかげで源氏はこれ以降、やたらに「色好み」を発揮する。

もうひとつ、とくに「夕顔」がそうなっているんですが、歌の贈答によって話を進行させるという方法が、この三帖でみごとに確立し、読者をめくるめく「歌の雅び」に導いていくというふうになっていきます。まさに宣長のいう「あやの詞《ことば》」の徹底でした。

五「若紫」わかむらさき（源氏十八歳、藤壺二三歳、紫の上十歳、明石の君九歳）

源氏が静養のために北山を訪れたとき、垣間見た美少女は藤壺によく似ていた。聞けば藤壺の姪《めい》である。源氏はこの少女を引き取って理想的女性に育て上げたいと思う。その一方、源氏はついに藤壺に迫り、夢のような逢瀬をとげる。藤壺は不義の子をもうけ、この子がやがて冷泉帝になるのだが、そこはこの段階では明かされない。二人はひそかに罪の深さにおののく。北山の少女のほうは源氏の自邸に引き取られる。彼女こそそのちの紫の上だった。

◉光源氏「見てもまた逢ふ夜（合う世）まれなる夢のうちに　やがてまぎるるわが身ともがな」

◉藤壺「世語りに人や伝へむたぐひなく憂き身をさめぬ夢になしても」

◉光源氏「手に摘みていつしかも見む紫（藤壺のこと）の根にかよひける野辺の若草（少女・のちの紫の上のこと）」

源氏がのちの紫の上、当時十歳の少女を発見するという話です。これで桐壺の更衣、藤壺、紫の上という「面影の系譜」がいよいよ始動するのですが、しかし源氏の思いはこのレールの上にあるとはかぎらない。つねに揺動する。フラクチュートする。それを「いろごのみ」と言うのですが、その意味にはなかなか深いものがあります。これについては、前夜にも少し触れましたが、次夜でもうちょっと踏み込みます。

六「末摘花」すゑつむはな　(源氏十八歳春〜十九歳春)

貧しく、鼻の先が赤い末摘花と一夜を共にしてしまった源氏は、なぜか実生活上の援助がしたくなる。末摘花は紅花《べにばな》のこと、鼻が長くて赤かったことにちなむ。大山津見《オオヤマツミ》神の娘のうち妹が美しいコノハナサクヤヒメであったのに、姉のイワナガヒメが醜女《しこめ》だったエピソードを思わせる。

◉光源氏「夕霧のはるるけしきもまだ見ぬに　いぶせ(鬱悒)さそふる宵の雨かな」
◉末摘花「晴れぬ夜の月待つ里を思ひやれ同じ心にながめ(長雨)せずとも」
◉光源氏「なつかしき色ともなしに何にこのすゑつむ花(鼻)を袖に触れけむ」
◉光源氏「紅《くれなゐ》の花ぞあやなくうとまるる梅の立ち枝《え》はなつかしけれど」

末摘花のエピソードは「王朝のブス」の話としてかなり有名ですが、どうして顔も見ないで寝遊びができるのか、そこが不思議です。むろん理由があります。宮廷社会では、まず女性は外出することがめったにない。外出するときは牛車《ぎっしゃ》に乗って簾《すだれ》を下ろしてしまうから中を覗《のぞ》くことができませんし、家の中でも男と話すときは御簾《みす》か衝立《ついたて》を通します。つまり、ほとんど「手さぐり」なんです。なかなかアイデンティファイできない。だからこそ視覚よりも触知感覚や匂いや香りが「手がかり」になるんですが、ちらりと顔が「垣間見」できたりすると、それだけでたいへんな衝撃になるわけです。

七「紅葉賀」もみぢのが　（源氏十八歳初冬〜十九歳秋、藤壺二四歳、葵の上二三歳）

紅葉の美しい頃、桐壺帝の遊宴が開かれている。源氏は御前で頭中将とともに「青海《せいがい》波《は》」を舞って絶賛される。翌年二月、藤壺は帝の第十皇子を産む。源氏そっくりの皇子であったが、実は源氏との不義の子だった。藤壺はこのことを隠すために出産時期について は嘘をつく。それでも源氏は懲りずに源典侍《げんのないしのすけ》という老女官と戯れの交渉に耽《ふけ》る。

◉光源氏「よそへつつ見るに心はなぐさまで　露けさまさるなでしこの花」

◉藤壺「袖濡るる露のゆかりと思ふにも　なほ疎《うと》まれぬやまとなでしこ」

八「花宴」はなのえん　（源氏二十歳春、藤壺二五歳）

宮中の南殿《なんでん》（紫宸殿）で桜の宴が催され、源氏はまたまたその舞を絶賛される。その深夜、右大臣家の姫君である朧月夜《おぼろづきよ》（実は六の君）と出会って濡れる。彼女は東宮（のちの朱雀帝）への入内が予定されていたが、源氏に心を奪われる。藤原俊成は全巻を通じて最も優麗な巻だと評した。

◉光源氏「深き夜のあはれを知るも入る月の　おぼろけならぬ契りとぞ思ふ」

◉朧月夜「うき身世にやがて消えなば尋ねても　草の原をば問はじとや思ふ」

朧月夜との戯れは、のちに発覚して源氏の立場を危ぶませるものとなるのですが、その話は例によってまだ伏せられたままです。朧月夜の君は弘徽殿の女御の妹でもありましたから。それよりも、ここではこの巻をもって桐壺帝の治世下の源氏の青春期が閉幕したことを告げていることが重要です。そのため源氏研究の泰斗《たいと》の一人である藤岡作太郎は「桐壺」から「花宴」までを第一期のストーリー群というふうに括《くく》りました。

九「葵」あふひ　（源氏二二～二三歳、桐壺帝譲位・朱雀帝即位二四歳、六条御息所二九歳、葵の上没二六歳、紫の上十四歳）

桐壺の帝が譲位して朱雀帝が即位した。六条御息所が葵祭の見学に出掛けようとしたところ、葵の上の一行に難癖をつけられ牛車《ぎっしゃ》まで蹴散らされた。有名な「車争い」の場面だが、このあと屈辱にがまんできない御息所は呪いの生霊《いきすだま》となって葵の上に取り憑き、夕霧（源氏の長男）出産直後の葵の上を死に致らしめる。葵の上の喪があけると、源氏は紫の上と新枕を交わす。

◉六条御息所「袖濡るるこひぢ（泥・恋路）とかつは知りながらおりたつ田子《たご》のみづからぞ憂き」

◉葵の上「嘆きわび空に乱るるわが魂《たま》を　結びとどめよしたがひのつま（褄）」

◉六条御息所「人の世をあはれときくも露けきにおくるる袖を思ひこそやれ」

●光源氏「とまる身も消えしもおなじ露の世に心置くらむほどぞはかなき」

葵の上と六条御息所との「車争い」から、御息所の生霊が葵の上に取り憑いて、葵の上が亡くなってしまうというたいへん有名な一帖です。しかもここで源氏の長男の夕霧が生まれるわけなので、この巻は『源氏』全体の最初の折り返し点になります。物語の屏風《びょうぶ》がゆっくり折れていく。ただし「もののけ」(物の怪)をたんなるオカルト扱いしているとまちがいになります。

そもそも「もののけ」の「け」は病気や元気や習気《じつけ》などの「気」と同じ意味で、「もの」(霊)そのものの気配的属性です。ですからこの「け」が何かに取り憑くには、生霊や怨霊がいったん「よりまし」(憑坐)を媒介にします。「もののけ」はそういうツールメディアを使う。そんな「よりまし」は童子の姿をしていることも多いので要注意。葵の上の病気も験者がいろいろ祈禱《きとう》したり調伏《ちょうぶく》したりして、幾つかの「よりまし」を除去するのですが、一つだけぴたりと取り憑いたしつこいメディアがあって、この「もの」のせいで葵の上は亡くなってしまったのです。このとき御息所も「もののけ」の動静に応じた夢を見る。そのあいだ葵の上は苦しみ、その途中で夕霧を出産します。なんとも凄い話です。

しかし、もっと重要なことは、王朝文学においては「もののけ」が物語をまるでハッカーのように外側から支配しているということでした。そう、ぼくは思っています。

十「賢木」さかき　(源氏二三歳秋〜二五歳夏、桐壺院崩御)

六条御息所母娘の伊勢下向が近づき、源氏は嵯峨野の秋に交流するも、御息所の決心は鈍らない。桐壺院が崩御。朧月夜は源氏との仲が知られて正式な入内ができず、尚侍《ないしのかみ》として朱雀帝《すざくてい》に近侍する。この事態に弘徽殿の大后《おおきさき》ら右大臣の一派の専横が目立ってくる。それでも源氏は藤壺・朧月夜・朝顔らと危うい懸想《けそう》をくりかえす。藤壺はさすがにこのままでは東宮の位置を守ることは叶《かな》わぬとみて、自身は出家するのがいいだろうと落飾してしまう。ある雷雨の早朝、朧月夜のもとに忍んでいた源氏が見つけられた。これに激怒した右大臣と弘徽殿の大后はいよいよ源氏を失脚させようと、策謀をめぐらした。

◉六条御息所「神垣《かみがき》はしるしの杉もなきものを　いかにまがへて折れる榊ぞ」
◉光源氏「少女子があたりと思へば榊葉の　香をなつかしみとめてこそ折れ」
◉光源氏「八洲《やしま》もる国つ御神も心あらば飽かぬわかれの仲(源氏と御息所)をことわれ」
◉斎宮「国つ神そらにことわる仲ならば　なほざりごとをまづやたださむ」

この「賢木」という一帖は、これだけで一篇の文芸作品になるくらい出来がいいと思います。ここで朧月夜に惹《ひ》かれる読者も多いと思います。たしか丸谷才一さんがそうだった。

流れの推移としては桐壺の帝が亡くなり、朱雀帝の代になっています。ここから源氏はいったん追い込まれます。追い込んだのは右大臣一派で、物語の冒頭で桐壺の帝が更衣を選んだときすでに源氏系と対立していました。物語の中では名前は示されずにただ「右大臣」とあるだけですが、その娘が弘徽殿の女御です。弘徽殿の女御が一の宮を産み、その一の宮がいま朱雀帝として即位したので、右大臣の一族が外戚として権力を握ったわけです。だから源氏はこのあと須磨・明石に退却する。物語がゆっくり波乱含みになっていくところです。

一方、この巻は紫式部の天《あま》つ神・国つ神をめぐる神祇《じんぎ》観が出ているところとしても注目されます。「賢木」は榊のことです。

十一「花散里」はなちるさと（源氏二五歳夏）

五月雨の晴れ間に、源氏は亡き桐壺帝の女御の一人だった麗景殿《れいけいでん》を訪れた。同じ庭内に住む妹の花散里は源氏の愛人でもあったが、この巻では源氏は姉妹とともに桐壺帝の懐かしい往時を偲《しの》んで語らう。

◉光源氏「をちかへり（昔に戻る）えぞ忍ばれぬ郭公《ほととぎす》ほのかたらひし宿の垣根に」

◉光源氏「橘《たちばな》の香をなつかしみ郭公　花散里をたづねてぞとふ」

きっとわかりにくいでしょうから、女御とか女房について、ちょっと説明しておきますと、女御というのは公卿《くぎょう》（原則三位以上）の娘で、それ以下の娘が更衣です。帝の第一のお后になるのが中宮ですが、これは女御の中から選ばれる。ですから桐壺の更衣が桐壺帝にいかに寵愛されようとも、決して中宮にはなれません。

で、これら女御と更衣たちすべてが帝の夫人として後宮《こうきゅう》に入ります。一夫超多妻です。この後宮の一人ひとりの女御や更衣に侍女として採用されているのが、女房です。上流貴族に仕える女房もいます。夕顔の右近《うこん》、藤壺の女御の王命婦《おうみょうぶ》、若紫の少納言、みんな女房です。『源氏』はこの女房たちが見聞したことを語りなおしているという女房見聞記の形式を採ります。だから敬語がやたらに多く、現代人のわれわれを悩ませます。

十二「須磨」すま（源氏二六歳春〜二七歳夏、紫の上十八歳、明石の君十七歳）

このまま都にいたのでは身が危ういと感じた源氏は須磨への退出を試みる。須磨では閑居するしかなく、都の女君たちや伊勢に赴いた御息所などと文通して心を癒す。都のほうでも源氏を偲ぶ。翌年三月三日、海辺で開運のための禊《みそぎ》をしていると、にわかに風雨が荒れて源氏は奇妙な夢を見る。この巻では源氏の風流韻事に耽る様子を通して、在《あり》原行平《わらのゆきひら》・在原業平《なりひら》・菅原道真・源高明、中国古代の周公旦《しゅうこうたん》らの事跡が明滅する。

●光源氏「身はかくてさすらへぬとも君があたり　去らぬ鏡の影は離れじ」

●紫の上「別れても影だにとまるものならば鏡を見てもなぐさめてまし」

●花散里「月かげのやどれる袖はせばくともとめても見ばやあかぬ光(光・光の君)を」
●朧月夜「涙河うかぶ水泡《みなわ》も消えぬべし流れてのちの瀬をも待たずて」
●藤壺「見しはなくあるは悲しき世の果てをそむきしかひもなくなく(無く・泣く)ぞ経《ふ》る」
●光源氏「八百《やほ》よろづ神もあはれと思ふらむ犯せる罪のそれとなければ」

須磨は在原行平に「津の国のすまといふ所にこもり侍ける」とあって、「わくらばにとふ人あらば須磨の浦に藻塩たれつつ侘ぶとこたへよ」と歌われているところです。紫式部は「心すごき場所」というふうに書いている。源氏はその須磨に行くにあたって、紫の上を置いていきます。十八歳になっていた紫の上は寂しがる。そこで源氏が「身はかくてさすらへぬとも君があたり去らぬ鏡の影は離れじ」と歌に詠む。私の身はこうして遠くへさすらうことになったけれど、おまえのそばの鏡があれば私はここから離れてはいないんだよ、という歌です。

これに返して紫の上は「別れても影だにとまるものならば鏡を見てもなぐさめてまし」と詠む。その鏡にあなたの姿がずっと留まっているなら、それを見て心を慰めることもできるでしょうけれど、という文句です。ここに「〜ならば〜まし」という言い方がありますが、これは「反実仮想の用法」というもので、ありえないことを仮定するときのレトリックです。紫の上は源氏の歌はありえないことを言っていると詠んだわけです。このへん、紫式部はいつも女性の観察認知力をさまざまな歌語のなかに組み入れています。

十三「**明石**」あかし（源氏二七～二八歳秋、紫の上二十歳、明石の入道六十歳前後）

源氏が見た夢には亡き桐壺帝があらわれ、早くこの地を去れと言っていた。それにあたかも呼応するかのように、長らく住吉神に願をかけてきた明石の入道の一行がやってきて、自分も「源氏を迎えよ」という住吉の夢告を受けたと言う。そこで明石に移った源氏はその地で入道の娘の明石の君と結ばれる。一方、都では凶事が続き、朱雀帝は眼病を患い、気弱になっている。そこで帝は弘徽殿の大后の反対を押し切って源氏の都への召還を決定した。源氏は懐妊した明石の君に琴《きん》をのこして帰洛する。身分不相応に心を痛める明石の君の「身のほど」の思想が語られる。

◉光源氏「海にます神の助けにかからずは　潮《しほ》の八百会《やほあひ》にさすらへなまし」

◉光源氏「あはと見る淡路の島のあはれさへ　残るくまなく澄める夜の月」

◉明石の入道「ひとり寝は君も知りぬやつれづれと思ひあかし（明石）の浦さびしさを」

◉光源氏「都出でし春の嘆きに劣らめや年経る浦（明石の浦）を別れぬる秋」

◉光源氏「このたびは立ち別るとも藻塩焼く煙は同じかたになびかむ」

◉明石の君「かきつめて海士《あま》のたく藻の思ひにも今はかひ（貝）なきうらみ（浦見）だにせじ」

◉光源氏「うち捨てて立つも悲しき浦波のなごりいかにと思ひやるかな」

◉明石の君「年経つる苫屋《とまや》も荒れて憂き（浮き）波の帰るかたにや身をたぐへまし」

「須磨・明石」は全巻のなかでも最も壮大な景色が見えてくる帖です。のちのち多くの文芸・美術・芸能に採り入れられました。ぼくも明石の住吉神社に行ってみて、そこが海に面して海境《うなさか》を越えて海神の力が寄りくるところだという実感をもったことがあります。光源氏が「住吉の神、近き境を鎮《しず》め護《まも》りたまふ。まことに迹《あと》を垂れたまふ神ならばたすけたまへ」と祈った感じがよく伝わってきた。この巻には神さまが出入りしているんです。実際、源氏が救われたのは、夢にあらわれた桐壺の帝の「住吉の神の導きたまふままに、はや舟出してこの浦を去りぬ」という夢告があったからでした。

だから「須磨・明石」は、都から離れた自然の風景を描きたくて紫式部の筆がすべったからではなくて、亡き桐壺の帝と住吉の神の威力がはたらいたからだというふうになっているということが、この続き二帖の眼目なんです。その威力の行く先で明石の入道が都落ちの源氏を迎える。そういう構図です。

では、なぜ源氏は流謫《るたく》の身になったのか。そこに藤原政権が糸を引く宮廷をめぐる権力争いが降ってきたからです。このへんのことはあとでも突っ込みます。一方において、

「須磨・明石」には源氏が「侘《わ》び」に向かい、都の姫君たちとの歌のやりとりが一途に列挙されるという、かけがえのない歌物語になっています。気品と美貌をそなえた明石の君のとびぬけた詠歌の技法もたまりません。

十四「**澪標**」**みをつくし**　(源氏二九歳、朱雀帝退位三二歳、冷泉帝即位十一歳、六条御息所没三六歳)

朱雀帝が「朧月夜に対する気持ちは源氏にはかなわない」という恋の恨み言を言う一方、源氏の召還を決めた。そのあと朱雀は退位して冷泉帝が即位した。久々に都に帰った源氏も内大臣に昇進、わが子が帝になったので藤壺も異例の女院となった。一方、権中納言になっていた頭中将の娘は冷泉帝の後宮に入内して新たな弘徽殿の女御として、権力競争の一翼を担うことになる。明石の君は女児を出産。六条御息所はついに死去。

◉明石の君「ひとりして撫づるは袖のほどなきに覆ふばかりの蔭をしぞ待つ」

◉明石の君「数ならでなには(難波・何は)のこともかひなきになどみをつくし思ひそめけむ」

◉惟光《これみつ》「住吉の松(待つ)こそものは悲しけれ　神代《かみよ》のことをかけて思へば」

十五「**蓬生**」**よもぎふ**　(源氏二八〜二九歳、藤壺三四歳)

末摘花の後日譚《ごじつたん》。源氏が荒廃した邸を通りかかり、自分を一途《いちず》に待ちつづけていた末摘花のこころざしを感じ、行く末長く庇護《ひご》しようと思う。彼女は十分な暮らしができなかったのである。宮家の姫君としてある程度の暮らしを維持することの困難が綴られる。このへん紫式部の筆はかなりリアルになっている。

◉末摘花「絶ゆまじき筋を頼みし玉かづら思ひのほかにかけ離れぬる」

◉末摘花「亡き人を恋ふる袂《たもと》のひまなきに荒れたる軒のしづくさへ添ふ」

十六「関屋」せきや（源氏二九歳秋）

空蟬の後日譚。かつて一夜を交えた空蟬は夫の赴任地にいたが、それが終わって上京する。その途次の逢坂《おうさか》の関《せき》で石山参詣の源氏の一行と行き合わせた。源氏の詠む歌に感慨にふける。空蟬はその後、夫に死なれ、出家して尼となるのだが、のちに源氏に庇護されて二条東院に住むようになる。

◉空蟬「行くと来《く》とせき（関）とめがたき涙をや絶えぬ清水と人は見るらむ」

◉空蟬「逢坂の関やいかなる関なればしげきなげきの中を分くらむ」

巻一四「澪標」からは都に帰った源氏の動向になるのですが、「蓬生」と「関屋」は末摘花と空蟬のその後の動向の話に耽ります。なんだか源氏に余裕が出てきているような運びですが、宮廷社会での見かけは実際にもそうなっていきます。

さきほど、空蟬は紫式部自身がモデルになっているのではないかと言いましたが、

「関屋」ではその空蟬のその後が語られます。東国に下り、そのあと、都に戻ってくる途中に石山詣で源氏の一行に出会うという「もののあはれ」を感じさせるシーンです。「しげきなげきの中を分くらむ」がなんともいえない表現です。

十七「**絵合**」**ゑあはせ**　（源氏三一歳春、斎宮女御＝秋好中宮《あきこのむちゆうぐう》二二歳）

六条御息所の遺児の前斎宮が冷泉院の後宮に入内して、弘徽殿の女御と帝の寵愛を二分する。冷泉帝は絵を好んだので、二人の女御のもとに名品が集まり、二人は物語合せや絵合せで競う。絵合せは斎宮側の勝利となり、そんなことが宮廷では有効で、源氏方の権勢も優位になっていく。実は平安期の史料では絵合せは見当らない。紫式部の考案だろう（つまり光源氏のアイデアだったというふうにした）。

◉朱雀院「別れ路に添へし小櫛《をぐし》をかごとにてはるけき仲と神やいさめし」
◉斎宮女御「しめ（標）のうちは昔にあらぬここちして神代のことも今ぞ恋しき」

十八「**松風**」**まつかぜ**　（源氏三一歳秋冬、明石の君二二歳、明石の姫君三歳）

二条東院が落成、西の対《たい》に花散里が入る。東の対に入る予定だった明石の君の母娘は嵯峨の大堰川《おおいがわ》のほとりの別荘に移り住む。源氏は紫の上に気兼ねしつつも明石の君を月に二度訪れる。大堰の山荘には結局、明石家三代の女性たちが住んで源氏を通わせたことなる。「反藤原」の呼吸が聞こえてくる。

◉光源氏「契りしにかはらぬ琴の調べにて絶えぬ心のほどは知りきや」

◉明石の君「かはらじと契りしこと（琴・言）を頼みにて松の響きに音《ね》を添へしかな」

十九「**薄雲**」うすぐも　（源氏三一歳冬〜三二歳秋、藤壺没三七歳）

明石の姫君を将来の后にと願う源氏は紫の上の養女として引き取り、二条院に移させる。源氏三二歳の年は天変地異が多く、そのなかで藤壺が三七歳の生涯を終える。源氏が深い悲嘆にくれるとき、藤壺の加持僧が冷泉帝に「帝は実は源氏の子なのです」と告げ、帝ははげしく動揺する。このあと話は春秋優劣論になる。紫の上が春を好むのに対して斎宮が秋を好むことを知った源氏は、四季の花鳥風月を満喫できる豪壮な邸宅を造営したいと思う。これがのちの六条院となる。

◉明石の君「いさりせしかげ忘られぬ篝火《かがりび》は　身の浮舟（憂き舟）やしたひ来にけむ」

◉光源氏「浅からぬしたの思ひを知らねばやなほ篝火のかげは騒げる」

桐壺の更衣の面影を淡々と曳航《えいこう》してきた藤壺が亡くなります。源氏にとっては二人目の母の喪失です。死の床で藤壺は「高き宿世《すくせ》、世の栄えも並ぶ人なく、心の中《うち》に飽かず思ふことも人にまさりける身」というふうに、自身をふりかえる。「すぐれた果報に恵まれ、この世での栄華も並ぶ人のないものでしたけれど、それとともに胸ひとつに秘めた嘆きも際限のないものでした」と言う。

藤壺の死は源氏が抱いてきた「永遠の母性」のようなものがぷつりと切れることでもあったわけですが、ところが源氏はその母なる藤壺と密通をしたことで冷泉帝という不義の子をつくってしまってもいたわけですから、また、その子が帝になっていくのですから、その切断感と苦悩は帝の悲しみや苦悩に転化するとともに、源氏自身をも苛《さいな》むものとなります。それで源氏はどうするかというと、ひとつには紫の上に思いが注がれるはずなんですが、ところが性懲りもなく過去の女性遍歴にしばし酔っているようです。その女性遍歴の回顧が次の「朝顔」で語られます。

二十「**朝顔**」**あさがほ**　（源氏三二歳秋から冬へ）

源氏は桃園式部卿宮《ももぞのしきぶきょうのみや》の娘の朝顔に繰り返し懸想する。紫の上はこれに嫉妬するが、朝顔は心を開こうとしていなかった。十二月の雪映えが美しい庭先を見ながら、源氏は紫の上に過去の女君たちのことをやや自慢げに語り、紫の上こそ藤壺の面影を継いでいるとまことしやかに話す。しかしその夜、源氏が夢うつつの状態でいるとき、藤壺の幻影があらわれた。気配を察した紫の上が声をかけると源氏は泣きじゃくり、紫の上はじっと体をかたくする。冬の月下の雪景色の描写が絶妙。

◉光源氏「人知れず神のゆるしを待ちしまに　ここらつれなき世を過ぐすかな」

◉光源氏「なき人を慕ふ心にまかせても　かげ見ぬみつの瀬にやまどはむ」
◉朝顔「なべて世のあはればかりをとふからに　誓ひしことと神やいさめむ」
◉朝顔「秋果てて霧の籬《まがき》にむすぼほれ　あるかなきかにうつる朝顔」

二一「少女」をとめ（源氏三三歳春～三五歳冬、太政大臣《だいじょう》に就任、夕霧元服、雲居雁十四歳、紫の上二七歳）

源氏長男の夕霧が元服し、大学教育を受け、寮試に及第する。源氏はついに太政大臣となり、斎宮の女御も中宮（秋好中宮）となる。絶頂である。巻名の「少女《おとめ》」とは、内大臣（もとの頭中将）の次女の雲居雁《くもいのかり》の東宮入内の期待がなかなか叶わず、しかも雲居雁が夕霧と相思相愛らしいことを知って、内大臣がむりやり自邸につれ去ってしまったため、少年夕霧と少女が引き裂かれたことに由来する。源氏の方は最高の栄誉を得て、いよいよ完成した六条院に、春の町には紫の上が、秋の町には秋好中宮《あきこのむちゅうぐう》が、夏の町には花散里が、冬の町には明石の君が住まうという、このうえない四季を牛耳る権勢を誇る。

◉夕霧「あめ（天）にますとよをかびめ（豊受姫）の宮人もわが心ざすしめ（標）を忘るな」
◉夕霧「ひかげにもしるかりけめやをとめ子が天の羽袖《はそで》にかけし心は」
◉光源氏「をとめ子も神さびぬらし天《あま》つ袖ふる（古・振）き世の友よはひ経ぬれば」

元服した夕霧の周辺と、かねて造営中だった六条院が完成したことが主に語られる一巻です。源氏は太政大臣になり、自信をつけていった感じがします。とくに四季を配した区画をつくりあげた六条院の威容は鼻高々で、自慢したくてしょうがない。

そもそも源氏はどんなところに住んでいたんでしょうか。むろん公務は内裏《だいり》でするのですが、光源氏は賜姓《しせい》源氏として臣下に下ったのですから、内裏での描写は物語の初めのほうに限られています。あとはどうなっているかというと、もっぱら二条院に居た。ここは桐壺の更衣の実家（里第）です。紫の上を強引に連れてきたのも、ここでした。その後、須磨・明石から戻ってからここを拡張して二条東院を造営して住みます。ほかに「絵合」「松風」には嵯峨の御堂があり、「松風」「薄雲」には桂《かつら》の院もあったとなっていますから、かなり贅沢《ぜいたく》です。で、そのうえに六条院を大造営したんです。

二二「玉鬘」たまかづら（源氏三五歳、秋好中宮二六歳、明石の君二六歳）

急死した夕顔の遺児に玉鬘がいた。彼女は四歳のときに乳母《めのと》一家に伴われて筑紫《つくし》に下っていたのだが、ようやく土地の豪族の求愛などから逃れて上京していた。けれども頼るものもなく、初瀬《はつせ》の長谷寺《はせでら》に参詣したおりに、亡き夕顔の女房で今は源氏に仕える右近とめぐり会った。右近がこの話を源氏にすると、源氏はよろこんで玉鬘を六条院に迎え、夏の町に住まわせる。歳末、源氏は晴れ着を女君たちに配った。この「玉鬘」から「真木柱」までを「玉鬘十帖」とグルーピングすることがある。

◉玉鬘「数ならぬ三稜《みくり》や何の筋なれば　うき（浮・憂・泥）にしもかく根をとどめけむ」
◉光源氏「恋ひわたる身はそれなれど玉かづら　いかなる筋を尋ね来つらむ」

二三「初音」はつね（源氏三六歳正月、紫の上二八歳、玉鬘二二歳）

源氏は紫の上と正月を祝い、六条院の庭内を満足げにめぐり、明石の姫君、花散里、玉鬘らの女君たちを次々に訪れ、さらに二条東院の空蟬や末摘花などもたずねる。四季の町を巡訪する源氏は、まるで古代の王さながらの「国見《くにみ》」をしているかのようである。
◉光源氏「うす氷とけぬる池の鏡には　世にたぐひなきかげぞならべる」
◉紫の上「くもりなき池の鏡によろづ代《よ》を　すむ（澄・住）べきかげぞしるく見えける」

この巻二三から巻二九の「行幸《みゆき》」までは、四季の風物行事が次々に描かれる色彩鮮やかな王朝絵巻です。鶯《うぐいす》の初鳴きの「初音」に始まって、三月の「胡蝶《こちょう》」、五月の「蛍」、六月の「常夏《とこなつ》」、そして七月の「篝火《かがりび》」、八月の台風の季節の「野分《のわき》」というふうに、巻名が旧暦の移り変わりをあらわします。

ちなみにこれを花鳥風月の「うつろひ」で追うと、若菜、霞《かすみ》、梅（梅が枝）、桜（花）、葵、橘、時鳥《ほととぎす》、蛍、野分、朝顔・夕顔、松虫・鈴虫、女郎花《おみなえし》、萩、雁、紅葉（紅葉賀）、桐、雪といったふうになります。

二四「胡蝶」こてふ　（源氏三六歳晩春〜初夏、秋好中宮二七歳）

晩春三月、源氏は六条院春の町で船楽《ふながく》を催し、翌日は秋好中宮の季の御読経《みどきよう》の仏事。紫の上と中宮は春秋くらべの贈答歌を詠み交わす。『源氏』にはこうした王朝文化の独特の催事がくりかえし描写される。源氏文化の香ばしい飛沫《ひまつ》である。

◉紫の上「花園の胡蝶をさへや下草に秋まつむし（松虫・待つ）はうとく見るらむ」

◉光源氏「橘のかをりし袖によそふればかはれる身とも思ほえぬかな」

◉玉鬘「袖の香をよそふるからに橘のみ（身・実）さへはかなくなりもこそすれ」

二五「蛍」ほたる　（源氏三六歳五月、玉鬘二二歳）

しばらく前から玉鬘のところには多くの懸想文《けそうぶみ》が寄せられている。人気の的なのだ。あろうことか源氏も養女の玉鬘に懸想する。煩《わずら》わしく思う玉鬘に、源氏は蛍兵部卿宮《ひようぶきようのみや》がやってきた夜、玉鬘の身のまわりに蛍を放つという趣向を演出して歓心を買おうとする。長雨の頃、玉鬘たちが世の物語に熱中している。ここで源氏は「物語の本質は虚構《フイクシヨン》であることにある。そのほうがずっといい」（ひたぶるにそらごとと言ひはてむ）と説く。「日本書記などはほんの片端にすぎない」（日本紀《にほんぎ》などはただ片そばぞかし）とも言う。蛍火の薄明かりで女性の美貌が際立つ話は『伊勢』や『宇津保物語』にもある。物語虚構論は紫式部の思想がよく表明されているところ。

◉玉鬘「声はせで身をのみこがす蛍こそ言ふよりまさる思ひなるらめ」

◉玉鬘「あらはれていとど浅くも見ゆるかな　あやめもわかず泣かれけるねの」

二六「常夏」とこなつ（源氏三六歳六月）

暑い夏の日、源氏が釣殿《つりどの》で涼をとりながら夕霧や親しい殿上人たちを相手に話しているところへ内大臣家の公達《きんだち》たちが来る。源氏は内大臣には含むところがあるので、内大臣が引き取った庶出の娘近江の君などを悪しざまに皮肉る。源氏一党と内大臣一党との対立が深まっていく一節。一方、源氏は玉鬘に和琴《わごん》を教えながら胸をときめかせる。巻名の「常夏」は撫子《なでしこ》の別名。

◉光源氏「撫子のとこなつかしき色を見ば　もとの垣根を人や尋ねむ」

◉玉鬘「山がつの垣ほに生《お》ひし撫子の　もとの根ざしをたれか尋ねむ」

二七「篝火」かがりび（源氏三六歳七月）

夕月夜に琴を枕に玉鬘に添い臥す源氏。もやもやした気分だけれど、それ以上には手は出さない。その気分、庭の篝火の煙のようなのである。柏木は玉鬘と源氏のそうした関係をまだ知らない。夕月夜にこちらは笛を吹くばかり。

◉光源氏「篝火にたちそふ恋の煙《けぶり》こそ世には絶えせぬ炎なりけれ」
◉玉鬘「行方なき空に消《け》ちてよ篝火のたよりにたぐふ煙とならば」

二八「野分」のわき（源氏三六歳八月、夕霧十五歳、柏木二十〜二一歳）

仲秋八月、激しい野分が襲来した。その見舞いに六条院春の町を訪れた夕霧は、はからずも紫の上を垣間《かいま》見て、霞の間に咲く樺桜《かばざくら》のような美しさに魂を抜かれる。その一方、玉鬘に戯れかかる父の源氏を垣間見て驚く。夕霧は秋好中宮、明石の君、玉鬘、花散里を見舞う源氏のお供もしている。十五歳の夕霧が男と女の姿態を通して宮廷文化の官能に少しずつ気づいていく。

◉玉鬘「吹き乱る風のけしきに女郎花《おみなへし》しをれしぬべきここちこそすれ」
◉光源氏「した露になびかましかば女郎花荒きかぜにはしをれざらまし」
◉夕霧「風騒ぎむら雲まがふ夕《ゆふべ》にも　忘るる間なく忘られぬ君」

なかなか読みごたえのある一巻。われわれは夕霧の目によって源氏をとりかこむ女君たちの姿態や様態のバイアスにつきあわされるのですが、紫式部はこの手法で新たな人的景観と客観性を『源氏』に与えているんです。

夕霧はミドルティーンの十五歳。もう十分に性に目覚めています。六条院を激しい野分が襲ったあと風雨見舞いに人が動く。そこで夕霧は廂《ひさし》の御座所にいる紫の上を見る。

心臓がとまるほどに美しい。ちょっと几帳面《きちょうめん》な性格の夕霧は、どきどきしながらそれぞれ綺麗《きれい》なお姉さんを見くらべていくと、父親の源氏の戯れている姿を見て違和感をおぼえる。ここはぼくも父に連れられて祇園《ぎおん》・先斗町《ぽんとちょう》に行った中学時代のことを思い出したところです。

二九「行幸」みゆき（源氏三六歳十二月〜三七歳二月、玉鬘二二〜二三歳）

冷泉帝が大原野に行幸し、源氏のはからいで玉鬘も行列を見物した。玉鬘を帝の尚侍《ないしのかみ》として出仕（入内）させたい源氏は、玉鬘の父である内大臣（以前の頭中将）を腰結《こしゆい》として裳着《もぎ》の儀をしようと計画していた。裳着は女子が成人になったことを記念したしるしである。内大臣はいったんこの申し出を断ってきたが、二人は対面をはたして対立を切り抜け、玉鬘の儀式がとりおこなわれた。

◉冷泉帝「雪深き小塩《をしほ》の山にたつ雉《きじ》の古きあとをも今日は尋ねよ」

◉光源氏「あかねさす光は空にくもらぬをなどてみゆき（深雪・行幸）に目をきらしけむ」

◉内大臣「うらめしや沖つ玉藻《たまも》をかづくまで磯がくれける海士《あま》の心よ」

三十「藤袴」ふぢばかま（源氏三七歳春〜秋、柏木二一〜二二歳）

玉鬘の公開の裳着の儀によって、夕霧は自分と玉鬘が兄妹ではないことを知る。柏木（内大臣の長男）も玉鬘が実の妹だったことを知って戸惑う。玉鬘の出仕は十月と決まり、それまで求婚してきた男たちはそれぞれに苛立《いらだ》ち、思いおもいの歌を寄せてきた。

◉鬚黒《ひげぐろ》「数ならばいとひもせまし長月に命をかくるほどぞはかなき」

◉兵部卿宮「朝日さす光を見ても玉笹の葉分けの霜を消たずもあらなむ」

◉左兵衛督《さひょうえのかみ》「忘れなむと思ふもものの悲しきをいかさまにしていかさまにせむ」

三一「真木柱」まきばしら（源氏三七歳冬〜三八歳冬、真木柱十二〜十三歳、鬚黒三二〜三三歳）

意外なことに鬚黒が玉鬘をわがものにした。耐えかねた北の方は実家に引き取られると「もののけ」に病み憑かれ、火取りの灰を鬚黒に浴びせる。鬚黒のそのときの歌「心さへ空にみだれし雪もよにひとり冴えつるかたしきの袖」。北の方の父の式部卿宮（もとの兵部卿宮）は娘を自邸に引き戻そうとする。鬚黒の娘の真木柱は父親と別れがたく、その心情を歌に詠み柱の割れ目に差しこんでおいた。ちょっとしたホラー少女マンガとして十分な傑作に変奏できそうな一巻。

◉冷泉帝「などてかくはひあひ（灰合）がたき紫を心に深く思ひそめ（初・染）けむ」

◉玉鬘「いかならむ色とも知らぬ紫（三位の紫色）を心してこそ人は染めけれ」

◉近江の君「おきつ舟よるべ波路にただよはば棹さし寄らむ泊り教へよ」

◉夕霧「よるべなみ（波・並）風の騒がす舟人も思はぬかたに磯づたひせず」

ここまでが玉鬘をめぐる十帖です。ちょっとまとめてふりかえると、玉鬘はそもそも夕顔の娘。夕顔はかつては頭中将の隠し妻だったのですが、中将の北の方の脅しが気になって身をひいて、娘の玉鬘と所在をくらましていた。そのとき五条の夕顔花咲く宿で源氏に見いだされた。けれども「もののけ」で命を落としたというところまでが「夕顔」の巻の話でした。

その後、玉鬘は行方がわからない母の死を知ることなく、四歳から筑紫の国に下っていました。やっと二十歳をすぎて乳母に連れられて都に戻ります。その、鄙《ひな》に育ったとは思えないほどとんでもなく美しい姿が源氏のお付きの右近に見つかり、源氏に引き取られてあの壮麗な六条院に住むようになりますと、周囲の男君たちがものにしたくて色めきたちます。どんなふうに玉鬘をめぐった男たちが色めきたったかというのが「玉鬘十帖」です。

ただ、紫式部はここに少し仕掛けをしておいた。源氏が玉鬘の素性をあかさず自分の娘としたということ、今は内大臣になっている頭中将が父親であることを源氏のほかは誰も知らなかったこと、それが裳着の儀式のときにあきらかになっていったこと、こういう仕掛けです。紫式部は当人だけが知っていることを暗示して、作家の記述がやたらにそこに踏みこまないようにしています。

三二「**梅枝**」**むめがえ**　（源氏三九歳春、紫の上三一歳、夕霧十八歳）

明石の姫君の入内が迫ってきた。源氏はその準備に余念がなく、「薫物合せ《たきものあわせ》」などで遊ぶ。名筆の草子類なども数多く収集される。夕霧と雲居雁《くもいのかり》とが少し火花を散らす。

◉前斎院《さきのさいいん》「花の香は散りにし枝にとまらねどうつらむ袖に浅くしまめや」

◉光源氏「花の枝にいとど心をしむるかな人のとがめむ香をばつつめど」

◉夕霧「つれなさは憂き世の常になりゆくを忘れぬ人や人にことなる」

◉雲居雁「限りとて忘れがたきを忘るるも　こや世になびく心なるらむ」

この薫物合せはかなりのものです。六条院のみんなに伝来の名香を配って調合を頼んでいる。源氏も紫の上とあえて居場所を離して腕をふるいます。蛍兵部卿宮が招かれて判定の段となるんですが、それぞれが好みを尽くしていて香の素材を判じかねるほどだと書いてある。宴《うたげ》では内大臣の子の弁《べん》の少将が催馬楽《さいばら》を舞って興を添えます。そのタイトルが「梅が枝」です。まだあります。二月半ばがすぎると、今度は名筆の草子を集めて、いろいろその書きっぷりを競い論じたりしています。まさに王朝絵巻のおいしいところです。

三三「**藤裏葉**」**ふぢのうらば**　（源氏三九歳、源氏が准太上天皇《じゅんだいじょうてんのう》になる、明石の君三十歳）

内大臣は夕霧と雲居雁との結婚を許可した。四月には明石の姫君が入内した。紫の上は心のうちを察して明石の君を姫君の後見役に推す。秋、源氏は異例の准太上天皇の位についた。かくて源氏は摂関家にない権威と帝にはない権力を合わせもった絶対者として君臨することになる。

◉光源氏「色まさる籬《まがき》の菊もをりをりに袖うちかけし秋を恋ふらし」

◉太政大臣「紫の雲にまがへる菊の花　濁りなき世の星かとぞ見る」

◉夕霧「なれこそは岩もる（守・漏）あるじ見し人のゆくへは知るや宿の真清水《ましみず》」

◉雲居雁「なき人のかげだに見えずつれなくて心をやれるいさらゐの水」

ここまでが第一部です。源氏はついに准太上天皇の位に昇りつめるのですが、それは天皇でもなく、またもはや誰の臣下でもない位です。准太上天皇というのは、譲位後の前天皇に準じる位です。けれども、その先はない。ふりかえれば、源氏は近衛中将↓参議↓右大将↓大納言↓内大臣↓太政大臣というふうに公卿として次々に官位を昇ってきたのですが、ここで行きどまりです。ここに「桐壺」で暗示されていた桐壺帝の「逸《そ》れ」が最高位にまで達したことが告げられているのです。

【第二部】

三四「若菜上」わかなのじょう（源氏三九〜四一歳、紫の上三二歳、女三の宮十四歳、夕霧十九歳）

病いがちの朱雀院はすぐにでも出家したいのだが、女三の宮の将来が心配なので、源氏に降嫁させようとする。源氏は彼女が藤壺の姪でもあるので承諾するが、このことで紫の上は心を痛める。源氏は紫の上と女三の宮との板挟みを感じて朧月夜と忍び逢う。明くる三月、明石の女御が東宮の皇子を出産、明石の入道もこの慶事をよろこぶ。

●秋好中宮「さしながら（すっかり・挿しながら）昔を今に伝ふれば玉の小櫛ぞ神さびにける」

●朱雀院「さしつぎに見るものにもが万世を黄楊《つげ》（告）の小櫛の神さぶるまで」

●紫の上「目に近くうつればかはる世の中を行く末遠く頼みけるかな」

●光源氏「命こそ絶ゆとも絶えめ定めなき世の常ならぬなかの契りを」

●女三の宮「はかなくてうはの空にぞ消えぬべき風にただよふ春のあは雪」

●紫の上「背《そむ》く世のうしろめたくはさりがたき　ほだしをしひてかけな離れそ」

第一部では源氏につながる女君たちが、源氏とそれぞれに、いわば放射状にトップダウン型で広がっていたのですが、第二部では女君たちの間のつながりが浮上してきます。横にネットワーク連鎖していくんです。それは当初こそ六条院に同居する男女の内部栄華をあらわしますが、やがては源氏の主語性が少しずつ薄れていくということでもあるわけです。秋好中宮の「さしながら昔を今に伝ふれば玉の小櫛ぞ神さびにける」がすばらしい。宣長につながります。

三五「若菜下」わかなのげ（源氏四一〜四七歳、冷泉帝退位二八歳、今上帝即位二十歳）

冷泉帝が退位して、今上帝の御代になった。柏木の女三の宮に対する恋情がますます募っているなか、四年の歳月が流れた。源氏は紫の上・女三の宮・明石の君らをともない盛大な住吉詣をする。源氏四七歳の早春、六条院で女楽《おんながく》を催す。紫の上は和琴《わごん》、女三の宮は琴《きん》、明石の君は琵琶《びわ》、明石の女御は箏《そう》。その後、紫の上が病いに臥せる。「もののけ」に憑かれたらしい。病状は悪化するばかりなので加持調伏したところ、そこにあらわれたのは六条御息所の憑坐《よりまし》だった。一方で、柏木がついに女三の宮と思いをとげる。源氏は柏木の恋文を発見して、真相を知る。

◉柏木「恋ひわぶる人（女三の宮のこと）のかたみ（片身・形見）と手ならせば　なれよ何とて鳴く音なるらむ」

◉光源氏「たれかまた心を知りて住吉の神代を経たる松にこと問ふ」

◉紫の上「住の江の松に夜ぶかく置く霜は神のかけたる木綿鬘《ゆふかづら》かも」

◉女三の宮「明けぐれの空に憂き身は消えななむ夢なりけりと見てもやむべく」

◉柏木「くやしくぞつみ（摘・罪）をかしける葵草神のゆるせるかざしならぬに」

この巻は大きな流れの推移をまとめています。その推移は源氏・女君・柏木がそれぞれれに「宿世」を深く実感していくステージに当たっています。『源氏』のワールドモデルは「宿世」です。紫の上に御息所の霊が取り憑いたことはその象徴です。「宿世」イコール「もののけ」です。一方、源氏は自分の人生が栄耀《えいよう》栄華においても抜きん出ていたけれど、苦悩憂愁においても人に抜きん出ていたことを思い知ります。なんとも身に滲《し》みることで、そういう源氏はもう四七歳になっていました。

ところで、右にあげた柏木の「恋ひわぶる人」の歌には、「何とて鳴く音」とありますが、これは猫のことです。東宮がたいへんな猫好きで、たくさん猫を飼っている。そこで柏木はこの東宮のために、女三の宮の猫をなんとか手に入れようとするというエピソードです。猫が「ねうねう」と「いとらうたげ」に鳴くのが、とてもかわいい。

三六「柏木」かしはぎ（源氏四八歳春秋、薫誕生、朱雀院五一歳、柏木没三二〜三三歳、女三の宮二二〜二三歳）

女三の宮が男児を出産。柏木との不義の子で、のちの薫である。源氏は暗然とし、女三の宮は出家してしまう。柏木も親友の夕霧に妻の落葉の宮の後事を頼んで、かき消えるように死ぬ。源氏は薫の五十日《いか》の祝いでわが子ならざるわが子を抱き、「あやにくな定め」を思う。夕霧は落葉の宮を見舞ううちに恋心をもつ。

◉柏木「今はとて燃えむ煙もむすぼほれ絶えぬ思ひ（思ぅ火）のなほや残らむ」

◉落葉の宮「柏木に葉守《はもり》の神はまさずとも人ならすべき宿の梢か」

このへんから何もかもが少しずつ複雑になっていきます。もはや主人公ではない源氏は四八歳。あれほど女三の宮を愛していた柏木が亡くなり、女三の宮は薫を出産します。のちの新しい主人公です。しかしここには「逸れ」とともに「歪《ゆが》み」が生じていました。女三の宮の出家と柏木の死は、それぞれその「歪み」を覚悟していたことでした。

三七「横笛」よこぶえ（源氏四九歳春秋、薫二歳、夕霧二八歳）

柏木の一周忌。秋、夕霧は落葉の宮母娘と語らい名曲「想夫恋《そうぶれん》」を琵琶で弾く。その折、夕霧は柏木遺愛の横笛を譲られるのだが、後日、夢に柏木があらわれ「横笛を伝えたい人は他にある」と言う。横笛は源氏に預けられた。

◉夕霧「こと（琴・言）に出でて言はぬも言ふにまさるとは人に恥ぢたるけしきをぞ見る」

◉落葉の宮「深き夜のあはればかりは聞きわけど　こと（琴・言）よりほかにえやは言ひける」

三八「鈴虫」すずむし（源氏五十歳夏秋、紫の上四二歳、秋好中宮四一歳、夕霧二九歳）

尼君となった女三の宮の持仏開眼供養。源氏は女三の宮の前庭を秋の風情に造作し、鈴虫・松虫などを放つ。源氏は冷泉院を訪れ詩歌管絃に興じるも、秋好中宮から亡き母（御息所）がいまなお成仏できずにいると聞かされ、愛憐《あいれん》執着のおそろしさを思う。
◉光源氏「心もて草のやどりをいとへども　なほ鈴虫の声ぞふりせぬ」
◉冷泉院「雲の上をかれ離れたるすみかにも　もの忘れせぬ秋の夜の月」
◉光源氏「はちす葉をおなじ台《うてな》と契りおきて露のわかるるけふぞ悲しき」
人のあさましさやこの世の宿命が徘徊《はいかい》していくなか、物語はだんだん「救済とは何か」というほうに舵《かじ》を切っていきます。それを象徴しているのが、登場人物たちの出家がふえていっているということでした。
「賢木」で藤壺が出家し、仏道にいる明石の入道が登場し、「澪標」で六条御息所が出家するあたりまではともかく、第二部になると、まず朱雀院が出家する。実は空蟬も出家して尼になっていました。紫の上も出家したいと訴えますが、これは源氏が承知しない。ところが朧月夜の君は出家して源氏を悲しませ、そこへ女三の宮が薫を残して出家する。このあと落葉の宮も剃髪《ていはつ》したいと言いだします。そして最後に源氏その人が巻四十「御法《みのり》」で出家を決意するわけです。「無常の風」が吹きまくるばかりです。

三九 **「夕霧」ゆふぎり** （源氏五十歳秋冬、夕霧二九歳、雲居雁三二歳）
落葉の宮にのめりこむ夕霧。その行動に懸念する落葉の宮の母（一条御息所）は消息（手紙）を送るのだが、嫉妬する北の方の雲居雁に奪われる。夕霧からの返事がこないことに悲嘆した母は死去。それでも夕霧は強引に婚儀をはこび、雲居雁はたまりかねて実家に戻る。

●落葉の宮「われのみや憂き世を知れるためしにて濡れそふ袖の名をくたすべき」
●夕霧「おほかたはわれ濡衣を着せずとも朽ちにし袖の名やは隠るる」
●夕霧「たましひをつれなき袖にとどめおきて　わが心からまどはるるかな」
●夕霧「せくからに浅さぞ見えむ山川の流れての名をつつみ（包・堤）はてずは」
●雲居雁「あはれをもいかに知りてかなぐさめむ　あるや恋しき亡きや悲しき」

四十**「御法」みのり**（源氏五一歳春秋、紫の上没四三歳、匂宮五歳）

紫の上発願の法華経《ほけきよう》千部の供養が二条院でおこなわれる。死期の近いことを感じる紫の上は明石の君や花散里らと歌を詠みかわし、それとなく別れを告げ、まもなく死去。荼毘《だび》にふされる前の紫の上が美しい。茫然自《ぼうぜんじ》失《しつ》の源氏は、この悲しみに耐えた後に出家しようとひそかに決める。

●紫の上「惜しからぬこの身（実・菓）ながらもかぎりとて薪尽きなむことの悲しさ」
●明石の君「薪こる思ひはけふをはじめにて　この世に願ふ法《のり》ぞはるけき」
●紫の上「絶えぬべき御法（みのり・身のり）ながらぞ頼まるる世々にと結ぶ中の契り

を」

◉光源氏「ややもせば消えをあらそふ露の世に後れ先だつほど経ずもがな」

◉光源氏「のぼりにし雲居ながらもかへり見よ　われあき(倦・秋)はてぬ常ならぬ世に」

四一「幻」まぼろし　(源氏五二歳で死去、薫五歳、匂宮六歳)

新年を迎えても源氏の悲傷はいっこうに癒されない。深まる春に紫の上への追慕が募るばかり。自身を回顧してみれば栄え映《はば》えしくもあったが、憂いにも満ちていた。季節が夏・秋・冬と移ろい、風物は少しずつ変わっていくものの、源氏の心は変われず、歳末に紫の上と交わした消息などを焼いた。

◉光源氏「なくなくも帰りにしかな仮(雁)の世は　いづこもつひの常世(とこよ・床の世)ならぬに」

◉光源氏「おほかたは思ひ捨ててし世なれども葵はなほやつみ(罪・摘)をかすべき」

◉光源氏「大空をかよふ幻夢にだに見えこぬ魂《たま》の行方たづねよ」

◉光源氏「もの思ふと過ぐる月日も知らぬまに年もわが世もけふや尽きぬる」

光源氏の最期です。「幻」にはその死の場面は描かれないのですが、のちの巻で源氏が嵯峨の地に出家して、仏道に入ってそのまま崩じたということが回想されるので、この

第二部のおわりが光源氏の最期であったことがわかります。けっこうあっけない源氏のクロージングです。なぜこんなおわり方にしたのか。ぼくは紫式部が光源氏に倦《あ》きていたんじゃないかと思います。終盤、ほとんどターミナルケアしていません。
なお「幻」と次の「匂宮」とのあいだに、かつて「雲隠《くもがくれ》」という巻があったのではないかという議論があり、後世の写本や目録にそのタイトルが見えているのですが、いまではのちの付会だろうとして否定されています。

【第三部】

「幻」の巻から九年がたって、匂宮《におうのみや》と薫を新たな主人公にして第三部がスタートします。二人はまことに対照的なので、世間は「匂ふ兵部卿宮、薫る中将」ともてはやします。この二人はこれまでの物語とはまったく異なる強烈な個性を発揮する。『源氏』はがらりと舞台を変えるのです。

四二「匂宮」にほふのみや　（薫十四～二十歳、匂宮十五歳）

源氏の死後、その跡を継ぐべき人物がいなかった王朝社会だが、なかで匂宮と薫が世間の声望を受けていた。薫からは生まれながらに仏のような体香が放たれていた。冷泉院の寵愛を受け十四歳で中将に、十九歳で三位宰相に昇ったのに、自身の出生への疑念から出家に憧れている。そうした薫に匂宮は何かにつけて対抗心を抱き、麝香《じやこう》・伽羅《きやら》などの名香を集めて薫物《たきもの》に熱中したりする。世間では誰もが二人を婿に望んだ。けれども薫には結婚の意思がない。

◉薫「おぼつかな誰に問はましいかにして　はじめも果ても知らぬわが身ぞ」

四三「**紅梅**」**こうばい**　（薫二四歳、按察《あぜち》大納言五四～五五歳）

亡き太政大臣家の後日譚。柏木の死後、弟の按察大納言がその家系を保ち、真木柱《まきばしら》と再婚して大夫《たいふ》の君をもうけた。真木柱には蛍宮とのあいだにもうけた姫君（宮の御方）もいた。大納言は繊細な中《なか》の君を匂宮と添わせたいと願うのだが、匂宮は宮の御方に執心する。

◉按察大納言「心ありて風の匂はす園の梅にまづうぐひすの訪《と》はず（問はず）やあるべき」

◉匂宮「花の香にさそはれぬべき身なりせば風のたよりを過ぐさましやは」

◉匂宮「花の香をにほはす宿にとめゆかば色にめづとや人の咎めむ」

四四「**竹河**」**たけかは**　（玉鬘五六歳、薫十四～二三歳）

鬚黒亡きあとの後日譚。玉鬘（尚侍の君）は三男二女を育ててきたが、いまは姫君たちが帝からも冷泉院からも蔵人《くろうど》少将からも所望されている。しかし玉鬘は源氏の形見というべき薫にこそ嫁がせたいと思ううち、正月下旬に薫の弾く和琴が柏木に似ていることに気が付いた。何かを察知したのである。そのほか、姫君たちの行く末は決まるようで決まらない。巻名は催馬楽「竹河」にもとづく。

◉薫「竹河のはし（橋・端）うちいでしひと節に深き心の底は知りきや」

◉尚侍の君「竹河に夜をふかさじといそぎしも　いかなる節を思ひおかまし」

◉大君「あはれてふ常ならぬ世のひと言も　いかなる人にかくるものぞは」

◉薫「流れてのたのめむなしき竹河に　よは憂きものと思ひ知りにき」

ここまでは「匂宮三帖」とも言われるところなんですが、どうも文章・文体・運びそのほかちょっと出来が悪いので、古来、ここは偽書ではないかという説もあります。紫式部がこんな書き方をしないだろうという理由です。あるいは後世の補筆が入っているのかもしれません。けれども、匂宮と薫の対比はいかにも紫式部がやりそうなことで、ぼくとしてはやはり五十四帖全部がひとつながりだと見ています。

（宇治十帖）

四五「橋姫」はしひめ（薫二十〜二二歳、八の宮五十代後半、大君二四歳、中の君二二歳）

話は変わって、そのころ世間から忘れられていた古宮がいた。若い日々に政争に巻きこまれて失意の日々をおくっていた八の宮である。宇治の山里で大君《おおいぎみ》と中の君を男手で養うかたわら、仏道に励んでいた。薫は宇治の阿闍梨《あじゃり》から八の宮の俗聖《ぞくひじり》ぶりの噂を聞いて親交を結ぶ。それから三年目の秋、八の宮の留守を訪ねた薫は月下に合掌する姫君たちの美しさを垣間見て、大君に惹かれる。思慮深い大君は薫をたしなめる。

◉八の宮「うち捨ててつがひ（番）さりにし水鳥の　かり（仮・雁）のこの世にたちおくれけむ」

◉大君「いかでかく巣立ちけるとぞ思ふにも憂き（浮き）水鳥の契りをぞ知る」

◉八の宮「見し人も宿も煙になりにしを　なにとてわが身消え残りけむ」

◉八の宮「あと絶えて心すむ（澄・住）とはなけれども世をうぢ山に宿をこそかれ」

◉薫「橋姫のこころをくみて高瀬さす棹のしづくに袖ぞ濡れぬる」

ここからがぼくが若い頃好きだった「宇治十帖」です。八の宮の存在が告げられるところから物語が始まります。不運をかこってきた八の宮ですが、そのぶん道心が深まっているんですね。その八の宮を薫が知って「法《のり》の友」となるのだけれど、薫の前には思慮深く魅力的な大君《おおいぎみ》があらわれます。八の宮の「あと絶えて世をうぢ山」の歌はいかにも八の宮らしい歌。こういうところ、紫式部はさすがに手を抜きません。

巻名の「橋姫」は薫が大君に贈った「橋姫のこころをくみて高瀬さす棹のしづくに袖ぞ濡れぬる」から採ったのですが、本歌は古今和歌集の「さむしろに衣かたしき今宵もや我を待つらむ宇治の橋姫」です。橋にいながら夫が通ってくるのを待つ橋姫のイメージです。もっとも橋姫伝説にはいろいろあって、橋のたもとで通りかかる旅人を襲ったり、開かずの箱を渡したり、目を抉《えぐ》ったり、けっこう恐ろしい橋姫もいる。いずれにしても「境界神」です。

四六「椎本」しひがもと（薫二三〜二四歳、八の宮没六十歳前後）

薫から八の宮の姫君のことを聞いていた匂宮と薫のあいだに、消息の代理行為が介在し、ここで八の宮を通して、薫と匂宮と姫君たちがクロスする。八の宮が遺戒をのこして死去すると、姫たちは薫を頼る。いったい八の宮が何を遺戒したのか、物語はあきらかにしない。

◉八の宮「山風に霞吹きとく声はあれど　へだてて見ゆるをちの白波」
◉匂宮「をちこちの汀《みぎは》に波はへだつとも　なほ吹きかよへ宇治の川風」
◉中の君「かざし折る花のたよりに山がつの垣根を過ぎぬ春の旅人」
◉八の宮「われなくて草の庵《いほり》は荒れぬとも　このひとことはかれじとぞ思ふ」

四七「総角」あげまき （薫二四歳秋冬、大君没二六歳）

薫は大君に夜通し意中を伝えるが、何事もない。大君は父の遺志を守って独身を通し、むしろ薫が中の君と結ばれることを思い、薫は薫で中の君と匂宮が結ばれれば、大君が自分を選ぶと考えていた。八の宮の遺戒のせいなのか、各自の関係はあやふやになっていき、そうしたなか大君は比類のない美しさをその相貌に漂わせて死んでいく。

◉大君「ぬきもあへずもろき涙の玉の緒に長き契りをいかが結ばむ」
◉薫「おなじ枝《え》をわきて染めける山姫にいづれか深き色と問はばや」
◉大君「山姫の染むる心はわかねども　うつろふかたや深きなるらむ」
◉薫「しるべせしわれやかへりてまどふべき心もゆかぬ明けぐれの道」
◉大君「かたがたにくらす心を思ひやれ人やりならぬ道にまどはば」
◉匂宮「中絶えむものならなくに橋姫のかたしく袖や夜半《よは》に濡らさむ」
◉中の君「絶えせじのわがたのみにや宇治橋の　はるけきなかを待ちわたるべき」

宇治の大君は八の宮の姫君です。妹が中の君。八の宮は処世力がなく、二人の娘の養育のために再婚もしていない。そこへ薫が訪ねてくるようになるのですが、三年目のある夜、八の宮の留守に大君が薫を応接する。ここから薫の思慕がふくらみます。大君は父の「この世は仮の世、来世の浄土に生まれるために功徳を積みなさい」という教えに生きている女性なので、薫が求道者の気持ちをもっているうちは迎え入れているんですが、八の宮が亡くなったのちついに薫が愛を告白すると、大君は頑《かたく》なに交情を拒みます。

この設定は紫式部の熟慮のうえのものでしょう。薫は源氏の子として世に通っているけれど、実際には柏木と女三の宮とのあいだの罪の子です。凋落《ちょうらく》した日々だった八の宮家を栄えさせるには源氏一族の薫を受け入れればそれで栄達は保証されるのだけれど、それはできない。そこで妹の中の君を添わせようとします。けれどもこれでは今度は薫が承知できない。そこで薫は中の君が結婚してしまえば大君は自分の気持ちに靡《なび》くだろうと思い、匂宮を中の君の寝所に忍ばせるのですが、これがかえって大君を動揺させてしまいます。

匂宮は有名な「色好み」ですから、こんな結婚は中の君をダメにすると大君は思う。そんな心労がたたって大君は重篤になり、最期は薫に看取られて死んでいきます。『源氏』全巻の仕上がりが冴《さ》えていくところです。

四八「早蕨」さわらび　（薫二五歳）

大君が亡くなり、薫が悲嘆にくれていた宇治の山里に早蕨の陽光がさしこんで、山寺の阿闍梨《あじゃり》からの山菜も届く。匂宮が中の君を迎えることになった。薫は中の君を譲ったことを香ばしく後悔する。
◉阿闍梨「君にとてあまたの春を摘み（積み）しかば常を忘れぬ初蕨なり」

◉中の君「この春はたれにか見せむ亡き人のかたみ（形見・筒）に摘める峰の早蕨」
◉匂宮「祈る人の心にかよふ花なれや色には出《いで》ずしたににほへる」
◉薫「見る人にかごと寄せける花の枝を心してこそ折るべかりけれ」
◉大輔《たいふ》「ありふればうれしき瀬にも逢ひけるを身を宇治川に投げてましかば」

四九「宿木」やどりぎ（薫二四〜二六歳、浮舟二十歳前後、女二の宮十四歳）

中の君は匂宮の子を宿すが、薫は納得していない。中の君が薫の懸想をそらそうと大君に似る異母妹に浮舟という乙女がいることを告げる。中の君が男児を産み、薫は今上帝が勧める女二の宮と結婚する。結婚よりも宇治の御堂の造営に熱心な薫だったが、あるとき偶然に浮舟を垣間見て、亡き大君に貌《かんばせ》が酷似していることに感動する。
◉匂宮「また人に馴れける袖の移り香をわが身にしめてうらみつるかな」
◉中の君「み（見・身）なれぬる中の衣とたのみしを　かばかりにてやかけ離れなむ」
◉薫「やどりきと思ひいでずは木《こ》のもとの旅寝もいかにさびしからまし」
◉弁尼「荒れ果つる朽木のもとをやどりきと思ひおきけるほどの悲しさ」
ついに浮舟がその姿をあらわすところです。『源氏物語』最後のヒロイン。浮舟は八の宮とその女房の中将の君とのあいだに生まれているんですが、大君や中の君とはお母さんが違う。大君らは北の方から生まれ、浮舟は八の宮に仕えていた中将の君の娘です。

しかも途中から宮家を出て、常陸介《ひたちのすけ》の後妻になっている。だから浮舟も関東で育っているんです。それでどうなったか、「東屋」がそこを綴ります。

五十「**東屋**」あづまや（薫二六歳、中の君二六歳）

浮舟の母である中将の君は薫の気持ちを知るのだが、身分違いを感じて左近少将《さこんのしょうしょう》を婿に選ぼうとしている。ところがこれはうまく話が進まず、中の君に浮舟を預けることにした。そこへ匂宮などが接近し、浮舟の動静を知った薫は彼女を宇治に移り住まわせ、彼女の成長を願う。

◉薫「見し人の形代《かたしろ》ならば身に添へて　恋しき瀬々のなでもの（撫物）にせむ」

◉中の君「みそぎ河瀬々にいださむなでものを　身に添ふ影とたれかたのまむ」

五一「**浮舟**」うきふね（薫二七歳、匂宮二八歳、浮舟二二歳前後）

浮舟を忘れられない匂宮が従者をともない、薫と偽って宇治に乗りこんだ。浮舟は人違いと気づくのだが、匂宮の情熱に絆《ほだ》された。匂宮はさらに浮舟に執着して宇治の対岸の隠れ家で二夜を過ごす。匂宮との関係を知った薫は浮舟の不誠実を咎《とが》める手紙を送る。これで気が動転した浮舟は宇治川に入水してしまいたいと思い、書き置きをのこす。

◉匂宮「年経《ふ》ともかはらぬものか橘の小島の崎に契る心は」

◉浮舟「橘の小島の色はかはらじを　この浮舟ぞゆくへ知られぬ」
◉匂宮「峰の雪みぎはの氷踏みわけて君にぞまどふ道はまどはず」
◉浮舟「降りみだれみぎはに氷る雪よりも中空にてぞわれは消《け》ぬべき」
◉薫「水まさるをちの里人いかならむ晴れぬながめ（眺め・長雨）にかきくらすころ」
◉浮舟「かきくらし晴れせぬ峰のあま雲に浮きて世をふる身をもなさばや」
◉浮舟「のちにまたあひ見むことを思はなむ　この世の夢に心まどはで」
◉浮舟「鐘の音の絶ゆるひびきに音《ね》をそへて　わが世尽きぬと君に伝へよ」

五十四帖全体のなかで、「若菜」上下と並んで最も構成と文章がすばらしく組み上がっているのが「浮舟」です。ここだけ取り出して映画にしたり宝塚の舞台にしたくなるのが、よくわかります。誰もが参考にしたくなる物語モデルです。

人物の心の動きとして注目しておくべきは、薫の浮舟に対する気持ちですが、薫にとっての浮舟はあくまで大君の面影の形代だということです。これは浮舟からするとせつないことで、心厚い薫を敬いながらも匂宮の情熱に体を合わせてしまう。けれどもそんなことをしていれば、当然、この二人の貴公子の板挟みになるわけで、そこで入水を決意するんです。ただし、この決意は仏道の教えからするととんでもないことで、仏教では自死は仏罰に当たります。とすると、紫式部はここで別の思想を持ち出したということになります。それは古来の「処女塚《おとめづか》」の考え方でした。二人以上の男に求愛された女が自身の死によって男たちの争いを回避させるという話です。万葉にもよく歌われている。『源氏』はこのラストストリームにおいて、こうした「古代の母型」を持ち出します。

五二「**蜻蛉**」**かげろふ**　（薫二七歳）

浮舟の失踪の噂が駆けめぐる。母の中将の君は愕然《がくぜん》とし、亡骸《なきがら》のないまま葬儀を営む。一方、石山参籠中の薫は浮舟を放置したことを反省し、匂宮は自分の行為に臥してしまう。一方、明石の中宮の法華八講で女一の宮を垣間見た薫は、その美貌に目が眩《くら》んで妻（女二の宮）に一の宮と同じ恰好《かっこう》をさせる。しかしそんな戯れをしているものの、自分が八の宮の姫君たちを次々に失わせているような気がして、おのが宿世のつたなさを嘆く。

◉薫「忍び音や君もなく（鳴・泣・亡）らむかひもなき死出の田長《たをさ》に心かよはば」

◉匂宮「橘のかをるあたりはほととぎす心してこそなくべかりけれ」

◉薫「ありと見て手にはとられず見ればまたゆくへもしらず消えし蜻蛉《かげろふ》」

五三「**手習**」**てならひ**　（薫二七〜二八歳、浮舟二二歳前後、横川《よかわ》の僧都《そうず》六十歳余り、小野母尼八十歳余り）

浮舟は死んでいなかった。水辺で正気を失い、「もののけ」に憑かれていたとおぼしい。横川の僧都の母尼・妹尼らの一行に助けられていたのである。さっそく小野の山里の屋敷で看病世話されるのだが、容易に回復しない。やっと意識が戻っても浮舟は素性や過去を語らず、いちずに出家を願うばかり。そこへ立ち寄った横川の僧都に浮舟は懇願して出家する。やっと浮舟に念仏と手習いの日々がおとずれた。薫は出家した浮舟の噂を聞き、訪ねたいと思う。

◉浮舟「身を投げし涙の川のはやき瀬をしがらみかけてたれかとどめし」

◉浮舟「はかなくて世にふる川(経る・古川)の憂き瀬には　たづねもゆかじ二本《ふたもと》の杉」

◉浮舟「なきものに身をも人をも思ひつつ捨ててし世をぞさらに捨てつる」

◉浮舟「限りぞと思ひなりにし世の中をかへすがへすもそむきぬるかな」

五四「夢浮橋」ゆめのうきはし (薫二八歳、匂宮二九歳、浮舟二三歳前後)

横川の僧都のもとを訪れた薫は、僧都から浮舟の入水と出家のあらましを聞き、浮舟に取り次いでほしいと頼む。僧都は浮舟の弟の小君《こぎみ》に手紙を託すことにしたが、彼女を出家させたことを後悔し、このままでは女人を破戒者にさせかねないという危惧《きぐ》をもつ。僧都の文使いとして小君が浮舟のもとに派遣され、浮舟はここに薫の愛欲の罪が消えるようにしてほしいと書いてあることを読む。けれども浮舟は薫との対面を激しく拒んで「これは人違いの手紙だ」と言い張る。小君はやむなくこれを薫に伝えるが、薫は何かが釈然としない。長きにわたった物語はそのことを告げて、悄然《しょうぜん》と幕を閉じる。

◉薫「法《のり》の師とたづぬる道をしるべにて　おもはぬ山に踏みまどふかな」

このラストはけっこう難解です。浮舟が自分のしたことを「けしからぬ」と思ってひたすら頑なになっていますし、薫も浮舟に何を求めているのかわからない。ただ紫式部だけがこの男女の未来を知っている、そんな終わり方です。

浮舟は助けられてからぐんと深くなっています。横川の僧都でさえその心境を左右できない。まして薫は浮舟の胸中に一歩も踏み込めない。その浮舟の心情を奥に覗かせる。すごい終わり方です。では、なぜ『源氏』はこんなふうに終わっているのか、そこを考えるには、もう一度、全容の隙間にひそむ王朝社会哲学のようなものを読み解く必要があります。

第一五七〇夜　二〇一五年一月二一日

参照千夜

一七八九夜：アウエルバッハ『ミメーシス』

なぜ光源氏には名前がないのか。
そこから驚くべき「もうひとつの日本」が見えてくる。

紫式部

源氏物語　その3

石田穣二・清水好子校注　新潮日本古典集成（全八巻）　新潮社　一九九九

エミール・シオランに、「私たちはある国に住むのではない。ある国語に住むのだ」という深い一行があります。『告白と呪詛』（紀伊國屋書店）に出てきます。シオランは観察と洞察のアフォリズムの異才で、涙の反哲学者ともいうべきルーマニア人ですが、ずっと母国語をさがしつづけました。シオランが生まれた頃のトランシルヴァニアでは、ルーマニア母語はぐちゃぐちゃになっていたからです。

国語なんて誰だってふだんふつうに使っているのだから、自分は国語も母語も知っていると思ってしまうと、とんでもない偏見国語ニンゲンになってしまいます。それよりも、われわれはずっと国語からはぐれている歴史を走ってきてしまっていると思うべきでしょう。日本の学校のセンセイが教える国語も一度、総点検したほうがいい。

国語すなわち母国語はまさに「マザー」というべきものです。実際にも〝mother language〟とも〝mother tongue〟とも言います。けれども、われわれが自分を産んでくれた母をしばしばぞんざいに扱っていたり、生まれ育った故郷をとんでもなく希薄なものにしたりしてしまっているように、「母なる国語」もどこか薄明の彼方へ置いてきたものを取りにいくと感じたほうがいいと思います。

この一ヵ月ほど、年末年始をはさんで『源氏』に浸りきってみたのですが、いろいろなことをあらためて感じました。一番、身に沁《し》みて感じたのは『源氏』がもたらした国語力というものです。

それを一言でいえば、万葉でも新古今でもない、むろん明治以降の近代国語でもない「母なる国語」の〝横切《よぎ》り〟を感じたということです。

ただし「母なる国語」を追って原点まで行ってしまうと、これは行き過ぎで、かえってわからなくなります。母国語というもの、どこか途中から形成されているからです。それはルーマニアだってイタリアだってドイツだって同じです。原点まで行ってしまうと、そこにはアニミズムがあったり、神々がいたり、もっといえば縄文人やバイキャメラル・マインド（脳の二心性）があったりするけれど、それらは母国語ではないものです。マザーとしての国語はやはり言葉遣いや文化や習慣や、それから文字表記とともに形成されます。それは「生まれたもの」というより「育くまれたもの」に近い。「あった」ものではなく「なった」ものなんです。縄文以来長らく無文字社会だった日本の場合は、漢字が入ってくるだけでは日本語表記は生まれなかったのです。万葉仮名の工夫に続いて、仮名文字や女文字が使われるようになって、やっと宮廷言語を形成させた。だからこれに接するにあたっては、当方の想像力をそこにうまく落ち着かせる思い切った方法を実感する必要があるのだろうと思います。

そういうことが、言語史全部を見るとか文学史全部を見るとかするとわかってくるかというと、そうではありません。では、どうするとわかるか。『源氏』を読むと見えてくる。

『源氏』を三度にわたって現代語に移した谷崎潤一郎は、「国語と云うものは国民性と切っても切れない関係にある」と『文章読本』(中公文庫)に書きました。日本語という国語の特徴は「語彙の少なさ」にあるとも言っている。そのため谷崎源氏は訳すたびに言葉を削っています。

その試みは『源氏』冒頭の彫琢《ちょうたく》にすでにあらわれています。「いづれの御時《おほんとき》にか、女御《にょうご》更衣あまた侍《さぶら》ひ給ひけるなかに、いとやむごとなき際にはあらぬが、すぐれて時めき給ふありけり」というところ、次のように三段階に推敲《すいこう》している。

最初は「いつの頃の御代《みよ》のことであつたか、女御や更衣が大勢伺候してをられる中に、非常に高貴な家柄の出と云ふのではないが、すぐれて御寵愛を蒙《こうむ》つていらつしやるお方があつた」というふうに旧仮名文語調で訳しています。これはどう見てもぎこちない。次が「ですます調」になって、「いつの頃の御代《みよ》のことでしたか、女御や更衣が大勢伺候してをられました中に、格別重い身分ではなくて、誰方《どなた》よりも時めいてをられる方がありました」というふうになる。ずっとすっきりしているだけでなく、ちょっと短くなっている。それから「高貴な家柄の出と云ふのではないが」というような「が」がなくなっている。『源氏』には逆接的な「が」はめったに出てこないんです。そういう「しかし、だが」が出てくるのは『徒然草』や『方丈記』です。紫式部の文章では「そういう高貴な出の方でない方がいて、それは」というふうに関係代名詞っぽく次々につながっていく。そこが特徴です。

それで三度目の新々訳では、「何という帝《みかど》の御代のことでしたか、女御や更衣が大勢伺候していました中に、たいして重い身分ではなくて、誰よりも時めいている方がありました」というふうにまで絞られる。さすが谷崎。「時めいている方がいた」ではなくて、「ありました」というところも大事です。

こんなことを言っていると、うーん『源氏』を読むってたいへんなことなんだと思われてしまいかねませんが、まあ、むろんそうなのですが、しかしどう正確に読むかということでもないとも思います。

歌人であって、折口信夫の最後の弟子であり、ずっと源氏講義を続けられている岡野弘彦さんは、『源氏』を読むことは日本人の「根生《ねお》いのこころ」にかかわることだと、ことあるごとに言っています。「根生いのこころ」、それを『源氏』すべてが持っている。根生い。マザーを感じるとは、まさにそういうことなんだろうと思います。

さて、千夜源氏のその1とその2のここまでで、紫式部のこと、『源氏』の物語としてのアウトライン、登場人物のそれなりの特徴、源氏読みで必要だろうと思われる構成要素をラフスケッチしてみました。けっこう気をつかってスケッチしたのですが、事実誤認も見当違いもあったかと思います。ま、それは勘弁していただくとして、ここからはぼくが気になってきた源氏モンダイに好きに入っていきたいと思います。

とはいえ源氏モンダイといってもひとつにまとまるものでもないし、まとまってもいません。論者の数だけモンダイがあるといってもいい。

だいたい源氏研究の歴史は十四世紀の四辻善成による『河海抄《かかいしょう》』を筆頭にそうとうに長く、またたいそう多様です。主要な研究書だけでも一〇〇〇冊はゆうにこえるでしょう。いや、もっとかな。一桁ちがうかな。ともかくもそこには歌論もあれば物語構造論もあるし、作者論も儀式論もある。時代論・花鳥風月論・衣裳論・室内調度論から平安京都市論・敬語論・語彙用語論・絵巻論まで、何でもありです。

なかには水野平次や中西進さんのように紫式部が好きだった白楽天との関係だけを掘り下げたものも、レヴィ＝ストロースやバフチンの視点から『源氏』を読んだ藤井貞和や高橋亨《とおる》さんたちの濃厚な研究もある。とうていぼくにはカバーできません。

紫式部学術賞まであります。紫式部顕彰会というところが出している。これは、一九六五年にユネスコが「世界の偉人」に初の日本人として紫式部を選んだんですが、そういうことに無関心な日本人にちゃんと紫式部や『源氏物語』のことを知らせようということで顕彰会ができて、そこから出ている学術賞です。ぼくもちらちら見ていました。初期のころの日向一雅《ひなたかずまさ》の『源氏物語の準拠と話型』（至文堂）とか、川本重雄の『寝殿造の空間と儀式』（中央公論美術出版）、緑川真知子の『『源氏物語』英訳についての研究』（武蔵野書院）とか、おもしろかった。とくに編集工学の立場から言うと、加藤昌嘉《まさよし》の『揺れ動く『源氏物語』』（勉誠出版）が「編集しつづけられてきた源氏」という観点からインターテキスト、トランステキストの源氏エディションの多様性を追っていて、なかなかでした。

ただ、今夜のぼくはこれらを紹介したり点検したりするつもりはありません。以下に話すことは、先行する多くの研究成果にいろいろヒントをもらってはいるのですが、あくまでぼくが勝手に気になっている源氏モンダイです。

まずは主人公の光源氏とは何者かということでしょう。単純なようでいて、これがけっこうな難問です。

光源氏は桐壺の帝という天皇の子ですが、天皇ではありません。準天皇のような不思議な位置になっただけです。冷泉帝のもとで内大臣から太政大臣《だいじょう》になったのだから政権担当者なのですが、とうてい政治をしているとは思えない。人事をちょっと動かしたり、後宮《こうきゅう》対策に手をつけたくらいで、あとは女君に惚《ほ》れ、交情し、歌を詠み、絵合せをしているばかり。

いったい光源氏はこの物語のなかで何をしているのかといえば、色事に耽《ふけ》っているか、悩んでいるか、風流を遊んでいるか、そのいずれか。そうとうに変な主人公です。

それでも紫式部はそのような光源氏をこそ書きたかった。それをもって「母なる国語」のロイヤルモデルないしはソーシャルモデルとしたかったわけです。それが、その後は世界文芸史上でも希有の主人公になりえたなどということは、作者の与《あずか》り知ったことではありません。でも、そうなりえた。ハムレット＝光源氏、デズデモーナ＝六条御息所、オフィーリア＝浮舟、です。ということは、この物語に書かれたような光源氏は、作者が書きたかった光源氏以外の何者でもない光源氏なんです。「紫式部の国語の光源氏」なのです。

それにしてもたいそう曖昧な主人公です。いや、光源氏だけではなく、桐壺の帝から横川《よかわ》の僧都《そうず》、朧月夜の君から女三の宮まで、みんな曖昧です。だいたい光源氏、柏木、夕霧は一人一人がセパレート・アイデンティティになってはいない。変動しつづける集合的人格帯みたいです。

では、書き足りないのかといえば、そうではない。紫式部はそうしたくて、そうしたにちがいありません。そのため前夜にも説明したように、この物語には独特の「心内《しんない》語《ご》」がかなり駆使されて、登場人物の気分と状況の推移との「双方のけじめをつけない表現」が連綿としたわけです。

だから一番気になることは何かといえば、この物語の時代構造や登場人物がすべて曖昧になりえたのはなぜかということです。それなのに訴えるものがあんなにも豊富な物語になりえたのは、またまたなぜなのか。

それはおそらく、ここには「母なる国語」とともに「日本という方法」が横溢《おういつ》しているからです。それが十一世紀にして世界文芸史上の最高傑作になりえた理由だろうと思います。ということは、ぼくが尋ねる源氏モンダイは、紫式部が綴《つづ》った曖昧な表現のあちこちに「日本という方法」の何かの本来がちりばめられて編集されているのだろうと思えるかどうかにかかっているのです。それにはどこから辿《たど》っていけばわかりやすいのか。しばし前後左右に話を振りながら立体カーソルをあてていきたいと思います。

光源氏という「名前」のことから入ってみます。なぜこんなところから入るのかはおおいわかるでしょう。名前をめぐっては、少なくとも三つの謎があります。ひとつ、「光源氏」の本名は何なのか。ひとつ、なぜ「源」という姓がついたのか。ひとつ、なぜ朱雀帝や冷泉帝といったリアルな名前の人物が虚構の中にまじっているのか。

物語は冒頭で、桐壺の更衣が輝くような子を産んだと書いてあり、みんなから「光の君」とか「玉の男皇子《おのこみこ》」とか「かかやく日の宮」と呼ばれたとあります。この主人公はあとは「光源氏」とか「君」とか官職名とか敬称で綴られているだけです。本名は明示されてはいない。このことは、物語全体の最も暗示的な本質です。桐壺の帝はこの第二皇子を東宮（春宮）に、すなわち皇太子にしたいと思うのですが、桐壺の更衣の実家に力がなくてあきらめました。

もともと日本の天皇はたくさんの夫人を娶《めと》り、たくさんの皇子を産んでもらい、そのなかから東宮を選ぶようになっています。どの子が東宮になるかは、現在の皇室典範のように最初から長男にするとかというふうには決まっていない。

桐壺帝の第一皇子は弘徽殿《こきでん》の女御が産んだほうの子で、この子がのちに朱雀帝になりました。第二皇子の「光の君」のほうはどうなったのか。「源」という姓をもらっただけでした。しかも「光源氏」が名前だとはどこにも書いていない。そう呼ばれたとあるだけです。どうも何か釈然としないところがあります。

それはこの時代の物語の書き方としてやむをえないことだったのか。それともこの釈然としないところこそがこの物語の本質を告げる何かの訴えにあたっていたのか。そこを少し覗《のぞ》いておく必要があります。ちなみに桐壺の帝にはほかにも何人もの皇子がいたのですが、わかりますか。冷泉帝が第十皇子で、「宇治十帖」で登場する八の宮が第八皇子です。

最初に、解《ほど》きやすいところから書いてみますが、弘徽殿の女御が産んだ第一皇子に「姓」がないのは、この子が天皇になったからです。これが理由です。日本の天皇には「姓」がないのです。

姓がないのは天武・持統天皇の時代に『古事記』や『日本書紀』をつくったときからそうなっていて、天皇が「姓」をもたないことによって、天皇家がすべての臣下に「姓」を与えることができるというしくみをつくったからです。ただし、このことの本当の意味を考えるには、もうちょっと歴史をさかのぼったり（原点まで行きすぎてはダメですが）、日本という国のしくみ、とくに朝廷や摂関政治のことを考えたり、現在のわれわれの名前に関する社会習慣を問いなおしたりしたほうがいい。ただ今夜はそこまで広げられないのでかなり絞りながらの話にしますが、それでもけっこう大事なモンダイがわさわさ出てきます。

日本人の名前は「姓名」でできていると、みなさんは思っている。姓と名があって戸籍が成立していますから、そう思っている。それから、われわれは苗字が「姓」のことだとも思っている。シャチハタのハンコはこの苗字だけが捺《お》せるようになっていて、それが姓名の「姓」だと思っているはずです。役所の書類や履歴書や病院のカルテにも「姓」と「名」を書く欄が分かれている。ところが、昔はそうではなかったのです。姓と苗字は歴史的には別の「しるし」でした。

姓はもともとはカバネです。カバネは朝廷から官許されていたものでした。臣《おみ》、連《むらじ》、朝臣《あそん》、宿弥《すくね》というふうに、氏《うじ》のランク付けをあらわしていた。その代表がいわゆる「八《や》色《くさ》の姓《かばね》」です。古代では、このカバネと氏名《うじな》でワンセットです。蘇我大臣《そがのおおきみ》、物部大連《もののべのおおむらじ》、藤原朝臣《ふじわらのあそん》というふうにセットにしてあらわしていた。さらには氏と名のあいだは、なぜか「の」でつないでいた。

このへんの話は、千夜千冊一五二一夜の『源氏と日本国王』(講談社現代新書)のときに書いておいたことでもあるんですが、おぼえてくれていますか。次のような例を出しておきました。

われわれは歴史を習っているうちに、こんな読み方をしてきたはずです。菅原道真はスガワラのミチザネ、平清盛はタイラのキヨモリ、源頼朝はミナモトのヨリトモ。そう、読んできた。タイラキヨモリとかミナモトヨリトモとは言わない。これらにはみんな

「の」が入っています。この「の」は何なのか。

一方、新田義貞、織田信長、徳川家康には「の」が入りません。オダのノブナガとかトクガワのイエヤスとは言わない。幸田露伴、伊藤博文、夏目漱石もコウダのロハン、イトウのヒロブミ、ナツメのソウセキではない。しかし藤原道長はフジワラのミチナガ、藤原定家はフジワラのテイカであって、フジワラミチナガ、フジワラテイカではありません。ついでにいえば藤原紀香はフジワラのノリカではありません。

いったいどうなっているのか。この話、どうでもいいようなことに見えて、そうではありません。なぜ源・平・藤原・菅原に「の」がついて、新田・織田・徳川には「の」がついていないのか。ここには何かのルールがひそんでいるはずです。

ついでに付け加えておくと、蘇我大臣、物部大連、藤原朝臣らが姓《カバネ》という「しるし」をもらったのに対して、一方では、カバネを与えられていない者たちもいました。この豪族たちが名前をもとうとすれば、「春日」「日下部」「采女」「馬飼」というふうに自分たちで呼称した。たいていは地名や仕事に因《ちな》んだ名前です。なかには朝鮮語の発音に因んだ名前もあった。渡来系の、いわゆる帰化人の名前です。ただし、これらは同じ「姓」でもカバネではなく、セイあるいはショウといいます。

ここまでのことを少しまとめると、当初の「姓」は天皇が上から与えるフォーマルな名前である「賜姓《しせい》」だったということです。われわれがふだん慣れ親しんでいる苗字というのはあくまで私称だったのです。このしくみを維持するために、天皇家はあえて姓をもたないようにした。そのかわり天皇は姓を与えるほうにまわって、姓のプロデューサーになった。これが日本という国の特色です。朝廷とはそういうことをする〝名配り機関〟でもあったわけです。

天皇家が姓をもたないようにした理由には、もうひとつ、大きな事情があります。それは中国では「易姓革命《えきせいかくめい》」といって、姓が易《かわ》れば王朝が変わる、易姓によって支配体制が変わるとみなされて、天子（皇帝）の姓の変更がおこることが革命なんだという制度思想があったのですが、これを日本が嫌ったという事情です。日本はこの制度を採用しなかったのです。

なぜなのか。天武・持統のときに藤原不比等《ふひと》らの考え方もとりいれて、天皇の継続的な位置を誰かが乗っとることをできないようにするため、すでに姓をもった者や一族は天皇にはなれないというふうにしたからです。天皇に姓がなければ易姓革命がおこりようがない。ならば、天皇一家は万民に姓を与える唯一の一族でありつづけられるだろう、そう決めたわけです。

これで日本の天皇家は、これまで一度も「別の家格」による転覆劇がおこらなかったということになります。易姓革命はおこらなかった。武家政権による幕府はできても、天皇家を乗っとることはできなかったのです。

このことについては話したいことがヤマほどあって、うずうずしてしまうのですけれど、とくに孟子《もうし》の「湯武放伐《とうぶほうばつ》」をどう解釈するのかという議論が欠かせないところですが、これらは一五六七夜の『孟子』でその骨子を案内しておいたので、ここではがまんして深入りしないでおきます。そのときも紹介しておいたことですが、詳しくは先頃亡くなられた松本健一さんの遺著にあたる『「孟子」の革命思想と日本』(昌平黌出版会)を読まれるといいでしょう。

というわけで、「光の君」は桐壺の帝すなわち現天皇から「源」という姓を賜ったわけでした。それで源氏になった。しかし、このことは光源氏がもはや天皇にはなれないということでもありました。なっても准太上《じゅんだいじょう》天皇まで。これが『源氏』全篇に流れる「逸《そ》れた物語」という大きなストリームをつくっていた「宿世《すくせ》」というものです。

いったん源氏という氏姓をもらってしまうと、もう天皇にはなれません。ということは、東宮にはなれない「光の君」の将来は、こうして最初から「逸れる」ことになったのです。そうではあるんですが、ただしこの話を理解するにはもうひとつ、源氏《ゲンジ》の「ジ」のほう、すなわち「氏」のほうのことも考える必要があります。「源」が姓《カバネ》なら、源氏の「氏《うじ》」とは何なのか。

日本の「氏」は父系的な出自をもつ集団にルーツがあります。歴史学では氏族といいます。この氏族のリーダーは「氏《うじ》の上《かみ》」です。氏の上は氏人《うじびと》を統率し、部民《べのたみ》や奴婢《ぬひ》たちなどを隷属させて、その地の共有資産を管理する。そして氏神《うじがみ》を奉祀《ほうし》する。これが「氏」です。

古代の氏族は祖先をたどれば、たいていは単一の祖先集団に行きつきます。たとえば蘇我氏は蘇我稲目《ソガノイナメ》がルーツ、大伴氏は大伴室屋《オオトモのムロヤ》がルーツ、藤原氏は藤原鎌足《フジワラのカマタリ》がルーツにあたっている。そうした氏が姓《カバネ》をもらって氏と姓をもった氏姓制度というものができあがったわけです。

それでは「源氏」という氏姓はどういうふうに生まれたのか。むろん『源氏物語』の中から出てきた氏姓ではありません。やっぱり天皇から歴史的に賜った姓でした。源氏の賜姓は実は第五二代天皇の嵯峨《さが》天皇に発しています。古代豪族時代のことでもないし、奈良時代のことでもない。平安最初期のことです。それまではこんな氏姓はなかった。それを嵯峨天皇が自分の皇族に下そうと思いついた。もっとも家父長的な性格がやたらに強かった嵯峨天皇は精力絶倫でもありまして、五〇人もの皇子と皇女をつくります。それでそのうちの三二人もの子に源氏の氏姓を渡してしまいます。これが嵯峨源氏です。

なぜこんなことをしたのかというと、当時の天皇家の経済力がショートしてきたからです。五〇人も生んでいればそうなるでしょう。皇族たちの経済をこのまま維持続行することが難しくなり、皇族コストがもたなくなったのです。そこで源氏という氏姓をつくって、それまでの皇族を臣籍に降下させたわけです。天皇家のリストラであって、かつ天下りのようなものです。

同様のことを仁明《にんみよう》天皇、清和《せいわ》天皇、宇多《うだ》天皇、村上《むらかみ》天皇も連打します。それで仁明天皇が親になった仁明源氏をはじめ、清和源氏、宇多源氏、村上源氏などが、次々に生まれていったのです。嵯峨源氏はその兄貴格でした。

親はそれぞれ異なるけれど、かれらはすべて新たな源氏の一族です。このことは、あまりに源氏をふやしすぎたので、のちのち源氏の一門どうしでの争いをおこさせます。それは前九年・後三年の役や保元《ほうげん》・平治《へいじ》の乱の「武家のあっぱれ」の時代のことであって、紫式部が描きたかった「公家のあはれ」の時代のずっとあとのことです。

もっとも「源」という賜姓《しせい》があったというだけでは、源氏も他の氏姓と同程度になってしまいます。かれらは源氏という氏姓をもらっても出自は准皇族なのですから、そこには何かもうひとつの冠《かんむり》がほしい。そこで登場したのが「氏《うじ》の長者《ちようじや》」という冠です。この「しるし」によって源氏は他のあらゆる氏たちのなかのリーダーだというお墨付きをもらいます。

氏の長者というのは、古代の氏の上の系譜を引く氏の統率者のことで、氏寺や氏社の祭祀、大学別曹《だいがくべつそう》や氏院《うじのいん》の管理、氏爵《うじのしゃく》の推挙などを主に管掌したリーダーです。大伴・高階《たかしな》・中臣《なかとみ》・忌部《いんべ》・卜部《うらべ》・越智《おち》・菅原・和気《わけ》なども氏の長者によって管轄されます。

源氏の君たちはそのような氏の長者とも認められたのです。そうなると、源氏の一族には氏神をもつという新たな神仏の力の系譜も加わることになる。候補に上がったのが清和天皇期に創建された石清水八幡宮《いわしみずはちまんぐう》でした。源氏はこれでいくことにした。

このブランディング・アイデアはよかったんでしょう。当たったのです。折から清和源氏の源義家《よしいえ》がその石清水八幡宮で元服したこと、義家が八幡太郎と称されたことなどが相俟《あいま》って、源氏は八幡神を氏神とする一族になった。ということは八幡神はそもそもが応神《おうじん》天皇と神功《じんぐう》皇后を祭神としてきたのですから、この系譜も源氏の氏神にかかわることになります。のちの源氏が八幡大菩薩《だいぼさつ》の旗を掲げるのはこのためです。

言い忘れていましたが、現代のわれわれがカバネやショウとしての姓よりも苗字を重視するようになったのはどうしてかということですが、これは他の多くの事柄がそうであったように文明開化と近代国家のせいでした。

明治四年に「今後は位記・官記をはじめとする公文書に姓を除き苗字を用いるべし」という布告が出て、明治八年には「苗字必称義務令」が公布されました。これで、これまでの「姓」はすべて「苗字」に統括されてしまったんです。こうして太陽暦やメートル法やヨコ型紙幣と同じように、日本人は苗字を呼び合うハンコ社会になりました。

もうひとつちなみに、一五二一夜に書いたことで豊臣秀吉の例を引きますが、秀吉の苗字は「木下」「羽柴《はしば》」です。その姓のほうは、天正《てんしょう》十年に信長が本能寺で没したときに「平信長」と姓をつけていたことを承《う》けて、初めは「平秀吉」となり、ついで天正十三年の関白任官のときに「藤原秀吉」を名のり、その翌年に豊臣姓を賜って「豊臣秀吉」になったというふうになります。このように秀吉は朝廷から姓を賜るごとに「平↓藤原↓豊臣」と改姓したわけなんですが、そのあいだ苗字のほうはずっと羽柴だったのです。まあ、念のため。

これで歴史的に天皇が姓をもたないこと、そのかわり源氏のような姓がしばしば天皇家からもたらされたという事情があらかた見えてきたと思いますが、そのことと桐壺帝が光の君に「源」を賜姓した理由とには、少々違うモンダイがあります。

紫式部は時代の物語を「本来的な曖昧」に彩っておくために、「光の君」を光源氏にしたのですけれど、そのことに説得性をもたせるためには、光源氏の周囲の登場人物にもそのような曖昧性を付与する必要があったはずです。なにしろ『源氏』は男君はみんな「光の君」みたいで、女君はみんな「藤壺」みたいなのです。

そこで、ここからの話は当時の宮廷社会とはどういうものであったのか、すなわち当時の朝廷のことや、天皇と摂関政治の関係のことをカバーしておきたいと思います。話はいろいろな面でだんだんつながります。

紫式部が『源氏』の舞台を「いづれの御時《おほんとき》にか」と綴って、桐壺の帝を醍醐・村上の両天皇時代においたということは、よく知られています。ぼくもすでに述べておきました。よく知られているけれど、これはよほど重要なことです。

紫式部にとって、第六十代醍醐天皇の「延喜《えんぎ》の治」と醍醐の第十四皇子だった第六二代村上天皇の「天暦《てんりゃく》の治」とが、なんといっても紫式部の「御時」の想定時代だったということは、『源氏』のワールドモデルとしては決定的なことでした。まさに紫式部の曽祖父の兼輔《かねすけ》が活躍していた時期ですから。

醍醐・村上の治世がどんな時代だったかというと、その前の宇多天皇のときの「寛平《かんぴょう》の治」とともに、のちに「聖代」と呼ばれるほどの天皇親政が前面に出た時代です。醍醐の延喜時代（九〇一〜九二三）は古代律令制が維持された最後の時代で、『延喜式』などの格式《きゃくしき》の編纂《へんさん》が始まり、紀貫之らの梨壺《なしつぼ》の文人たちが活躍して『古今和歌集』ができた時代です。漢字仮名まじり文も、美しい料紙も、散らし書きも分かち書きも出てきた。村上時代（九四六〜九六七）には有名な天徳《てんとく》の内裏歌合《だいりうたあわせ》という、のちの歌合せにとっても和歌の歴史にとっても、そもそもの日本語の表現の歴史、つまり「母なる国語」の歴史にとってもきわめて重要な催しがなされています。

とりわけ村上時代に摂政と関白がおかれなかったことが特筆されるのです。ここに「御時」の特徴があります。紫式部はここに狙いを定めた。『源氏』には摂政・関白が出てこないのですが、これは長きにわたった実際の平安王朝の歴史のなかでもたいへん特異だったのです。

摂政と関白による摂関政治はどういうものだったのか。このことも『源氏』が不満気に描いた宮廷権力像に大きくかかわっています。

摂関がどのように出現したかといえば、藤原北家の冬嗣《ふゆつぐ》の息子の藤原良房《よしふさ》が人臣として初めて太政大臣になり、続いて摂政になったことが起点です。そうするにあたって、良房は二つの戦略を行使しています。ひとつは他の有力貴族を失脚させることによって藤原北家に対する対抗心を挫《くじ》いてしまうこと、もうひとつは皇室に北家の氏族の娘たちを嫁がせて皇子を産ませ、天皇の外祖父になって権力を握ることです。外祖父というのは母方の祖父のことです。

良房は、八四二年の「承和《じょうわ》の変」で伴《とも》氏と橘《たちばな》氏の両氏と藤原式家《しきけ》を失脚させ、ついでは文徳《もんとく》天皇に娘を嫁がせて清和天皇を誕生させました。良房の死後に清和天皇が陽成《ようぜい》天皇に譲位すると、今度は養子の基経《もとつね》が摂政となり、光孝《こうこう》天皇のときは事実上の関白に就任して、天皇の権限の代行者の位置を得ています。摂政は天皇が幼少だったり女性だったりするときに代わって政務を担当する役職のこと、関白は天皇が成人したのちも政務を代行する地位を与えられた役職です。

関白という名称は中国から来た熟語ですが、日本的に変形して、天皇の意志を「関《あず》り白《もう》す」という意味になって使われるようになりました。宇多天皇が藤原基経に「万機の巨細《こさい》、百官おのれに惣《す》べ、みな太政大臣に関白し、然して後に奏下せよ」と命じたときの言葉が初見です。

このように摂政も関白も、いずれも天皇と太政大臣以外では最高の地位に当たるのですが、その役目は、推古《すいこ》女帝のときの聖徳太子や斉明《さいめい》女帝のときの中大兄皇子《なかのおおえのおうじ》が摂政めいていたように、古代では天皇の一族がほぼ担っていました。ところがそれを藤原冬嗣を中興とする藤原北家という「氏」が、まるまる独占するというふうになっていった。これは摂関政治というよりも藤原摂関体制です。

藤原摂関体制の流れの続きをもう少し追うと、基経によって摂政・関白がスタートしたあと、その子の藤原時平《ときひら》をへて（この時期に時平と争っていた菅原道真が左遷されます）、醍醐天皇が重篤になったときに、幼い朱雀天皇の即位とともに藤原忠平《ただひら》が摂政となり、その朱雀が成人になるとそのまま忠平が関白にもなるという初めての例が出てきます。

ただし忠平の死後の村上天皇の時代は摂政も関白もおかなかったので、さきほどから言っているように、ここに紫式部が理想とする「御時」がはからずも成立します。この時期が醍醐からの流れを含めて、天皇が親政したという「聖代」になったんです。

でもこれはまさに「はからずも」の短い期間の親政で、村上天皇が崩御したのち冷泉天皇が即位すると、またまた北家の藤原実頼《さねより》が関白に就く。「聖代」は短かったのです。紫式部の曾祖父が「聖代」の頃には晴れやかに充実していたのが、村上後の宮廷社会のなかではだんだん後退していったというのも、こうした時代背景によります。

そしてなんとこれ以降は明治維新まで（後醍醐天皇の時代と秀吉・秀次の時代を除いて）、ずっと藤原北家による摂政・関白が常置されていくことになる。幕末で勤王《きんのう》の志士たちが御所の関白を気にして動くのはそのためです。

藤原実頼は自身「揚名《ようめい》の関白」と嘆いたように、実力がふるえなかった関白です。こういうときはダークホースが出てきやすい。その隙を縫って冷泉期に台頭してきたのは藤原兼家《かねいえ》でした。このあとすぐにわかると思いますが、兼家こそはのちの道長の御堂《みどう》関白期の栄華を用意した張本人です。権謀術数にも長《た》けていた。

兼家とは誰か。忠平の子に右大臣になった藤原師輔《もろすけ》がいます。その師輔の三男が曰《いわ》く付きの兼家です。蔵人頭《くろうどのとう》、左衛門中将をへて安和《あんな》元年（九六八）に従三位《じゅさんみ》になり、そのまま中納言になったという出世頭です。師輔の長男は伊尹《これただ》といいます。

安和二年、左大臣の源高明《たかあきら》が謀反の罪に問われて左遷されてしまうという、源氏モンダイにとってはきわめて意味深長でヤバイ事件がおこりました。「安和の変」です。藤原摂関時代を確固たるものにしたほどの大きな事件で、見逃せません。それが紫式部が生まれる少し前のことでした。

源高明は醍醐天皇の第十皇子で、わずか七歳で源氏姓になった源氏のプリンスです。村上天皇の信任も厚く、奥さんの姉は村上天皇の中宮です。高明は有職故実《ゆうそくこじつ》に詳しく、『西宮記《さいきゅうき》』を著述するような才能もあり、実頼につぐ朝廷ナンバー2の呼び声も高かった。そのプリンス高明が自分の縁戚につらなる為平《ためひら》親王を皇位につけようとしたということで、謀反の罪をかぶせられたわけです。伊尹や兼家らによる陰謀でした。これが安和の変です。

これは藤原氏が源氏に仕掛けた罠《わな》でした。高明はその罠に引っかかり、失脚した。ゲームに敗れました。案の定、冷泉天皇が退位して円融《えんゆう》天皇が十一歳で即位すると、伊尹《これただ》が摂政となり、さらに太政大臣になる。伊尹には兼通《かねみち》と兼家という二人の弟がいるのですが、これは骨肉の争いをして兼家が勝ちます。

そうなると兼家は自分をなんとか関白にしてもらいたいと円融天皇に願い出て、自分の娘を円融天皇の女御として入内《じゅだい》させます。この娘が誰あろう、詮子《せんし》です。詮子は円融の第一皇子を産みます。懐仁《やすひと》親王です。誰だかわかりますか。一条天皇でした。これで事態は決定的です。兼家は寛和《かんな》二年（九八六）にわずか七歳の一条天皇を即位させ、自分は摂政に就きます。紫式部は十七歳になっていました。この年はぼくが好きな花山天皇が兼家の策謀で宮廷を逃げ出さざるをえなくなって、山科《やましな》の花山寺で出家してしまった年でもありました。

だいたい話がつながってきました。この兼家の五男こそが、かの藤原道長なのです。あとはもはや推して知るべし、道長は長徳《ちょうとく》二年（九九六）に左大臣になり、紫式部が宣孝と結婚したあと、長女の彰子《しょうし》を一条天皇に入内させました。

その彰子が西暦一〇〇〇年ちょうどに中宮となった前後から、紫式部は『源氏』の物語構想をかためて書き始めています。そして三六歳のとき、紫式部は中宮彰子の女房として出仕した。このような流れのなかでは、源高明がその後の藤原摂関政治の強固な土台を築いた藤原兼家にしてやられたことが、紫式部の筋書きに大きな暗示を与えていたのだと思います。ここに「光の君」を「源氏」にしたかった理由も、朱雀帝や冷泉帝という歴史的に実在した帝の名をあえて虚実混合のためにまぜた理由も、ひいては『源氏＝物語』というタイトルが定着していった理由も立ちのぼっています。

ところで、これまで多くの学者によって光源氏のモデルが取り沙汰されてきて、そこには嵯峨源氏の源　融《みなもとのとおる》から村上天皇の第七皇子の具平親王《ともひら》まで、在原業平《ありわらのなりひら》から藤原道長まで、いろいろ候補があがっているのですが、ぼくには紫式部は醍醐源氏の源高明を光源氏のメインモデルにしていたように思われます。兼家にしてやられた高明です。そのくらい高明にはいろいろの条件が揃っている。斎藤正昭の『源氏物語のモデルたち』(笠間書院)や西穂梓の『光源氏になった皇子たち』(郁朋社)を読まれると、もっとピンとくるでしょう。

ざっとこういうところが、紫式部が摂関政治の高揚以前の聖代という「御時」を選んだ理由の背景にある事情でした。

わかりやすくいえば、醍醐・朱雀・村上・冷泉の四代が、桐壺帝・光源氏・夕霧・薫と続く『源氏物語』の四代に当たっているとみればいいのではないかと思います。それはまた、藤原兼輔・雅正《まさただ》・為時・紫式部という紫式部の四代にもほぼ対応しているとみなせます。夕霧と柏木の物語のところが、紫式部のお父さんの為時の代に当たっているわけです。

しかし一方、このような「御時《おほんとき》」の代々は容易な時代社会ではなかったとも言わなければなりません。なにしろしょっちゅう「もののけ」が出現した。そのつど宮廷の高級官僚たちはのべつ加持祈禱《かじきとう》をせざるをえなかったのです。そのため宮廷社会の誰もがどこかで悔過《けか》や仏道への思いを抱かざるをえなかったのです。つまりはしだいに「無常観」がはびこっていったのです。

そこでここからは、紫式部が以上のような物語舞台を「母なる国語」として『源氏』を語るにあたって、なぜ曖昧な表現や描写で物語を埋め尽くしたかということにカーソルを動かして、少し深掘りしてみようと思います。紫式部は「人」ではなく「もの」を書こうとしたのです。ここからはぼくがずっと考えてきた大事なモンダイになります。

一言でいえば、『源氏物語』という作品は「うた」と「もの」による物語でできています。ただし、それは古代的なものではありません。平安王朝の、天皇と摂関が柔らかくも苛酷な鎬《しのぎ》を削っている時代の「うた」と「もの」による物語です。

それを紫式部はどうしてあんなにすばらしい物語にして綴れたのか。そのようにすることが「うた」と「もの」の物語になるだろうと思ったからです。人ではなくて「うた」によって、事ではなくて「もの」によって物語を語ろうとすれば、それに応じた語り方が事件の顚末《てんまつ》にも宮廷社会の本質にも及ぶだろうと思ったにちがいありません。

だったら自分はいま「光の君」を中心にした皇室の出来事を思いついたのだけれど、この物語は摂関藤原一族の一方的な栄華栄達の物語であってはならない。そこから逸《そ》れているべき「うた」と「もの」の『源氏の物語』を語るべきだろうとひそかに決心したのではないかと思います。曖昧にしたかったのではなく、また何かに憚《はばか》ったのでもありません。

『源氏』はほとんど主語をつかわないで物語を仕上げるという快挙をなしとげているのですが、それは表現を曖昧にしたいからではなく、物語という世界に日本古代から継承されてきた「うた」と「もの」が変移変質していたことを訴えたかったから、そうなったんだと思います。その「うた」と「もの」は古代を残照させてはいても、あくまでも醍醐・村上の聖代に近い国語マザーによる「うた」や「もの」の物語でなくてはならない。たんなる摂関の物語にしてはならない。紫式部はそう考えたのでしょう。

つまり『源氏』の主語は光源氏でも数々の登場人物でもなく、「うた」を通した「もの・かたり」だったのです。これこそ紫式部が選んだ国語マザーによる「日本という方法」でした。

日本における物語の歴史はもともとが「もの・がたり」と「うた・がたり」でできています。古来の「もの・がたり」は神謡《かみうた》のなかの、ノリトとヨゴトの間から発生してきたものです。

ノリト（祝詞・詔詞）は神が一人称で語る無時法の呪言《じゅごん》のようなもので、ヨゴト（寿詞）はその神に託して語られた言霊《ことだま》でした。いずれも「もの」の霊力を衰えさせないで漲《みなぎ》らせるためのメッセージです。つまり当初においては神や祖霊のような「もの」による「かたりごと」が先行してあったのだろうと思います。けれども、その古代的な神や祖霊が時代社会がすすむにつれて「正体がわからないようなもの」になってきた。フルコト（古言）も忘れられたり、あまり使われなくなったりしていったのです。斎部広成《いんべのひろなり》の『古語拾遺』はまさにそのことについての苦情をしるしたものでした。

こうした変遷のなか、ノリトやヨゴトの「神々しさ」と「縛り」がふたつながら薄れていって、そこに「もの」を「人」が語ったかのような、いわば人為的な「もの・がたり」の枠組が発生してきます。そうすると『竹取物語』や『大和物語』や『伊勢物語』といった、いわゆる物語の変遷が生じてきます。たいへん注目すべき文芸現象ですが、しかし紫式部はそれだけでは満足できなかったのでしょう。そこに自分なりの「聖代」を入れて、新たな「根生い」を編集する気になったのです。

ひるがえって、本来の「うた・がたり」は古代豪族たちにおいては、氏族がその性格を宿らせて（あるいは慕わせて）語ったものでした。

たとえば大伴家持《やかもち》のルーツである大伴氏は歌力と武力の氏として、久米《くめ》氏や佐伯《さえき》氏とともに頭角をあらわした氏族です。その大伴氏は久米氏に久米歌がのこったように、大伴一族の歌というスタイルをもっていました。朝鮮半島にまで勢力を伸ばした大伴金村《かねむら》の前の代に、その名も大伴談《おおとものかたり》という人物がいるのですが、この「かたる」は言葉によって相手に霊力を及ぼすという意味です。そういう霊力をもつ「うた」を含んだ出来事がやがて「うた・がたり」として伝えられてきたんだろうと思います。

しかし、神や祖霊の一人称の「もの・がたり」が二人称や三人称になって「人」による物語化がすすんだように、「うた・がたり」のほうも歌詠みという個人の一人称語りが突出するようになると、これらの「うた」をつなげることだけでも歌物語ができてきます。そうなると、古代的な「うた」は新たに「歌」あるいは「やまと歌」と呼ばれるようになって（つまり和歌になって）、個々の才能を競う歌合《うたあわ》せのツールにもなっていきます。それは、もはや人麻呂が古代天皇霊を詠んだ長歌や反歌ではないのです。それゆえここからは、歌を人につなげた『伊勢物語』や『宇津保物語』のような物語ができあがっていったわけです。

こうしたことを紫式部は歴史的な知識としてだけではなく（それもけっこうなものだったはずですが）、もっと大きな勘として、「日本という方法」にひそむマザーの流れとしてわかっていたんだろうと思います。それなら、人麻呂でも『伊勢』でもない物語を、新たにどう書けばいいのか。紫式部が発見したのは「面影」を追い移っていくという編集方法です。その面影による物語は何かと言ったら、それは人や事そのものではなく、それらを反映した「もの」の物語でした。

では、その「もの」って、いったい何なのか。さらには、その「もの」を「あはれ」と感じる「もののあはれ」とは何なのか。また、その「もの」がシャドウやダークサイドで動いて「もののけ」(物の怪、物の気)になるとはどういうことなのか。

まずは『源氏』が「もののけ」のふるまいを何度も描いたことについて触れてみます。夕顔や葵の上に取り憑《つ》いた「もののけ」とは何だったのか。

『源氏』に出てくる「もののけ」は、ずばりいえば前夜にぼくが言ったように、『源氏』という物語を外から支配していた「もの」たちです。『源氏』という時代社会、それは「宿世」というワールドモデルに投影されていた出来事の網目そのものですが、その宿世の網目にあまねく出入りしていたものです。つまり醍醐から一条までの、良房から道長までの、物語の外に遍在していたものでした。

古代語においては「もの」は「霊」でも「物」でもあるものです。「もののし」といえば何だか霊っぽいものと物っぽいものが一緒に動いているようなことを言いますし、「ものすごし」といえば名状しがたい霊物渾然《こんぜん》たる力のようなものを言う。

このような「もの」はあれこれの具体的な事物のことではなくて、対象があからさまにできない「もの」たちです。今でも「ものさみしい」とか「ものしずか」と言いますが、これって、そのへんに置いてある物が寂しかったり、調度や家具が静かだったりするわけではありません。「ものぐるい」とか「ものぐるしい」というのも、何かよくわからないものと付き合ってしまったなという気分です。

そういう「もの」が古代では「畏れ多いもの」と結びついていた。そう、思ってください。いや、そう思うしかないでしょう。だから英語的にわかりやすくするならスピリットとかソウルとしたいところなんですが、それはまた「魂《たま》」という言葉があって、ちょっと違ってくるのです。古代における「もの」はもっと何か、その場におこっているさまざまなことを包括してしまうような力をもっていました。

たとえば、三輪のオオモノヌシがそうした「もの」の大神でした。オオモノヌシは三輪山を御神体とした三輪神社（大神《おおみわ》神社）に祀《まつ》られていて、蛇神とも水神とも雷神ともいわれている大神ですが、文字通り大きな包括力をもった神でした。だからこの大神は大物主とも大霊主とも綴れますし、大神を「おおみわ」とも読めた。記紀神話では出雲《いずも》で国造りをはたしたオオクニヌシ（大国主）ともつながっている。それは「もの」が三輪とか出雲とかといった「くに」の霊力でもありえたことを示しています。

実際にも第十代の崇神《すじん》天皇のときに国中で疫病が大流行したのですが、そのとき天皇の枕元に立ったのがオオモノヌシでした。それで「私の子孫であるオオタタネコ（大田田根子）に私を祀らせなさい」と託宣した。オオタタネコは蛇神の大物主がイクタマヨリヒメ（活玉依媛）に産ませた娘です。さっそく捜し出して大神を祀らせたところ、疫病がてきめんに退散したとあります。

こういうオオモノヌシのような「もの」は包括力そのもののようなので、分解できません。また容易に触れることもできません。いわば「稜威《いつ》なるもの」なのです。稜威というのはあまりにも畏れ多い威力があるので、なんら説明がつかない神威を感じる状態をあらわす格別な言葉です。

しかしところが、このような稜威を発揮していたはずの包括的な「もの」が、古代天皇の時代が過ぎると、つまり「大王《おおきみ》」の時代の力が後退するにしたがって、だんだん希薄になり、どんどん縮退し、ときには分解されて、歪《ゆが》んで異様なものに変じていったのです。一言でいえば古代的な「もの」は平安期に向かうにしたがって「人に憑《つ》くもの」に変質していったんです。おそらく言霊が変質していったように。

霊魂を伴う「もの」がそれ自体で変質するのかといえば、おそらくそうではないでしょう。神や国や森や川とともにあった「もの」が人に憑くようになったというのは、人の世のほうが変質していったからです。価値観が変化したからです。人の世がしだいにあさましくなって、人のほうが、かつては包括的な力をもっていた「もの」と対応できなくなってきたんです。そう考えたほうがいい。

そうすると、そういう人の世から見ると、「もの」は「人に取り憑くもの」というふうに見えてくる。そのうち「もの」のほうもどんどん凝りかたまっていく。それはいつしか怨霊《おんりょう》とか御霊《ごりょう》とか悪霊とか、まとめて「もののけ」と呼ばれていきました。では、なぜ「もの」は「人に憑くもの」として扱われるようになったのか。このことは歴史的にも説明できることなので、そしてそのことは『源氏』とも大いに関係のあることなので、ちょっとそのあたりのほうへカーソルを動かしてみます。


平安時代は「平安」の名とはうらはらに「不安」をかかえて開幕します。ずばりいえば、平安時代は御霊という「もの」とともに始まった時代でした。この御霊はその後の四、五十年のあいだに、たちまち「もののけ」(物の怪、物の気)の横行に変化していったのです。

ごくおおざっぱにその流れを見ると、すでに天平《てんぴょう》年間、聖武天皇の寵愛が篤《あつ》かった玄《げん》昉《ぼう》が不遇のうちに死ぬと、世間は藤原広嗣《ひろつぐ》の霊のせいで殺されたんだと噂していました。このあたりから「もの」は人の世の憎しみや恨みのようなものに関連させられ始めます。それとともに不遇の死を遂げた者の霊が怨霊とか御霊だとみなされるようになった。

平安時代が近づくと、この傾向がもっと前面に出てきます。とくに桓武天皇とその皇子（のちの平城《へいぜい》天皇）が早良《さわら》親王の怨霊に苦しめられたことは、平安時代初期の最もよく知られた話になっていく。桓武天皇の父は光仁《こうにん》天皇で、母は百済《くだら》から帰化した氏族出身の高野新笠《たかののにいがさ》です。二人が生んだのが山部《やまべ》親王で、のちの桓武です。光仁天皇は聖武天皇の皇女の井《い》上《かみ》内親王を皇后として、他戸《おさべ》親王も生んでいます。山部親王にはほかに同母弟の早良親王もいて、二人の弟はともに皇位を継承する候補者でした。

ここに密告事件がおこります。井上皇后が夫の光仁天皇を呪い殺そうとしたという噂を、藤原百川《ももかわ》が密告した。そのため井上皇后と他戸親王は大和の宇智《うち》に幽閉され、数年後に母子ともに死んでしまいます。おそらく殺されたんだと思いますが、ところがその後、藤原百川の甥《おい》っ子の種継《たねつぐ》が東宮職の一人に暗殺されるという事件がおこると、犯行の疑いが早良親王にかかり、親王は淡路に流されてそこで自死するという悲劇的な事態が出来《しゅったい》します。

これが延暦《えんりゃく》四年（七八五）のこと。桓武天皇が平安遷都するのはわずかその九年後。平安時代というのはまことに血腥《ちなまぐさ》いスタートを切っているんです。けれども事態はそれでおさまらなかった。桓武とその皇太子が懊悩《おうのう》と病悩に大いに苦しみ、それが早良親王の怨霊のせいだとされたのです。そればかりか、桓武は死の間際には井上皇后と他戸親王の怨霊にも苦しめられたと告白してしまう。そういうふうになっていった。

いまぼくはこれらをとりあえず怨霊というふうに説明しましたが、当時は「たたるもの」として、正体不明の「もの」が動いているとみなされました。神の祟《たた》りではなくて、憎しみや恨みをもった人的な「もの」が祟る。そしてついでは、非業の死をとげた者の霊魂が「御霊」とみなされることになる。

このような御霊はたんなるイメージや惧《おそ》れや危惧《きぐ》ではありません。噂だけのものでもない。その証拠に早良親王にまつわる一連の事件は、貞観《じょうがん》五年（八六三）に、朝廷がこの御霊たちを鎮魂し慰撫《いぶ》する儀礼を神泉苑《しんせんえん》でおこなうというふうにまでなった。これが御霊会《ごりょうえ》です（のちに祇園祭になります）。

御霊会はヴァーチャルなネガティブイメージを相手にしているのではありません。このとき鎮撫された御霊はリアルな六体が名指しされている。早良親王、伊予《いよ》親王（桓武の子）、藤原吉子《きつし》（伊予親王の母）、観察使（藤原仲成《なかなり》）、橘逸勢《たちばなのはやなり》（承和の変の首謀者）、文室宮田《ふんやのみやた》麻呂《まろ》（謀反者）の六体です。御霊が特定されたただなんて、まことに驚くべきことです。このあたりのこと、大森亮尚《あきひさ》の『日本の怨霊』（平凡社）や山田雄司の『跋扈する怨霊』（吉川弘文館）を読むと、もっとびっくりすると思います。

が、モンダイは御霊にとどまらない。この驚くべき得体の知れない御霊は、ついでは菅原道真の怨霊となったりして内裏《だいり》を震撼《しんかん》させたりするのですが、やがて形と中身を変えて内裏を徘徊《はいかい》する複数の「もののけ」たちとして動きまわることになっていったのです。

これで宮廷社会はぐらぐら揺れ動いてしまいます。なぜなら死者の霊が動いただけではなく、生霊《いきりょう》もまた「もののけ」として動いたからです。話はだんだん『源氏』の物語とまじります。

最初に「もののけ」の動向が目立ってきたのは仁明天皇期の承和年間です。承和四年（八三七）に「物恠」（こう綴ってもいました）が出現したときは、退散を祈願して常寧殿《じょうねいでん》で読経と悔過《けか》をしています。翌年にも「物恠」があらわれたので、桓武天皇を祀った柏原《かしわばら》山陵で僧侶たちが読経しています。さらにその四年後には五畿内七道諸国と大宰府《だざいふ》で疫神を祭って、伊勢大神宮に奉幣をするという大規模なことまでやっている。

それでも「もののけ」はいっこうに収拾しない。ついに大極殿《だいごくでん》・紫宸殿・清涼殿で般《はん》若《にゃ》経や薬師経を読誦《どくじゅ》したり、真言院《しんごんいん》で息災法や陀羅尼《だらに》法を修するということにまでなっていきます。内裏と「もののけ」は切っても切れない因縁のようになったのです。これでは『源氏』の随所に「もののけ」が出没するのは当然です。

以上のスケッチで見当がついたかもしれませんが、「もののけ」は生きている者や死んでいる者の怨念が凝りかたまって、生霊《いきりょう》や死霊《しりょう》となっていった「もの」でした。これが異様な邪気を放ち、前夜にも説明したように「よりまし」（憑坐）を派遣して徘徊する。また人から人へ飛び移る。「もののけ」は「よりまし」にくっついて初めてその正体の一端をあらわすというふうになっていったんです。

夕顔、六条御息所、葵の上、浮舟たちを苦しめたのが、こうした「もののけ」と「よりまし」が一対につながっていた「もの」でした。こんな「もののけ」に対しては、当初は退治や退散を念じて、調伏や祈禱《きとう》によって霧散させるしかありません。お祓《はら》いです。ところがそれがだんだん治療の対象になっていった。まるで正体不明の病気をもたらしたウイルスのような扱いになって、医事の対象になっていくんです。これは、かつては神威のように感じられた「もの」も、いまや病気に罹《かか》る時代になってしまったということです。まことにやるせない。

紫式部が少女の頃から人に聞き、本を読んで見聞していたのは、このように「もの」がついに治療の対象になっていった時代でした。少女たちも「もの」がお医者さんにかかっているようで、変な感じがしたでしょう。

そのような「もの」を『源氏』はどう扱ったのか。「もののけ」が憑いた病気の治療シーンとして描いたのか。紫式部はそんなふうにはしていません。たんなる病気にはしなかった。では、どうしたのか。ここがすこぶる決定的なところなのですが、紫式部はそこに「もの」の「あはれ」を見たのです。「もの」のふるまいが変質していくさまを、淡々と綴ることにしたのです。これは『竹取』や『伊勢』ではできなかったことでした。それで、どうなったのか。かくしてここに『源氏物語』全帖《じょう》におよぶ「もののあはれ」観が貫かれることになったのです。

話はいよいよ佳境に入ります。『源氏』が「もの」を「あはれ」とみなしていることを見破ったのは、なんといっても本居宣長でした。宣長は賀茂真淵に『源氏』の根本力を強く示唆されたのですが、師の解釈力をはるかにこえた見方を打ち立てます。

宣長のカーソルは光源氏と藤壺の不義に当てられ、そこに「もののあはれ」がうずくまっていると見たのです。これ、ものすごい洞察でした。宣長は『源氏物語 玉の小櫛《おぐし》』でこんなふうに書いています。まだ「もののあはれ」の前段ですが、そこから入ってみます。

「然るにくすし（薬師）の事はかかずして、げんざ（験者）の事のみを、多くかけるは、神仏のしるしをあふぎ、げんざの力をたのむは、物はかなくおほどかに、あはれなるかたに聞ゆるを、くすしをたのみて、薬を用ふるは、さかしだちて、すこしにくきかた有て、あはれならず」。

宣長は、『源氏』にはしばしば病いにかかった者たちのことが書かれているが、たいていは医者のことよりも験者《げんざ》のことが書いてある。それは病人のことを神仏の加護にたのみ、験者の加持祈禱などをあてにしているからで、それこそがとりとめなくて「あはれ」なところで、すばらしいと言うのです。そして、病人に薬を与えるなどというのは、さかしらなことである、そんなことをするのは「あはれならず」ではあるまいか。そう、宣長は言っているのです。

このような説明は、宣長の「もののあはれ」についての見方の中心にあるものではないけれど、そのぶん紫式部の表現の向かう先にかなり突き刺さってわかりやすいところだと思います。それというのも、たとえば上野勝之の詳細な『夢とモノノケの精神史』(京都大学学術出版会)などによると、宮廷の貴族たちは時代がすすむにしたがって「もののけ」をそうとう具体的な治療対象にしていることがわかります。そこには古代このかたの「もの」の霊力がどんどんなくなりつつあることが見えてくるのです。

宣長はそのへんを知ってか知らずかはわかりませんが、『源氏』が書いているような「もの」の扱いこそが「あはれ」なんだと断じる気になったのです。

ところで少しだけ話を迂回《うかい》させますが、『源氏』のなかで夕顔や葵の上が「もののけ」に苦しめられて、結局はおぞましくも死んでしまったこと、またそこに六条御息所《ろくじょうのみやすどころ》の生霊などが関与していたことはよく知られているでしょうが、紫式部が『紫式部日記』の冒頭近くで「もののけ」に触れていることは、研究者以外にはあまり知られていないかもしれません。

紫式部は『日記』に、彰子《しょうし》が「もののけ」に憑かれたことをとりあげている。彰子の場合も、葵の上と同様、出産に際しての苦しみがきっかけでした。

彰子は道長の娘で、一条天皇の中宮になっていたわけですから、ここで生まれた男児は次の皇位が約束されます。道長もそうなれば外祖父として君臨できる。だからとても大事な出産だったのですが、それがうまくいかない。ただちに「もののけ」の憑依《ひょうい》だと診断されて、祈禱僧が呼ばれ、女房たちも憑坐《よりまし》に移し出すために侍《はべ》らされ、さらには五《ご》大明王《だいみょうおう》の壇が組まれて読経もおこなわれるというふうになります。この一連の推移は、彰子が無事に皇子を産み、やがて後一条《ごいちじょう》天皇になったというふうに落ち着くのですが（彰子は葵の上のように死ななくてすむのですが）、この出来事を紫式部はかなり控えめに、淡々と書いているのです。

すでに道長の屋敷で彰子の家庭教師のようなことをしていた紫式部ですから、あけすけに書けないことは当然ですが、『源氏』の本文と異なるのはそこに「もののけ」の正体を暗示すらしていないということです。

研究者たち、たとえば坂本和子さんはその正体は道長の兄の道隆かその兄弟ではないだろうか、山折《やまおり》哲雄さんはきっと道隆の娘の定子《ていし》だったのではないだろうかという説をたてていますが、紫式部は暗示すらしていません。ぼくはこのことがむしろ『源氏』には聖代でおこりそうな連想を、「日本という方法」の面影主義でもって描いた紫式部らしいことだと思うんです。

ということで、ここからは「もののけ」ではない「もののあはれ」の話に入っていきたいと思います。やっと、ここまで辿り着きました。

周知のように「もののあはれ」は、宣長が『紫文要領《しもんようりよう》』や『玉の小櫛《おぐし》』において、『源氏』に最も顕著な情感であると指摘したキーコンセプトです。以来、さまざまに取り沙汰されてきた。

「もののあはれ」というのは「もの」による「あはれ」のことです。宣長の説明によれば、「あはれといふはもと、見るもの聞くもの触るる事に心の感じて出づるなげきの声にて、今の俗言《よのことば》にもあはれといひ、はれといふ。これなり」というものです。見るもの、聞くもの、触るものに「あはれ」と感じることがあること、そのこと自体を実感するのが「もののあはれ」だという定義です。

宣長以外は別の解釈もしています。たとえば『徒然草』では、「もののあはれは秋こそまされと人ごとに言ふめれど、それもさるものにて、いまひときは心も浮き立つものは春の気色《けしき》にこそあめれ」というふうに、春秋を比較する感興に使っている。宣長はそういうこともあるけれど、むしろ「もののあはれ」は物語にこそ特有のもので、そこに儒仏の教えに頼らない価値判断が出入りするものなんだ、それが「もののあはれ」なんだと言いたいのです。

これでだいたいわかるように、誰もが感じてきた『源氏』における色好みや不実の行為を、紫式部があのように綴り切ったところが「もののあはれ」なのだというわけなのです。意外ですか。いや、意外じゃないでしょう。これこそが晩年の折口信夫が小林秀雄に、「小林さん、宣長は『源氏』ですよ」と言ったその心でした。まさに岡野さんの言う「根生いのこころ」というものなんです。

宣長はこう説明します。「さて、物語はもののあはれを知るを、旨とはしたるに、その筋にいたりては儒仏の教へには背けることも多きぞかし」。

物語は「もののあはれ」を知ることを中心にしたものなのだが、その筋道としては儒仏の教えに反することも多くなってくるものだと、まず宣長は世の常識を提示します。しかし、常識だけでは説明できないこともある。「そは、まづ人の情《ココロ》のものに感ずることには、善悪邪正さまざまある中に、ことわりに違へることには感ずまじきわざなれども、情は我ながら我が心にもまかせぬことありて、おのづから忍びがたきふしありて、感ずることあるものなり」と進みます。

教えに反することといっても、これは一筋では決めがたい。それというのも、人の「なさけ」（感情）が物事に動かされるというのは、世の善悪正邪がいろいろあるなかで、当たり前のことだろう。たしかに道理に反したことに感動していてはまずいだろうけれど、感情というものは自分でも自身の心の思うままにならないことも多々あって、なんとも忍びがたいことだっておこるのだと言う。「おのづから忍びがたきふしありて、感ずることもあるものなり」というところが、とても重要です。

そこで宣長は『源氏』の例に入ります。「源氏の君の上にて言はば、空蟬の君、朧月夜の君、藤壺の中宮などに心をかけて逢ひ給へるは、儒仏などの道にて言はむには、よに上もなき、いみしき不義悪行なれば、ほかにいかばかりのよきことあらむにても、よき人とは言ひがたかるべきに」。

光源氏が空蟬や朧月夜の君や藤壺に思いを寄せて男女の契りを結んだのは、儒教や仏教からすればひどい不義悪行になるし、ほかにどんな「よきこと」をしてみても「よき人」とは言うわけにはいかないはずなのだが、と断ったうえで、さらに次のようにきっぱりと書くんです。

「その不義悪行なるよしをば、さしもたてては言はずして、ただその間のもののあはれの深き方《かた》をかへすがへす書きのべて、源氏の君をば旨とよき人の本《ホン》として、よきことの限りをこの君の上に取り集めたる、これ物語の大旨にして、そのよきあしきは儒仏などの書の善悪と変はりあるけぢめなり」というふうに。

宣長は、こう言っているのです。『源氏』は不義悪行を特別視してああだこうだと言うのではなく、その不義悪行の「間のもののあはれ」の深いほうへ、話をかえすがえす書いている。そうすることで光源氏の「よきこと」さえ感じさせている。これこそはこの物語の「大旨」であって、儒教や仏教の本とは違うところなのだ、そこが「もののあはれ」というところなんだ、というふうに。

『源氏物語』は「間のもののあはれ」をみごとに書いている、そこがすばらしい。物語とはこうでなくてはならないと言うんです。

宣長はいま引用したところに続いて、もっとドラスティックに次のようにも書きました。ざっと読んでみます。

「さりとて、かのたぐひの不義をよしとするにはあらず。そのあしきことは今さら言はでもしるく、さるたぐひの罪の論ずることは、おのづからその方の書どもの世にこそあれば、もの遠き物語をまつべきにあらず。物語は、儒仏などのしたたかなる道のやうに、迷ひをはなれて悟りに入るべき法《のり》にもあらず、また国をも家をも身をも治むべき教へにもあらず。ただ世の中の物語なるがゆゑに、さる筋の善悪の論はしばらくさしおきて、さしもかかはらず、ただもののあはれを知れる方のよきを、とりたててよしとはしたるなり。

この心ばへをものにたとへて言はば、蓮を植ゑてめでむとする人の、濁りてきたなくはあれども、泥水を蓄ふるがごとし。物語に不義なる恋を書けるも、その濁れる泥をめでてにはあらず、もののあはれの花を咲かせんと料《しろ》ぞかし」。

だいたいわかると思いますが、世の現実のなかで不義密通が認められるわけではないけれど、それを断罪するのは儒仏の「したたかなる法や道」によるものであって、物語というのはそんなことでみんなに悟ってもらおうというものではない。むしろそういう危うい話を通して、ちょうど蓮を植えるのに泥から始めるように、物語もそのような泥を描きながら「もののあはれの花」を咲かせようとしているものなんだというのです。

かっこいいというか、きわどいというか。ああ、そこまで言っちゃったというか。なるほどそういうふうに切り返して言ってしまえばいいのかとも感じるかもしれませんが、これは逆説とか牽強付会《けんきょうふかい》とはまったく違います。宣長はパラドックスに遊ぶような国学者じゃありません。では、もう少し深々と。『紫文要領』には次のようにもあります。

「世中にありとしある事のさまざまを、目に見るにつけ耳に聞くにつけ、身にふるるにつけて、其よろづの事を心にあぢはへて、そのよろづの事の心をわが心にわきまへしる。これ、事の心をしる也。物の心をしる也。物の哀《あはれ》をしるなり。其中にも猶《なほ》くはしくわけていはば、わきまへしる所は物の心、事の心をしるといふもの也。わきまへしりて、其しなにしたがひて感ずる所が物のあはれ也」。

宣長は、世の中のよろずの事を目で見るにつけ耳に聞くにつけ、身に触れるにつけ、そのよろずを心で味わえば、ありのままのことを知ることができるはずだろうと言うのです。ここは宣長がぐっと踏み込んでいるところで、「物の心」や「事の心」を知ることがとりもなおさず「もののあはれ」を知ることになると結論付けている中核です。ありのままがわかるのは自分で弁《わきま》えるというのではなくて、「もののあはれ」に「物の心」や「事の心」自体が従うということなのであると言いたいわけです。

宣長は「物の心」や「事の心」がそのまま「もののあはれ」になるのだから、いちいち世事のことなど持ち出すな。そんなことを持ち出さなくてもすむように、言葉や認識をもつべきだと、そこを言っているんですね。まさにエミール・シオランです。

それにしても、見たり聞いたり触ったりする気持ちが、そのまま「もののあはれ」になっていくようなことって、あるんでしょうか。

あります。それが『源氏物語』が書いてみせたことです。それを書くために紫式部は、藤原氏の摂関政治から逸れていく「姓」なき光源氏の一族を設定し、一見、ふしだらとも思える色好みの性格を男君たちに付与し、不義や不実を随所に立ちはだからせることで「もののけ」の襲来を描き、それらを総じてみせつつ、この物語に「もののあはれ」を出入りさせたのです。

三夜にわたったこの千夜源氏もさすがに終盤にさしかかってきたのですが、いよいよもって宣長の言う「もののあはれ」を折口の言う「いろごのみ」に重ねてみたいと思います。これは第一夜に少なからず予告しておいたことでした。

折口の全集第一五巻（中央公論社）に「反省の文学 源氏物語」があります。折口はそこで、光源氏の性格が「一つの事を思ひつめるといふ執着心の深いところ」にあると書きました。「執着の深い人は信頼できます」とも書いている。

光源氏は執着心が深いので信頼できるのだ、女君たちはそのことを重々、承知していたのだというのです。これだけでピンときてもらうとたいへんありがたいのですが、それではわかりにくいでしょうから、この次に折口が説明していることを言いますと、『源氏』は「おもひくまなし」というところがいいんだ、これは「ゆきとどいて物を思ふといふこと」なんだと言うんです。

「おもひくまなし」。「思ひ隈なし」。なんともいい言葉です。しかし、なぜ「おもひくまなし」がいいのか。折口はそれは「思ひやりの深い」ということなんだと説明し、さらに次のように書いて、あっと驚くことを断言してしまいます。

「誰でも人の言ふ語が何でもわかると思ひますが、なかなかさうはいかないので、人の言つてゐる語の意味は本道にはわからないのです。ところが源氏といふひとはそれがよくわかる人でした。これは女の望んでゐた性格だつたのです。さういふ性格は何処から出てゐるかと言ひますと、日本の昔の典型的な男の共通してもつ性格といふものがありまして、そこから来てゐるわけなのです。只今では誤解されてきてゐますが、色好みといふのがそれなのです」。

うーん、唸《うな》るような断言です。もう、これでいいじゃん、です。「執着心が深いところ」「おもひくまなし」なところ、それが色好みなんだというのです。色好みは「ゆきとどいて物を思ふといふこと」で、それは「思ひやりが深い」ということだという。まるで不倫不義を擁護しているかのようです。これは参ります。

折口はこのことに『源氏』の本質を見切っているのです。すでにぼくは第一夜に、古代の神々と英雄の時代では「いろごのみ」は武力に匹敵するソフトパワーであったということを書いておきました。そして、その古代的なソフトパワーは類的なものだったのだが、やがて宮廷社会が進むにつれて、いいかえればそこに藤原摂関政治が進んでいくなかで、しだいに個人的な関係事情に付与されてきたとも書いておきました。

ということは、紫式部はこの宮廷物語において、光源氏や柏木や夕霧や薫たちを万事万端すみずみまで逸らせていくことによって、かの「いろごのみ」のソフトパワーを思い隈《くま》なく感じさせるようにしたということです。

だとすると、どうなるのでしょうか。これは宣長が「目に見るにつけ耳に聞くにつけ、身にふるるにつけて、其よろづの事を心にあぢはへて、そのよろづの事の心をわが心にわきまへしる」と言っていることに重なってきて、それはとりもなおさず「もののあはれ」を源氏が体現しているということになるわけです。「いろごのみ＝もののあはれ」「もののあはれ＝いろごのみ」だったのです。

藤原北家が良房から道長に向かって絶頂期を演じているなか、紫式部の周辺ではしだいに視野が狭められていきました。もっと身分がよくなりたい、待遇がよくなりたいというのではない。そうではなくて、ああ、あの佳《よ》き時代はもうおわったのだという感慨です。この感慨は、折から忍び寄っている末法感ともつながって、紫式部のなかに無常観や諦念を育てていたのだと思います。

一方、宮廷社会では男も女も隠れて不義密通をしているばかり、これでは誰が「もののけ」に祟られようと地獄に堕《お》ちようと仕方ありません。しかし、紫式部は曾祖父の代からずっと、この宮廷社会の一部に組み込まれたままの身であって、そこを脱《ぬ》けることはむつかしい。藤壺や六条御息所や空蟬や女三の宮のように出家してみることもあるかもしれないけれど、それは朱雀院だって出家しても何も新たなことはおこらなかったのだから、いっそ浮舟のように入水するしかないのかもしれないのです。

メランコリックになっていた紫式部はどうしたか。ここで自分の逡巡《しゅんじゅん》のすべてを「物語」に託すことを思いつくのです。見れば宮廷も後宮も、世俗化してしまった「もの」

たちにさんざん冒されている。かつての「もの・かたり」の「もの」はどこかに退いているようなのです。それなら、その「もの」の本来を見つめる語り手を描きつつ、その語り手が宿世《すくせ》にまみれた宮廷社会を「物語」の中に移して描けば、どうなるか。きっと半分くらいはうまく書けるにちがいない。でも、もう半分はきっと兼家や道長の世のリアリズムに巻きこまれ、その賛美までではないにしても、あらかた肯定してしまうような物語になってしまうにちがいないと、おそらく紫式部は考えたのでした。だったなら、どこをどう変えようか。ここで思いついたのが光り輝くような君でありながら、そもそもその父帝が時代の中枢から逸れていったような宿命をもった子としての、「光の君」の投入でした。

ただ、この主人公はすれすれでなければいけない。ぎりぎりを感じていなければいけません。とはいえ栄達や充実から最初から見離されているのでは、話になりません。ほとんど摂関家に対峙《たいじ》できるほどの素質と身分と可能性と財力に満ちていながらも、なぜか静かに頽落《たいらく》していくような「あはれ」を宿していてもらわなければ困るのです。

そして、もうひとつ。この「光の君」とその周辺の男君や女君たちは、宮廷でおこっている情交や不義や密通そのままを身に受けていて、かつ、その他のどんな宮廷の者たちよりも熱心な「色好み」であってもらわなければならないのです。

とはいえ、それでは「性」と「好色」が行動規範のすべてになりかねない。紫式部はそこで桐壺の更衣の面影を追うことが、この物語全体の導きの糸になると確信したのだと思います。それならその周りに男たちと女たちの貌《かんばせ》と振舞《ふるまい》を組み合わせ、チャプター（帖）ごとに眩《まばゆ》く複相的で重層的なポリフォニーを進行させればどうか。きっとこの決心がついたので起筆することにしたのでしょう。

もちろん、これだけで『源氏』各帖が書けたわけではありません。宮廷行事、四季のうつろい、室礼《しつらい》と調度の変奏、そしてなによりもふんだんの「うた」が交わされなければ、物語にはなりません。

こうしたことのいっさいを出入りさせながら、紫式部がずっと貫き続けたことは、第一にこの物語が「根生い」の物語であること、第二には「いろごのみ」がそのまま「もののあはれ」になりうる物語であること、第三にはそして何もかもを「少しずらす」ことによって成立する物語をめざすということだったと、思います。

そのため、まずは醍醐・朱雀・村上・冷泉の「聖代」の起伏を物語の時代舞台に設定しました。ついではこれを桐壺帝、光源氏、夕霧、薫の連鎖に移しつつ、それだけではただのオクターブ移行になってしまうので、そこに頭中将やら柏木やら明石の入道の、また藤壺やら夕顔やら朧月夜やら女三の宮の、つまりは相似と対比を相剋《そうこく》させるようなオブリック・ネットワークをめぐらしたのです。

これで、面影の追慕の流れは桐壺の更衣から藤壺へ、紫の上へと月照りのように連なり、そこへ末摘花や空蟬の逸脱も、須磨・明石への逃避もまずまず入って、大筋の「ずらし」や、これも大事な紫式部の狙いであったろう「やつし」も、入ることになったのです。それでも、ここにはまだ決定的な「もののあはれ＝いろごのみ」を発動させるエンジンが搭載されていないのです。それは何かというと、「罪と愛」を対同させるというエンジンです。この雅《みや》びのエンジンが静かな唸りを上げていなければなりません。

かくしてここに、ひとつには継母の藤壺と光源氏が愛しあって、ついに不実不義の子を出生させるという、そこで生まれた子が冷泉帝になるという、少々オイディプスばりのエンジンが作動することになりました。

もうひとつは何か。これは言うまでもなく葵の上と六条御息所をめぐって唸りを上げるエンジンです。もう詳しいことは書きませんが、このエンジンは悶死《もんし》していった葵の上が産んだ子がほかならぬ光源氏の長男として物語をバトンタッチしていく夕霧だったということに、いっさいのフォーカスが向かえるようにするエンジンでした。

この二つのエンジンで紫式部が用意した「罪と愛」のヴァリアントが奏でられました。そしてその楽曲そのものが「もののあはれ」につながっていったのです。

このあたりのことは、『源氏』の終盤で大きく逸れていく物語のバイファケーション（分岐点）として、これまでの仕掛けを破りかねない何かを孕《はら》んでいると思われるところです。そしてそこには、「もののあはれ＝いろごのみ」にすら倦《あ》いた紫式部の強靭《きょうじん》な厭世《えんせい》観と仏道観を感じるのですが、その話をするには、さらにもう一夜が必要です。ここは勘弁です。

ずいぶん長い千夜千冊になりました。こんなふうになったのも、年末の前夜がバルザックで、その前夜が孟子だったせいです。もちろん、どこかで『源氏』の感想を綴っておかなければならないとずっと思っていたわけですが、何を相手にするのであれ、そのことを書こうとした時が、われわれの「御時」なのです。

ともかくも二〇一五年一月の、ぼくの七一歳の刻印（一月二五日）を挟んでの三夜にわたる『源氏』は、以上のような有様となったわけであります。諸姉諸兄、如何《いかが》でしたか。あとは宣長と折口に勇気づけられて不倫してください。ただし、その前に「根生い」の日々をまっとうして……。ぼくのほうはこれでやっと、ふだんの千夜に戻れます。「水鳥を水の上とやよそに見む　我も浮きたる世をすぐしつつ」（紫式部）。

第一五七一夜　二〇一五年一月三一日

参照千夜

二三夜：エミール・シオラン『崩壊概論』　一二九〇夜：ジュリアン・ジェインズ『神々の沈黙』　六〇夜：谷崎潤一郎『陰翳礼讃』　一四三夜：折口信夫『死者の書』　一四六六夜：岡野弘彦『美しく愛しき日本』　五二三夜：中西進『キリストと大国主』　三一七夜：レヴィ＝ストロース『悲しき熱帯』　一五二一夜：岡野友彦『源氏と日本国王』　一五六七夜：『孟子』　一〇九二夜：松本健一『日本の失敗』　一二八八夜：虎雄俊雄『延喜式』　五一二夜：紀貫之『土佐日記』　五七一夜：斎部広成『古語拾遺』　一五〇〇夜：橋本達雄編『柿本人麻呂』　九九二夜：小林秀雄『本居宣長』　一二七一夜：山折哲雄『神と翁の民俗学』　三六七夜：吉田兼好『徒然草』　一五六八夜：バルザック『セラフィタ』

第二章　古典の風味をつなぐ

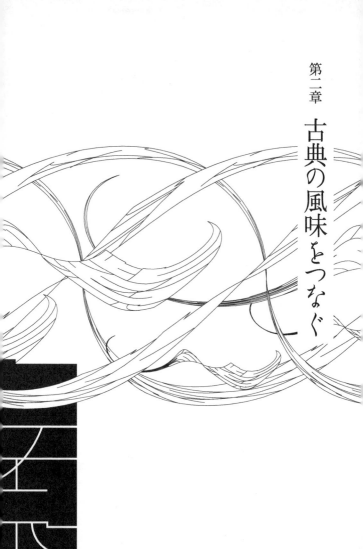

小西甚一『日本文学史』
高橋睦郎『読みなおし日本文学史』
藤原公任選『和漢朗詠集』
建礼門院右京大夫『建礼門院右京大夫集』
保田與重郎『後鳥羽院』
西行『山家集』
後深草院二条『とはずがたり』
伊地知鐵男『連歌の世界』
今泉準一『其角と芭蕉と』
江宮隆之『井上井月伝説』

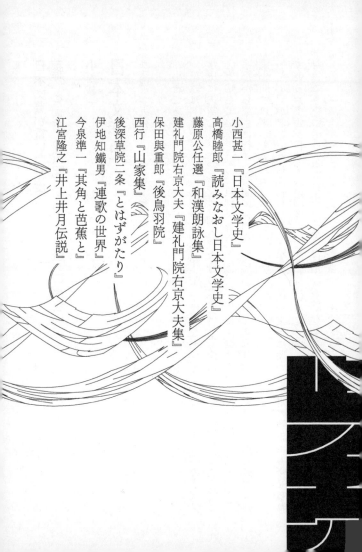

日本文芸が貫いた測度《メトリック》。
「雅」と「俗」の按配《あんばい》、「筋」と「肌」の出会い。

小西甚一

日本文学史

弘文堂　一九五三　／　講談社学術文庫　一九九三

小著であるが、名著の評判が高い。

筆頭はドナルド・キーンだった。昭和二十年代の後期、キーンは佐佐木信綱《のぶつな》の上代文学史に失望して、「われわれ外国人は自分のための日本文学史を書くしかないのだろう」と覚悟していたところ、京都の書店で小さな本書に出会って目を洗われたのだという。京都から東京に行く七時間半の列車のなかで一気に読み耽《ふけ》った感動は、本居宣長の『排《あし》蘆《わけ》小《お》船《ぶね》』以来のものだったらしい。

キーンがどこにほれぼれしたかということは、文庫になった本書の解説にも寄せられている。小西が日本文芸の測度《メトリック》をみごとに言い当てていることに感心したのだ。小西自身はこう書いていた。「日本の物語には小説を読むときの批判基準はほとんどあてはまらない」、「連歌の美は花や鳥の美しさでなく、花らしさや鳥らしさの美しさなのである」、「記紀の中にも、叙事詩的なものの痕跡や叙事能力の片鱗を認めることはできる。しかし全体として、著しく散文的であり、真の叙事詩精神とは程遠い」。

この言いっぷりにキーンは惚《ほ》れたのだ。たしかにかつて、こういう言い方で日本文学史に切りこんでいった研究者はいなかった。

ぼくも早くに大岡信《まこと》や熊倉功夫《いさお》から「やっぱり日本文学史は小西甚一でしょう」と聞いていた。が、正直なことをさきにいうけれど、本書を最初に目通ししたときは感心できなかったのである。きわめて古臭い欧米から借りた文芸理論を、絞りに絞って日本の文芸通史にあてはめたような印象だった。むろん、この感想はあてにはならない。なにしろ本書を読んだのが父の書棚にあったアテネ新書版で、それが昭和四十年ころのこと、高校三年生のときだ。

それが昭和六十年をすぎて、『日本文藝史』全五巻が刊行されはじめ、すぐには購入しなかったのだが、そのころのべつ通っていた有栖川《ありすがわ》の中央図書館でちらちら読むようになって、いやいや、ちょっと待て、これは手ごわいと感じるようになった。

本書で簡潔に語られている判で捺《お》したような用語や結論が、大著の『日本文藝史』では、どんな作家や作品についても、かなり深く、どのようにも細かく、それぞれ厖大《ぼうだい》な例証をもって論じられていたからだ。どれだけ煩瑣《はんさ》な文芸情報の海を漂流しても、文芸の分枝きわまりない繁茂の森を分け入っても、まったく視座が転ばない本格を感じた。してみると、きっと本書の行間にも何かが躍如していたにちがいない。それで、やっと日焼けしたアテネ新書をひっぱりだして、読み直したのだ。

なるほど、名著なのである。スコープが一貫してゆるがず、著者の独自の視点が行きとどき、記述は既存のどんな文学史にもとらわれていない。文章もうまい。いずれも昔日にはまったく気がつかなかったことだった。行間に躍るものもやっと見えてきた。やはりこういうふうに情報圧縮をして日本文学史を書いても、そのスジとカマエとハコビとホドを一糸も乱さない書き方はあったのである。

著者の自信は、日本文芸の骨格は「雅」の文芸と「俗」の文芸と、「雅俗」を分けない「俳諧」とで説明できるとしたところにある（のちに「俳諧」という用語は「雅俗」と改められた）。それを時代に割りふると、古代では日本に特有の「俗」があらわれ、中世に「雅」が覆って「俗」が浮かび上がれず、近世には別種の「俗」が登場して、近代に向かってそこに「雅」が引きこまれていった。

だいたいはそういうことであるのだが、小西は古代では、はやくも「個人」があったともみなした。ただしその個人は表現者の側になく、表現される側に出た。その表現される個人を、共同思考あるいは共同感情としての歌が追っていく。

また古代、記紀神話は自然を観察せず、擬人法もはなはだ不完全で人格的形像も不鮮明、精神的主体となるとほとんど客観化されていない。ところが、それを「精神と自然を対立的に捉えなかった」と見れば、古代ギリシア以来の西洋が精神と自然のあいだに深い切断をおいたことにくらべて日本文芸は継続的であって、きわめて特徴的なことだったと言い、それらをふくめて古代日本の文芸は「俗」であると評価した。

こういう見方は、大胆でもないし、けっして独創的でもないけれど、どこか胸のすくものがある。また一糸乱れぬ武芸のようなところがあって、刀を構えて動かず、必殺のところだけに自在に打ち下ろす自信を感じさせる。

たとえば『源氏物語』五十四帖《じょう》はひたすら「宿世《すくせ》」と「道心」を描き求めたものだ、『徒然草』は西洋の随筆にくらべると主題に統一がなく無構造であるけれど、その無構造が日本文芸の特色だといったあたりも、そういう見方だった。そんなふうにすぱっと指摘されてみると、たしかに『源氏』は「宿世の俗」に「道心の雅」が絡んでいるのだと納得させられる。無構造が特色というのも、納得できた。最近、ラグビーでは「アンストラクチュアル（陣形が整っていない状態）」なハコビを重視するようになってきたのだが、そんなことにも結びついてきた。

しかしまた正直にいうことにするが、こういう刀つかいの見方を読んで、それで愕然《がくぜん》としたとか感服したとか、また考え方を大きく変更させられたかというと、そういうことはなかった。何といえばいいのか、本書にかぎってはその達意に酔わせられるようになったというしかない。

われわれは日本文芸を一貫したものとして語ってこなかった。早い話が「源氏」と「漱石」を同日に語ろうとはしてこなかったし、同日に語れるとは思ってこなかった。それどころか連歌と馬琴、和泉式部と有吉佐和子、谷崎と三島すら、別々に扱おうとしてきた。そういうものだと思いこんできたのだ。

ところが、小西甚一はこういう見方を侮《あなど》ったのである。そこが達意だった。ぼくもやっと『日本文藝史』全五巻に入ってみて、こういう名人芸はやはりただならないものだということを、実感できた。総じては次のようなことだろう。

小西甚一の見方の真骨頂は刀つかいの芸当にあるだけではなく、おそらくは、“structure”(筋あい)と“texture”(肌あい)とを同時に見抜く目をもっていること、それをいささか構造偏重的ともいうべき適確な言葉にするロゴスをもっているということ、そこらへんにある。ストラクチュアを見ることがテクスチュアの縦糸であり、テクスチュアを読むことがストラクチュアの横糸なのだ。この「筋あい」と「肌あい」を重ねられる評論がきわめて稀《まれ》なのである。

ふつう、日本の文芸の有心《うしん》や幽玄、寂《さ》びや侘《わ》びなどを扱うと、それを評価する言葉も曖昧にしておきたくなってくる。それを小西はそうではなくて、ときに構造の言葉に、ときに感覚の言葉にして、それが「雅」「俗」のアクシス（軸）からどれほど離れても、ついにはこのアクシスの函数《かんすう》や係数になるように評価した。

こういうふうに日本の文芸を自家薬籠《じかやくろう》中のものにして、それをことごとく構造感覚の言葉にできた評者はいなかったのだろう。ドナルド・キーンは、きっとそのことを米原《まいばら》に着く前に、いや、山科《やましな》のトンネルを抜けるころに気がついたのであろう。日本文芸というもの、それぞれの書き手たちが何度も、若水《わかみず》のごとく、夜明け前にその趣旨と表象の測度《メトリック》を確認してきたのであった。あなかしこ、あなかしこ。

第一〇四九夜　二〇〇五年七月十一日

参照千夜

五〇一夜：ドナルド・キーン『百代の過客』　九九二夜：小林秀雄『本居宣長』　一〇四六夜：熊倉功夫『後水尾院』　一五六九〜七一夜：紫式部『源氏物語』　三六七夜：吉田兼好『徒然草』　九九八夜：滝沢馬琴『南総里見八犬伝』　二八五夜：『和泉式部日記』　三〇一夜：有吉佐和子『一の糸』　六〇夜：谷崎潤一郎『陰翳礼讃』　一〇二二夜：三島由紀夫『絹と明察』

「ますらお」と「みやびお」。この二つのモードのあいだで日本文芸は「さすらい」（漂泊）を選んできた。

高橋睦郎

読みなおし日本文学史

岩波新書　一九九八

カラオケではたいてい演歌を選ぶ。高倉健や森進一が好きだと思っていただければよろしい。昔は小林旭《あきら》や克美《かつみ》しげるの《さすらい》をヘタクソながらよく唄った。何かがぴったりくる。最初は静かに「夜がまたくる、思い出つれて」と低く始まり、しだいに高まって「何をいまさら、つらくはないが〜」と声を張る。ここが勝負どころで、ここでぐうんと気分が入らなければ、その日は調子が悪い。

西沢爽《そう》が作詞したやさぐれ男の歌だ。二番で「知らぬ他国を、流れ流れて〜」となって、行きどころのない男の放浪がマイナー調に乗っていく。敬愛する高橋睦郎《むつお》さんの日本文学史論を紹介したくて書き出したのに、こんなカラオケ談義まがいから始めたのは、たんに《さすらい》を話の端緒にしようと思ったわけで、実は日本文芸の本質は「漂泊」

というものではないかというのが本書の主題なのである。

高橋さんがいう漂泊は、たんなる放浪ではなく、人間はだれもが旅人ですというような話でもなく、ノマディズムを謳歌《おうか》しようというのでもない。むろんやさぐれ話でもない。主題は歌そのものの漂泊なのである。

歌が歌を求めて漂泊をする。歌人がどこかをさまようのではなく、歌そのものが「さすらい人」になっているという日本古来に芽吹いた母型をつかって漂泊をする。そういうことだ。なぜ、そんなふうにいえるのか。そこが見えてくるにはいくつかの前提と向きあう必要があるのだが、この前提が本書ではきわだつ。

第一に、日本の文学史はそもそも「歌」を内包した歴史であった。ここで歌といっているのは和歌から歌物語や『源氏』や能楽をへて連歌や俳諧におよんだ文学をさしている。第二に、そうだとすれば、日本文芸は「歌の運命の歴史」ということになる。歌の運命とは、そこが本書の主題に深くかかわってくるのだが、まさしく「歌の宿命」ということで、その宿命を求めて歌が漂泊することである。

第三に、そのような歌の宿命が日本文芸の本筋をかたちづくってきたとすれば、その起源には神が発した言葉として託された「神の歌」の歴史が先行していたはずである。ところが何かの事情でその「神の歌」が外に向かって逸《そ》れていった。問題はどのように逸れていったのかということにある。

第四に、もともと「神の歌」は主語を明示する必要もなく（主語は神なのだから）、歌人も無名でよかったはずだ（神々に代わって歌ったのだから）。高橋さんは本書の冒頭で『源氏物語』の登場人物が実名をもっていないことを例に、このことを強調した。「光源氏」は名前ではなかったのだ。それなら歌集の多くに歌人の名前がしるされているのはなぜかというと、たまたま中国の様式を踏襲したからのことで、もともとは日本の歌は無名を本質としていたはずだった。人麻呂の代作性はそのことをよく象徴する。

第五に、時代がたって、日本人がそうした神々の言葉を必要としなくなってからは、その宿命はしだいに「国語としての行方」を求める歴史に変化した。歌の宿命とは、日本語の宿命そのものだったのだ。

第六に、こうした歌の宿命を求める歴史は、つねに「以前の歌」をなんらかの意伝子《ミーム》として継承し、「以降の歌」につなげていったはずである。これがいわゆる「歌語・縁語」や「歌枕」の重視や「本歌取り」という手法になっていった。

おおむねこうしたことを前提に、日本文芸を歌の宿命の流れから見ていった。が、これはぼくがアウトラインをまとめただけであって、本書には時代ごとに重大な役割をはたした多くの歌の独自の説明が入っていて、そこを読むのが得がたい読書経験になるようになっている。今夜はその紹介を割愛せざるをえないけれど、記紀歌謡、古今、新古今の説明はぜひ読まれたい。

日本文芸が「歌という宿命」に徹してきたとして、ではそれでどうなったのか。結論から先にいえば、漂泊をしつづけて流竄《るざん》した。ワーグナーふうの神々の流竄ではない。日本語の詩の登場によって神の歌が漂泊を余儀なくされるのである。

その折り返し点は後鳥羽院の『新古今集』あたりにある。それ以降は『古今集』をめぐる二条派と京極派の解釈の対立などを挟んで、しだいに人間主義のほうへ衰弱していった。そのこと自体が歌の漂泊でもあった。二条派から「古今伝授」が生まれ、そこから宗祇《そうぎ》の連歌に及んだからだ。そうも言わなければならない。

以上のことに気づいたのが、西行や世阿弥や宗祇の往時を偲《しの》んだ芭蕉だった。芭蕉はどうしたのか。「真の俳諧師として生きるには、神の歌の流浪漂泊の運命を末世の相において体現して生きるほかはないと見定めた」。高橋さんは、それは「さすらいの果ての乞食《こつじき》の相」にほかならないという。なるほど、「こもをきてたれ人ゐます花のはる」の発句は、この「乞食の相」をあらわしていた。

本書には随所に独得の見方が紹介されているのだが、なかでも興味深いのが、日本の歌あるいは歌物語の原型には、倭 建 命《やまとたけるのみこと》をルーツとする「ますらお型」と木梨軽皇子《きなしのかるみこ》をルーツとする「みやびお型」の二つがあり、そのいずれもが「さすらい人」という母型をかたちづくっているのではないかという指摘だった。

この指摘は歌論としてだけなら、すでに国文学のなかでも示唆されてきたことの組み合わせでもあるけれど、高橋さんはそれにとどまらない「さすらい人」という暗示をそこに響かせた。それは、日本の芸術者たちがとってきたスタイルの問題とでもいうべきことである。

ここでスタイルといっているのは、風情や好みによる生き方のことだ。わかりやすくいえば「なり」「ふり」だ。そのスタイルが歌のありかたに滲《にじ》み出てくる。それは歌を見るとすぐわかる。「ますらお」型か「みやびお」型かというのは、そのことである。それはいかに伏せようとしてもあらわれる。

もともと高橋さんは芸術者や芸能者のスタイルを見抜く名人である。ぼくは邦楽や能楽の会場で高橋さんにばったり会うことが多く、先だっても六本木の武原はん稽古場のお披露目の一番前の席で、その夜の荻江節《おぎえぶし》に耳を傾け、目を注ぐ姿に出くわした。そういうときの高橋さんは、ひとつの歌、ひとつの三味線、ひとつの踊りに、つねに二つのものが揺れ動くのを見ている。終わってロビーなどで「どうでした？」といった雑談を交わすと、たいていは今日の出来はその二つのどちらに傾いていたかという感想が出る。その二つをきりきりと絞っていくと、それが、とどのつまりは「ますらお」と「みやびお」になるわけなのだ。

けれども、それはきりきり絞っていくからそうなるのであって、実はどんな芸術芸能者の心身のうちにも、この二つに畢竟《ひっきょう》する何かの二つが揺れ動いている。高橋睦郎その人の生き方、またその万能に遊ぶ言葉の世界も、そういうものである。

第三四四夜　二〇〇一年七月二七日

参照千夜

一五六九～七一夜：紫式部『源氏物語』　一六〇〇夜：ワーグナー『ニーベルングの指輪』　二〇三夜：保田與重郎『後鳥羽院』　七五三夜：西行『山家集』　一一八夜：世阿弥『風姿花伝』　九九一夜：松尾芭蕉『おくのほそ道』　九〇六夜：『武原はん一代』

「漢」と「和」を並べ、その並列を脱する。
この編集的戦略こそ、日本文芸の本質だったろう。

和漢朗詠集

藤原公任選

川口久雄校注 日本古典文学大系（岩波書店） 一九六五／川口久雄訳校注 講談社学術文庫 一九八二 ほか

この詞華集を読むと、さまざまな思いが猛烈に去来する。そのうちの最も大きな感興は、ここにひそむ優れて日本的な編集方法のことである。

詞華集とはアンソロジーのことをいう。アンソロジーでは編集の技量がそうとうに問われる。何を選ぶかというだけが重要なのではない。その按配をどうするか。内容で選ぶか、作者で選ぶか。主題のバランスをどうするか。男女の作者の比率はこれでいいか。長短をどうするか。巧拙をどこで見るか。有名無名をどうするか。これらのいずれにも十全な配慮が問われる。

今夜とりあげた『和漢朗詠集』は和漢の秀れた詩歌を此彼《しひ》の文化表現にまたがって、かつ同時に選んでみせるという編集だ。漢詩文から詩句を選び、そこに和歌をもってくる。和歌を選んで、そのあいだに漢詩を入れる。ついでこれらをどう按配して並べるか、そのレイアウトをどうするか。それぞれむつかしい。

詞華集『和漢朗詠集』は関白頼忠の子の藤原公任《きんとう》が編集した。編集したといっても勅《ちょく》撰《せん》ではなく、自分が好きで編集した。頼まれたわけではない。ハウスメイドの、カスタマイズ・ヴァージョンである。

顕昭《けんしょう》の『後拾遺抄注』に、こんな話が伝わっている。公任は娘が結婚するときの引き出物として詞華集を贈ることを思いついた。そこで当時、貴族間に流布していた朗詠もの、つまりは王朝ヒットソングめいたものを自分なりに選び、さらに新しいものをふやして贈ることにした。それだけでは贈り物にならないので、これを藤原行成《ゆきなり》に清書してもらい、粘葉装《でっちょうぼん》に仕立てた。もっともこの話はたんなる伝承で、もとは藤原道長の娘の入内《じゅだい》の折につくられた屏風のために選集された歌を、のちに清書し冊子にしたのだとする説もある。いずれにしてもまことに美しい。

料紙が凝っている。紅・藍・黄・茶の薄めの唐紙《からかみ》に雲母《きらら》引きの唐花文《とうかもん》をさらに刷りこんだ。行成の手はさすがに華麗で、変容の極みを尽くした。漢詩文は楷書・行書・草書を交ぜ書きにした。和歌は得意の行成流の草仮名である。これが交互に、息を呑むほど巧みに並ぶ。

部立《ぶだて》は上帖（上巻）を春夏秋冬の順にして、それぞれ春二二、夏一二、秋二四、冬九を配当した。

たとえば冬は「初冬・冬夜・歳暮・炉火・霜・雪・氷付《つけたり》春氷・霰《あられ》・仏名」と並ぶ。つまり時間の気配の推移を追った。いわば「うつろひ」と月次《つきなみ》を重視した。これに対して下巻すなわち下帖は、自由に組んだ。その構成感覚がうまかった。「風・雲・松・猿・古京・眺望・祝……」といったイメージアイコンが四八題にわたって並ぶ。最後はよくよく考えてのことだろうが、「無常」「白」である。すべてが真っ白になってしまうのだ。なかなか憎い。

これを漢詩と和歌の両方でつなぐ。菅原道真の『新撰万葉集』の手法を借りた。つなぎのしくみはイメージとエクリチュールの重ね結びである。いわば洋服（漢）と着物（和）を併せて楽しむようにするわけだから、ここにはかなりの「好み」が動かなければならない。公任にして編集できたことである。

結局、漢詩が五八八首、和歌が二一六首を数えた。漢詩は白楽天（白居易）が断然に多い。一三五も入っている。李白と杜甫は入っていない。全体には中唐・晩唐の漢詩人から選んでいるので、公任がよほど李白・杜甫を嫌ったということになる。これは当時の風潮でもある。中西進さんが快著『源氏物語と白楽天』（岩波書店）で詳述したように、当時は白楽天がビートルズのように日本を席巻していた。日本人の漢詩ではさすがに菅原文時《ふみとき》・菅原道真がトップで選ばれている。

この「好み」は紫式部に近くて、和泉式部に遠い。公任だけではなく、これまた当時の「好み」だった。先の中西進のもの、大岡信の『うたげと孤心』(集英社→岩波文庫)、丸谷才一の『恋と女の日本文学』(講談社)などを読むと、このへんの見当がつく。

和歌は貫之二〇、躬恒《みつね》一三、人麻呂と兼盛八である。ここにも紫式部に近くて、和泉式部に遠い「好み」があらわれる。

これらの漢詩と和歌を交互に並べたのではない。公任は自在に並べた。漢詩ひとつのあとに和歌がつづくこともあれば、部立によっては和歌がつづいて、これを漢詩が一篇でうけるということも工夫した。その並びはまことに絶妙だ。しかも漢詩は全詩ではなく、適宜、朗詠しやすいような詩句だけを抽出した。このピックアップやカットアップがいい。

こうして最初にもってきたのが紀淑望《きのよしもち》の立春の賦《ふ》からのエピグラフだ。なかなか潑剌《はつらつ》とした賦なので、むろんその内容と表現でも選んだのだろうが、公任はこの作者が淑望であることに注目したのであろう。紀淑望は紀長谷雄《きのはせお》の子で、貫之の養子とも言われるが、それよりも公任は淑望が『古今集』の真名序を書いたということを重視したにちがいない。真名序は漢文で書かれた序文のことをいう。ここに「和漢の並立」というコンセプトとフォーマットがみごとに立ち上がった。

このような編集方法は、藤原公任ひとりの手柄なのではなかった。この時代の貴族に流行し、これらに先立って試みられた日本的編集方法の、そのまた再編集だった。

まず「漢風本文屏風」があった。小野道風《とうふう》が書いた延長六年の内裏《だいり》屏風詩、天暦《てんりやく》期の内裏坤元《こんげん》録屏風詩をはじめ、漢詩を書きつけた屏風だ。このほかにも長恨歌《ちょうごんか》図屏風、王《おう》昭君《しょうくん》屏風、新楽府《しんがふ》屏風、月令《げつれい》屏風、劉白唱和集《りゅうはくしょうわしゅう》屏風、漢書《かんじょ》屏風、後漢書屏風、文選《もんぜん》屏風、文集《ぶんしゅう》屏風などがある。いずれも唐絵《からえ》を描いた屏風に漢詩句漢詩文の色紙が貼ってある。公任はこれらから漢詩をピックアップしたにちがいない。

和歌にも似たような屏風が出回っていた。大和絵《やまとえ》を描いた屏風に和歌色紙を貼ったもので、これもかなりたくさんの種類がある。扇面和歌散らし屏風、和歌巻屏風などもある。これらはぼくも『アート・ジャパネスク』編集中にかなり出くわした。

もっと調べてみると、『古今著聞集』の画図部に「倭漢抄屏風二百帖」というものがあったと載っている。藤原道長の邸宅に出入りしていた藤原能通《よしみち》が絵師の良親《よしちか》に描かせたもので、道長の子の教通《のりみち》に進呈された。唐絵と倭絵（大和絵）を対応させ、それぞれにふさわしい漢詩と和歌を配当してあった。しかもこの屏風の色紙の歌詞は公任の清書であったというのである（これが道長の娘の入内の折の屏風であり『朗詠集』のもとになったのではないかとする説になる）。

これではっきりする。公任はこうした和漢屏風の流行を熟知していたばかりか、その制作過程にもしばしば携わっていたのだった。今日の言葉でいえば、和漢屏風や『和漢朗詠集』は二ヵ国語対応型ヴィジュアル・テキスト・ライブラリーといったところで、屏風システムというＯＳに色紙というソフトを自由に貼りこんでいるという点では、マルチメディアライクなデータベースになっている。下巻はどちらかというと主題別百科事典にさえなっている。王朝エンカルタなのである。

王朝時代にはやくも徹底されていたこうした日本的編集方法は、もっと注目されるべきである。日本の自立には中国から漢字や律令を導入せざるをえなかったのだが、それにあたってはまずは中国のシステムを入れ、これをフィルタリングして一部をゆっくり日本化し、それが確立できたところで、元の中国システムと日本システムを対照的に並列させるという方法が探られたのだ。

こういう方法がじょじょに確立していったのである。この編集方法はいろいろな場面にあらわれる。政治と立法の舞台の大極殿を瓦葺《かわらぶ》きの石造りの中国風にし、生活の舞台の清涼殿などを檜皮葺《ひわだぶ》きで白木造りの寝殿にするというのも、その例だ。もっと象徴的なのが『古今集』に真名序（漢文）と仮名序（仮名書き）を配したことだった。

もったいないことに『和漢朗詠集』は、いまほとんど読まれていないという。そういう本は日本の古典にはいくらもあるのだから仕方がないが、『和漢朗詠集』だけは一度は覗《のぞ》いたほうがいい。少なくともインターネットやウェブ・ライブラリーに関心があるのなら、覗きたい。『平家物語』や『太平記』に関心がある者も、覗きたい。とくに下巻の「無常」「白」にいたる漢詩と和歌の進行に心を寄せてみたい。

ぼくは公任の『北山抄《ほくざんしょう》』が有職故実《ゆうそくこじつ》を巧みに編集しているのを見て、公任の編集手腕に初めて関心をもち、そのあと『和漢朗詠集』の編集構造に注目するようになったのだが、いままでは大事な王朝感覚データベースとして活用している。そこに「和漢」を並べながらそこから脱出し、自立していくプロセスが読みとれるからだ。

第一五八夜　二〇〇〇年十月二六日

参照千夜

九五二夜：『李白詩選』　五二二夜：中西進『キリストと大国主』　二八五夜：『和泉式部日記』　一五六九～七一夜：紫式部『源氏物語』　九夜：丸谷才一『新々百人一首』　五一二夜：紀貫之『土佐日記』

『源氏』の続編を書いた『山路の露』がある。

紫式部、右京大夫、与謝野晶子はつながっていた。

建礼門院右京大夫

建礼門院右京大夫集

久松潜一・久保田淳校注　岩波文庫　一九七八

をりをりのその笛竹の音絶へて遊《すさ》びしことの行くへ知られず
笛竹のうきねをこそはおもひしれ人のこころをなきにやはなす

母は夕霧尼。箏《こと》の名人だ。石清水《いわしみず》八幡宮の楽人、大神基政《おおがのもとまさ》の娘だった。右京大夫《うきょうのだいふ》の歌の調べはここから来ている。父は『夜《や》鶴庭訓《かくていきん》抄』や『源氏釈』を著した能書《のうしょ》で名高い藤原伊行《これゆき》。藤原の北家の伊《い》尹《いん》流に属し、書は世尊寺《せそんじ》の流れをひいた。『和漢朗詠集』のみごとな写本がある。右京大夫はこの父から物語と書を継いだ。

これだけでも右京大夫の境遇がなにやらときめいていることを告げているのだが、母の夕霧が藤原俊成とも交わって一男一女をもうけていたことが、のちのちの恋にゆさぶられる人生を多様にする。一男は右京大夫の兄となる尊円、一女は式子内親王《しきしないしんのう》家の中将。右京大夫の生年は未詳だが、だいたいは鴨長明や慈円《じえん》、あるいは平知盛《とももり》や木曾義仲と同じ時代とみておけばよい。

われわれはこの藤末鎌初《とうまつけんしょ》（藤原末期・鎌倉初期）の時代を源平武士の華麗壮烈な表舞台だからといって、ついつい「男」の社会文化としてみなしがちであるが、これは半分しか当たっていない。この時代、後白河をとりまいた遊女や白拍子《しらびょうし》のほか、静御前《しずかごぜん》とともに、後鳥羽院の新古今時代の幕開けの女歌においては、後白河の第三皇女の式子内親王を筆頭に、『平家物語』に語られた待宵《まつよい》の小侍従《こじじゅう》、多作で聞こえた殷富門院大輔《いんぷもんいんのたいふ》、百人一首の歌から〝沖の石の讃岐《さぬき》〟の名がある二条院讃岐、その従姉妹《いとこ》だった宜秋門院丹後《ぎしゅうもんいんのたんご》、そして、とりわけ建礼門院《けんれいもんいん》右京大夫がいたことが特筆される。

王朝女歌の系譜だけでわかりやすくいうのなら、万葉の額田王、坂上郎女《さかのうえのいらつめ》、笠郎女《かさのいらつめ》、茅上娘子《ちがみのおとめ》が早くにいて、ここから小野小町にとんだあと、清少納言と紫式部と和泉式部と相模《さがみ》、ついで伊勢と赤染衛門《あかぞめえもん》の歌というふうに続いて、そこでさしもの藤原文化が末法にまみれるかのように途絶えると、そのあとに源平騒乱の只中《ただなか》に建礼門院右京大夫の歌がひときわ光芒を放ってやってくる。ざっとはそういう順だ。

なかで歌の名手というなら伊勢と赤染衛門だろうけれど、右京大夫は恋歌に生きた。稔《みの》らぬ恋に生き、藤原定家に目をとめられるまで、その歌自身が忍んでいたようなところがあった。

言の葉のもし世に散らばしのばしき昔の名こそ留めまほしけれ
めぐりきてみるに袂《たもと》を濡らすかな絵島にとめし水茎のあと

承安《じようあん》三年（一一七三）といえば清盛が太政大臣となって六年後、清盛の娘の徳子《とくこ》が高倉《たかくら》天皇の中宮となった翌年。その中宮徳子（のちの建礼門院）に右京大夫は仕えた。右京大夫は中宮を心底慕い、「空の月」と仰いだ。右京大夫の名はこのときの女房名だ。

宮仕えは五年ほどであったけれど、そのあいだに、右京大夫は生涯の長い嘆息が出るような平資盛《すけもり》との恋を募らせた。この恋こそが平家物語と後鳥羽院の時代を象徴する〝時代の恋〟になる。資盛のほうが年下だった。資盛は重盛の二男で、高倉天皇とは同い年。寿永《じゆえい》二年（一一八三）には中将で蔵人頭《くろうどのとう》になった。つまり頭中将《とうのちゆうじよう》になった。

恋ひわびてかくたまづさの文字の関いつかこゆべき契りなるらむ

恋の宮廷生活を終え、宮仕えを退いた右京大夫はしばらく母とともに暮らしたが、やがて母が病没すると兄の尊円を頼っている。が、そういう時期も資盛との他人の目を忍ぶ逢瀬《おうせ》はつづいていた。

ところがそこへ電光石火の源平の争乱である。資盛は壇ノ浦に戦死する。討たれたのではなく、入水だった。『平家物語』には、「小松の新三位中将資盛、同少将有盛、従父兄弟の左馬頭《さまのかみ》行盛、手に手を取組んで、一所に沈み給ひけり」とある。この悲劇を右京大夫は背負った。恋人を喪失しただけではなく、平家一門の宿命という悲劇が被《かぶ》さった。この時代、平家の公達《きんだち》に惚れた女こそが、公達の宿命以上に語られた。このことが右京大夫の歌を隔絶したものにした。

しかし、こうした経緯だけではこの歌人の恋は語れない。右京大夫は資盛に愛されていたまさにその渦中、別の男との激しい交渉に身を灼《や》かれていた。それについてはのちに言う。

雲のうへにかかる月日のひかり見る身のちぎりさへうれしとぞ思ふ
あはれしりてたれかたづねんつれもなき人を恋ひわびいはとなるとも
すぎてゆく人はつらしな花すすきまねく真袖に雨はふりきて

中宮徳子は西海から帰って、中宮ではなく建礼門院という「女院《にょいん》」の身として大原に隠棲《いんせい》をした。その噂を聞いた右京大夫がたまらず大原を訪ねたのが文治《ぶんじ》二年（一一八六）の冬、変わりはてた建礼門院の落魄《らくはく》した姿に涙する。このときの右京大夫の文章は、「女院、大原におはしますとばかりはききまゐらすれど」に始まる泣かせる名文で、そこへ「今や夢昔や夢とまよはれて　いかに思へどうつつとぞなき」という絶唱が添えられる。だいたい『建礼門院右京大夫集』は歌を拾って読むものではなくて、その長めの詞書《ことばがき》に重ねるように歌が浮き立つところが、おもしろい。終生、私は歌詠みではありませぬと謙遜した右京大夫なりの工夫だった。

資盛を失い、いま建礼門院の落魄を前にした右京大夫はその傷心をどうすることもできず、その年の冬、比良《ひら》八荒《はっこう》の吹きすさぶ大津坂本あたりを雪の日に旅するのだが、風物風韻の何を見るにつけ、何を聞くにつれ、資盛との日々のことが想われてしかたない。「日吉へまゐるに、雪はかきくらし、輿《こし》の前板にこちたくつもりて、通夜したるあけぼのに、宿へ出づる道すがら、すだれをあげたれば、袖にもふところにも、横雪にて入りて、袖のうへは、はらへどもやがてむらむらこほる、おもしろきにも、見せばやと思ふ人のなき、あはれなり」。こう綴《つづ》って、次の歌を添える。

なにごとをいのりかすべき我が袖の氷はとけんかたもあらじと

右京大夫は兄とともに九条河原にあった法性寺《ほっしょうじ》の僧坊に身を寄せる。道長の栄華を誇った法性寺そのものはすでに焼け落ちている。心の傷はいささかも癒されはしなかったものの、このときに詠んだ歌をとりあえずまとめて家集とした。これが貞永《じようえい》年間に上梓《じようし》された『建礼門院右京大夫集』の主要な歌になる。「われならでたれかあはれと水茎のあともし末の世に残るとも」と第一首を冠した。七夕の歌あたりまでが、この僧坊で詠まれた歌だった。

ものおもへば心の春も知らぬ身になに鶯の告げに来つらむ
とにかくに心をさらず思ふこともさてもと思へばさらにこそ思へ

建久三年(一一九二)、頼朝が鎌倉で征夷大将軍に任ぜられると、時代は一挙に変わりはてていった。数年後、右京大夫はまだ上皇になっていない後鳥羽天皇に出仕する。ふたたび天皇に仕える女房の日々が始まった。

後鳥羽院のサロンに出入りすることになった右京大夫については、多くのことを語れる資料がない。なぜだか『新古今』にもとられなかった。しかしそのことよりも、ここまでの右京大夫にはすでに、さきほど言ったように、もう一人の男がつきまとっていた。その事情を見れば、右京大夫が後鳥羽院のサロンでどんな位置にいたかはだいたい見えてくる。

その、もう一人の男というのが、似絵《にせえ》の名手の藤原隆信《たかのぶ》である。十歳ほどの年上だ。かなり濃密な関係になった。そのうえここにはやや複雑な相関図があった。隆信の父は為経《ためつね》なのである。『後葉《ごよう》和歌集』の撰者だ。そう言ってもあまりわからないだろうが、出家して寂超《じゃくちょう》と名のって、のちに大原三寂《おおはらさんじゃく》の一人とうたわれたといえば、どうか。

一方、隆信の母は為経が出家したのちに藤原俊成の妻になった。何人もの子を産んだ。ということはこの母は定家の母だったということになる。すなわち隆信は定家の異父同母の兄弟なのである。隆信の歌の才能は定家に劣らぬもので、『藤原隆信朝臣集』が残る歌人であって、『うきなみ』などの物語の作り手であり、三九二夜にも書いたように、かつてアンドレ・マルローをして瞠目《どうもく》せしめた《源頼朝像》や《平重盛像》などの似絵《にせえ》の大家であった。のみならず宮廷のどこでも遊び心を発揮できた。色好みの風流きわまりない人士なのだ。

この隆信と、右京大夫がしばしば交渉をもった。そこで思い出してもらいたいのは、右京大夫の母の夕霧もまた俊成と交わっていたことである。いったい右京大夫はどのような身の上にいたというべきか。恋と血の相関図の真ッ只中にいた。すでに資盛という恋人がいた。けれども隆信はそういう右京大夫を翻弄することをこそ好んだ。彼女はせめて歌で距離をとろうとするのだが、その歌を破って隆信は迫ったのである。

あはれのみ深くかくべき我をおきてたれに心をかはすなるらむ

右京大夫は何度も隆信を避けたようである。しかしそこが右京の宿命なのだろう、ついに籠絡《ろうらく》されて隆信に身を許した。「越えぬればくやしかりける逢坂をなにゆゑにかは踏みはじめけむ」。「くやし」とは彼女らしいことだが、その女心と隆信のダンディズムとの交信が、歌集の後半では手にとるように読める。ここは、二人が『伊勢物語』をもどくかのような展開になっていく。

この時期、恋も不倫も古典の本歌取りなのである。たとえば、「またしばし音せで、文のこまごまとありしかへしに、などやらむ。いたく心の乱れて、ただ見えし橘《たちばな》を、一枝つつみてやりたりしに、えこそ心得ねとて……」というふうに。まさに『伊勢』めいて、心ならずも後退していく場面が多いのだ。

むかし思ふにほひかなにぞ小車に入れしたぐひの我が身ならぬに
わびつつはかさねし袖のうつり香に思ひよそへて折りしたちばな

やはり『伊勢』もどきであるが、これでは右京大夫が隆信に縋《すが》っている。そう受けとられてもしかたのないような歌を詠んだ。それが色好みな女心によるものか、資盛との恋で身を裂かれた心境なのかはわからない。あまり国文学者による研究もない。が、ともかくもこうして右京大夫は、高倉天皇、中宮徳子建礼門院、平家の一門、平資盛、後鳥羽院、藤原俊成・定家の親子、大原三寂の一人の為経（寂超）、藤原隆信らの時めく公達《きんだち》のあいだにおいて、あたかも男社会の波に身と心を揉《も》まれるように生き抜いた歌人となったのだ。

　こういう歌人を、これまで小説（大原富枝をのぞいて）や映画にしてこなかったことは不思議だ。なぜ映画にならなかったのだろう。

たしかに歌の出来からいえば伊勢や赤染衛門に劣るため、歌人としての輝きを持たされなかったのではあるけれど、しかしながら右京大夫のような生き方こそはその後の日本の女たちの「遠のいていく恋」を象徴してきたともいうべきだ。

　ところで、あまり知られていないようだが、『源氏物語』には実は続編がある。ひとつは中世にアウトラインだけを書き示した『雲隠《くもがくれ》六帖』で、「夢浮橋」の後の日々を追って匂宮の即位、薫と浮舟の結婚、二人の出家などを扱った。作者はわからない。

　もうひとつは『山路の露』と題されるもので、おそらくは右京大夫が綴ったものだと考えられている。薫と浮舟の後日を見聞した者が残した文書があるとき見つかったという設定で、二人の最後の「根生いのこころ」を綴ってみせた。「あやの詞《ことば》」をみごとに駆使しているところは、右京大夫の手によるものと思いたい。そうだとすれば、「源氏」は系譜をもって語られたのである。紫式部↓右京大夫↓与謝野晶子というふうに。

第九二五夜　二〇〇四年一月二八日

参照千夜

四二夜：鴨長明『方丈記』　六二四夜：慈円『愚管抄』　四一九夜：清少納言『枕草子』　一五六九〜七一夜：紫式部『源氏物語』　二八五夜：『和泉式部日記』　二〇三夜：保田與重郎『後鳥羽院』　三九二夜：竹本忠雄『マルローとの対話』　七四一夜：大原富枝『婉という女』　九六七夜：後深草院二条『とはずがたり』　一八〇三夜：源信『往生要集』

承久の乱に散った後鳥羽院が示した「心ばへ」。
ここに「王朝の宿世」は「中世の乱世」に向かっていく。

保田與重郎

後鳥羽院

思潮社 一九三九 ／ 万里閣 一九四二 ／ 保田與重郎文庫（新学社）二〇〇〇 ほか

読書はじっとしていない。いつ、何を、どのように読んだかによって、その本の意味が変化する。読み方によっては記憶にのこらないことがあり、渇望感があればたった一冊の数行ずつが体に次々に滲《し》みわたる。偏見をもって読むのは読書の愉しみの大半を奪う。ぼくもずいぶん多くの本を勝手な偏見で反古《ほご》にしてきた。けれども、どんな一冊の書物にたいしてもベストコンディションで臨むことは不可能だ。ましてこちらをサラにして虚心坦懐《きょしんたんかい》に臨むのはもっとむずかしい。

こうして、どんな書物にも再会が待っていることになる。ぼくが「保田與重郎《やすだよじゅうろう》という日本」を知ったのは、そういう再会による。

本書は『日本の橋』や『日本の美術史』とともに読んだ。三十歳くらいのときだったと憶《おも》う。正直いって共感するところが少なかった。その文章が深沈しているとも滑翔しているとも、読めなかった。すでに学生時代に橋川文三を読んできたせいか、日本浪漫派のイデオローグとはどんな思想家かといった探偵気分になっていたのがよくなかった。その気分に煩わされた。

文体にもなじめなかった。日本の歴史を縦に横に奥に際に移動しながら思索のミサキガラスのごとく徘徊《はいかい》する文体と、そのたびに紡がれる見解の記述にいちいちイロニーを絡めるやりかたが、どうにも面倒くさい。これはようするに、保田の襞《ひだ》に分け入る思索にまったくついていけなかったということだった。

それが四二、三歳のときに何かの機会で再読したとき、その内容が綴れ織りのごとく精妙に綾《あや》なされているのに気がついた。何かの機会というのは腹をタテにすっぱり切られて胆嚢《たんのう》を切り取った手術前後のことなのだが、かためて日本思想史をめぐる本を読んだおり、保田與重郎とはこんなにも襞の分け目が入り組んだ日本文化の思索者であったかと、あらためて感嘆させられたのである。なんだ保田はこういうことを書いていたのか、そうなのか。

ついでそこに、万葉・古今・新古今だけではなく島崎藤村や折口信夫がひそんでいたことにもやっと気がつき、それならというのでそのあともそのままの気分で『和泉式部私抄』や『近代の終焉』や『芭蕉』やらを続けざまに読んでみると、どうもそれだけではない。保田の棋譜としかいいようのない思索文様が現出していた（今夜の千夜千冊は新学社の「保田與重郎文庫」全三二巻にもとづいている）。

　保田は日本人の原記憶を綴っていた。それを神話や伝承にのみ求めずに、歴史の流れの綾なる起伏、いわゆる「表象の起伏」にさがしつづけていた。そうだったのか。そうなのか。その原記憶の棋譜ともいうべきを読みこんでいったのか。その棋譜を保田は保田流に盤上にならべなおしてみたかったのだ。

　日本人の記憶といっても日本人一般のことではない。保田自身は自分が綴ることは日本人すべての魂の記憶につながるのだと考えたかったようではあるが、そこに綴られているのは保田に独自に投影された「ある想像民族の綾なす記憶」ともいうべきもの、いわばアヤの一族ともいうべきものの記憶で、その片寄った棋譜だった。そう、見えた。

　保田は「アヤの一族による日本」という棋譜を読んでいた。

　はたしてアヤの一族といったものがいたかどうか、何かを継承してきたかどうかは、わからない。そんなことは『日本霊異記』から『今昔物語』をへて『伽婢子《おとぎぼうこ》』におよぶアンソロジーの中にたゆたっているもので、そうでなければ上田秋成から国枝史郎をへて半村良《はんむらりょう》におよぶ伝奇集にのみ再生しているもので、まさに想像の民族に託したい蜉蝣《かげろう》のような幻想かもしれない。しかし考えてみれば、ホメーロスの物語もニーベルンゲンの物語も、カレワラの詩もカルミナ・ブラーナの章句といったものも、そうした想像の一族に託された記憶であって、それがギリシアやらゲルマンやらの民族記憶に交じってきたものだった。

そうみれば、たしかに人麻呂の昔日も西行の中世も、また芭蕉・近松の近世も、それこそが、いやそのことだけが「日本の心」というものの表象だったともいえるのである。こうして本書において、保田はそのアヤの一族の記憶の集約の束ともいうべきを後鳥羽院に象徴させたのである。

本書は、後鳥羽院をつかった綾取りである。一人の手がつくるアヤを別の手がうけとって別のアヤにする。それをまた一人がうけて新たなアヤをつくっていく。そんな綾取りだ。それにしてもなぜ以前はそのようには感じられなかったのかと思うと、読書の怖ろしさにうろたえる。わが身の未熟に汗をかく。

保田與重郎は本書の冒頭にこう書いた、「日本の我等の文藝と精神との歴史を考へる者は、一度この院を通らねばならないといふことを、私は以前から考へてゐた」。

後鳥羽天皇は文武に長《た》けた「治天の君」だった。「文」のほうは正治《しょうじ》二年（一二〇〇）の正治初度百首和歌を機に藤原俊成に師事し、定家の歌風に憧れ、みずから和歌所を再興すると『新古今和歌集』の勅撰を敢行した。「武」のほうは一軍を組み、執権北条義時に刃向かって「承久の乱」をおこすと、あっというまに敗れて隠岐に流された。

こうした事蹟《じせき》を背景に、保田における後鳥羽院は水無瀬《みなせ》の歌そのものに向かっていった。「見わたせば山もと霞む水無瀬川夕べは秋となに思ひけむ」である。水無瀬には後鳥羽院の離宮があり、没後はここで何度も追悼の宴《うたげ》が開かれた。

保田はこの水無瀬の後鳥羽院に没入し、そこに浮沈していったアヤの意図を、芭蕉と折口信夫を通して確信した。その確信は本書のはじめ近くにある一文、「承久の決意は土にすてられた一粒の種子であつた」に芽生え、あるいは「承久の乱の遠源は、すべて後鳥羽院の自発的な精神の延長である」に宣言されている。

何が芽生え、何が始まっていたのかといえば、それは「心ばへの歌」の動向というものである。大伴家持《やかもち》のサロンに誕生し、寛平《かんぴょう》の歌合《うたあわせ》に流れこんだ「心ばへの歌」というものだ。後鳥羽院はこの「心ばへの歌」を新古今にこめ、この国の中心に流れているはずの正風を継いだはずだった。

しかしその後鳥羽院の魂は継承されてはいなかった。保田は北畠親房《ちかふさ》すら正当に評価できなかったことに失望した。かくして保田は、日本文芸史上で誤解されてきたとおぼしい後鳥羽院の復活に賭けていく。

このとき、保田には二つの歌の流れが見えていた。ひとつは「ますらおぶり」の歌である。これは保田の言いぶんならヤマトタケルに端をひらいて万葉をへて与謝野鉄幹《てっかん》におよんでいる。もうひとつは大津皇子《おおつのみこ》に代表される「鬱結の歌」だ。こちらはいわば敗北の歌であって、漂泊や望憶《ぼうおく》の歌である。これが家持から西行をへて後鳥羽院にといて、「心ばへの歌」というものになったと考えた。

本書はこの「鬱結の歌」を「心ばへの歌」に綾取るための一書である。そのために保田は後鳥羽院の言動のすべてを追った。

すなわち西面《さいめん》の武士を設置し、新古今集を構想し、水無瀬《みなせ》殿や二条殿を建て、歌合を催し、三十数回にわたって熊野に詣で、ついには承久の乱をおこして失敗し、四二歳で隠岐に流されて六十歳で死にいたるまで都に帰ることを許されなかった後鳥羽院の言動のすべてを、つまりは後鳥羽院の存在そのものを、院に継がれてきたはずの「歌」のあらわれと重ねた。

そして、それをこそ日本人の心情の原点とした。昭和十四年の本書初版の序文には次の一節がある。

著者は本書によつて一つの久しい祈念を訴へるのである。それは吾らの父祖の云ひつぎ語りつたへてきた誓ひであつた。久しい間、日本の詩人の心の奥に燃えつづけてきたもののけだかさに、著者は真の日本を思ふのである。

保田は「吾らの父祖の云ひつぎ語りつたへてきた誓ひ」が、後鳥羽院に継がれてきた「心ばへ」としての「誓ひ」になったと書いた。

とはいえ、いったいどこにそんな「誓ひ」があるというのだろうか。承久の乱に蜂起《ほうき》を促した院宣《いんぜん》に書いてあるだろうか。そんなものはない。新古今集そのものが「誓ひ」だったとでもいうのだろうか。そんなこともない。そこに「けだかさ」を感じるという「誓ひ」はない。けれども保田はその「誓ひ」を確信した。

ここに、保田を読んで保田に溺れないための分岐点があると、橋川文三は捉えた。保田はこの「誓ひ」を「ますらおぶり」と「鬱結」の系譜とも混在させて、結局はその「誓ひ」を戦前の軍国日本のかの「国粋的神秘主義」になだれこませていったと。

しかし実は、『後鳥羽院』にそんなことは書いてはいなかったのだ。「鬱結の歌」の心が芭蕉にも蕪村にもとどいたと書いたはずなのである。後鳥羽院亡きあとの『承久兵乱記』に「承久三年秋にこそ、もののあはれをとどめけれ」と綴られていたように、保田が書きたかった「心ばへ」は「もののあはれ」であって、さまようものだったはずなのだ。ぼくが四十代になって『後鳥羽院』に再会して共鳴できたのは、まさにそこなのである。保田のいう「誓ひ」は、さまようアヤの一族の記憶の裡《うち》にのみ継承されているものだった。それが「人もをし人も恨めしあぢきなく世を思ふゆゑに物思ふ身は」(後鳥羽院)の意味だった。

にもかかわらず、なぜ後日の保田が国粋主義者のレッテルを貼られることになったかについては、いずれ橋川の『日本浪曼派批判序説』(未來社→講談社文芸文庫)を千夜千冊するときに言及したい。

保田與重郎は奈良桜井の素封家《そほうか》に生まれ育っている。多感だった。高校時代に書いたのは世阿弥論、東大美学科で卒業論文に選んだのはヘルダーリン論である。すでに生《い》田春月《くたしゆんげつ》が注目していたが、保田はヘルダーリンが「近代の苦悩」や戦中ロマンティシズムにつながることを見た。

昭和七年二二歳、伊東静雄らと「コギト」をつくり、創刊号に小説『やぽん・まるち』(日本行進曲)を綴った。すでにドイツ・ロマン派と日本の浪漫が重なりつつあった時期だ。それからまもなくヤマトタケルを謳《うた》った『戴冠詩人の御一人者』を発表したときは、一方では『明治の精神』に二人の世界人として内村鑑三と岡倉天心の思想を描いていた。そして名作『日本の橋』を書き、ついで『後鳥羽院』を書いた。このときが二九歳。その後、中谷孝雄や亀井勝一郎らと創刊した「日本浪漫派」は褶曲《しゆうきよく》と偏愛と膨張を重ね、ときに太宰治や檀一雄《だんかずお》らをまきこんで、戦時下の一大ロマン潮流をきずいていったものだった。このころの保田はまさに書きまくっていた。

敗戦後、保田はファシストまがいの思想を煽動したとして断罪された。孤立したものの、昭和三十年代にふたたび文章を昇華させていく。こういう傷ついた保田を論ずるには、二一世紀を迎えたばかりの日本人はあまりにも骨法がない。

本書の読み方について一言付け加えたい。本書にはときどき建礼門院右京大夫が出てくる。しかしながら、その歌をどのように見るかを今日の日本人はまったくといってよいほど理解できないでいる。また芭蕉がたびたび出てくるが、その芭蕉と後鳥羽院をつなげる一線を雄弁に説明できる者は多くない。そうだとするなら、それらのことが伝わってくるだけでも、本書を読む価値がある。

保田はのちになって「文学の道とは神の教えということである」というような発言をくりかえすようになり、論壇から右傾化を強くしたと非難された。青年を戦争に駆り立てる責任を保田のプロパガンダにとらせようとした戦後の風潮は、そういう悪罵を用意した。保田與重郎をすなおに読むということは、いまもって厄介なのかもしれない。

しかし、三島由紀夫を読むということが三島の言動の思想軸が奈辺にあろうと純粋に成立するのだとするのなら、たとえば「キケロを読む」「フィヒテを読む」「ハイネを読む」「ハイデガーを読む」というように、また「ワーグナーを聞く」「早坂文雄を聞く」

「グールドを聞く」というように、あらためて「保田を読む」という読書行為がもっともっと積極的に成立してよかったのである。

第二〇三夜　二〇〇一年一月五日

参照千夜

一九六夜：島崎藤村『夜明け前』　一四三夜：折口信夫『死者の書』　四四七夜：上田秋成『雨月物語』　九八九夜：半村良『産霊山秘録』　九九九夜：ホメーロス『オデュッセイアー』　七五三夜：西行『山家集』　九九一夜：松尾芭蕉『おくのほそ道』　八一五夜：北畠親房『神皇正統記』　九七四夜：『近松浄瑠璃集』　一一八夜：世阿弥『風姿花伝』　八五〇夜：『蕪村全句集』　一二〇〇夜：『ヘルダーリン全集』　二五〇夜：内村鑑三『代表的日本人』　七五夜：岡倉天心『茶の本』　五〇七夜：太宰治『女生徒』　九二五夜：『建礼門院右京大夫集』　一〇二二夜：三島由紀夫『絹と明察』　三九〇夜：フィヒテ『ドイツ国民に告ぐ』　二六八夜：ハイネ『歌の本』　九一六夜：ハイデガー『存在と時間』　一六〇〇夜：ワーグナー『ニーベルングの指輪』　一〇九五夜：西村雄一郎『黒澤明と早坂文雄』　九八〇夜：『グレン・グールド著作集』

万葉と源氏を「花月」をもって
定家・宗祇・芭蕉につなげた西行法師の「いはれなき切実」。

西行

山家集

佐佐木信綱校訂　岩波文庫　一九二八／宇津木言行校訂　角川ソフィア文庫　二〇一八

見る人に花も昔を思ひ出でて恋しかるべし雨にしをるる

おととい、銀座の一隅で話をした。「文化パステル」という銀座を拠点にした変わった会の主催で、春の特別講演会と銘打たれていた。福原義春さんの紹介だった。ぼくはちょっとパステルなというか、散りはじめた桜の風情を枕に山本健吉と丸山眞男《まさお》を引きながら、「稜威《いつ》の消息」をめぐる話をした。外は小雨だった。

その朝、家を出てタクシーで銀座に向かうと、あちこちの桜が小雨のなかで明るく悄《しょう》然《ぜん》としている姿が窓外を走っていた。ああ今年の東京の桜も終わったなという気分だったので、桜と稜威をつないでみたかったのである。

桜が咲き始めるころは、今年の桜はどこに見に行くか、どうしようかなと思い、桜が真っ盛りのころはその下でおかしくなりたいなあ、去年もゆっくり桜を見なかったなあと感じ、そのうち一雨また二雨が来て、もう花冷えか、もう落花狼藉《ろうぜき》かと思っていると、落ち着かなくなってくる。何かこちらに「欠けるもの」が感じられて、なんだか所在がなくなるのである。求めていた面影が少し遠のいたのだ。ぼくの所在は面影にあるのだから、そこが遠のくと何かが欠けたと感じるのだ。

そういう欠けた気分になると、決まって思い出されるものがある。西行の歌である。ふだんは思い出さない。何かが欠けているような気分になると、そこに西行が「雨にしをるる」とか「梢《こずえ》うつ」とか「惜しき心を」とかいうふうに声をかけてくる。これが春における「所在を問う」というものだろう。

梢《こずゑ》うつ雨にしをれて散る花の　惜しき心を何にたとへむ

雨の日の自動車がアスファルトに散った桜の花びらを轢《ひ》きしめていくと、「哀切」を感じる。もともと自動車のタイヤの音は、驟雨《しゅうう》や霧雨や雨上がりのときが最も美しい。かつて松濤《しょうとう》の観世能楽堂の近くに住んでいたころ、小型テープレコーダーをONにしたまま手にぶら下げて、あのあたりをよく歩いた。しばしば眼をつぶって歩いた。部屋に戻ってテープを再生してみて、意外なことに自動車が雨のアスファルトをしびしびと走っていく音が一番きれいだった。それがいままでは「雨と桜とタイヤ」という取り合わせに、心が動くようになっている。

ふりかえって、桜が人の心を乱すのは世の常のことで、いまさら言うべきこともないはずなのに、ちょっと待て、いま何かを感じたのでちょっと待てと言いたくなるのはおかしなことである。開花から落花まで僅《わず》か一週間か十日ほどのことなのに、そのなかで桜への思いはめまぐるしく変わる。そのくせ結局はいつも何もできないうちに、花はいよいよ無惨とも、平然とも、婉然《えんぜん》ともつかない風情で、はらはら散っていく。せいぜい十日あまりのことだったのに、何かがまた了《お》わってしまい、何かが欠けていくわけだ。こうして花は花が散ったところからが、今年も「花の所在」なのである。西行を思い出すのもきっとそのころからのことになる。

風に散る花の行方は知らねども惜しむ心は身にとまりけり
散る花を惜しむ心やとどまりて　又来む春の誰になるべき

王朝期、花といえば桜のことをさすようになった。万葉期は梅だった。万葉集で詠まれた植物は、①萩、②梅、③橘《たちばな》、④菅《すげ》、松、⑤葦《あし》、⑥浅茅《あさじ》で、桜は一〇位である。ところが桜が平安から鎌倉にかけて一挙にふえた。日本列島の植生のせいではない。桜をたくさん植樹したからでもない。歌人の「心ばえ」が桜に向かったのだ。なにより、西行のせいであった。

　窪田章一郎によると、西行には桜をめぐる歌が二三〇首あるという。植物では次の松が三四首、第三位の梅が二五首というのだから、桜への傾倒が断然だ。西行自身も「たぐひなき花をし枝に咲かすれば桜に並ぶ木ぞなかりける」と詠んで、ひとしおに桜を筆頭にあげた。

　西行が自選して俊成に贈った『山家心中《さんかしんちゅう》集』は、その書名を誰がつけたのかはまだわかっていないのだが、俊成の筆と推定されている冊子の表題の下には「花月集ともいふべし」と書かれている。西行は花と月の歌ばかりを選んだのである。どうしてそんなに桜が好きなのか。

　芭蕉が答えを解いている。芭蕉は『西行上人像讃』で、「捨てはてて身はなきものとおもへども雪のふる日はさぶくこそあれ」という西行の雪の歌に、「花のふる日は浮かれこそすれ」と付けてみせた。まさに芭蕉の言うとおり、西行にとっては桜が一部始終であって、桜が「憂き世」であって「浮き世」だったのである。西行がいなかったなら、日本人がこれほど桜に狂うことはなかったと言いたくなるほどだ。ぼくはあまり好きな歌ではないのだが、「ねがはくは花の下にて春死なんその如月《きさらぎ》の望月《もちづき》のころ」という有名な歌は、西行のよほどの「桜死に」の気概をあらわしている。

こうして年々歳々、桜の季《とき》がくるたびに、西行は乙女のように花と戯れ、翁《おきな》のように花の散るのを惜しんだ。そのくらい桜を詠んだ西行だから、咲き初めてから花が散り、それがまた葉桜にいたって若葉で覆われるまで、ほとんどどんな風情の桜も詠んでいるのだが、そのなかでぼくがどの歌の花に心を動かされるかというと、これは毎年、決まっている。

花を想って花から離れられずにいるのに、花のほうは今年も容赦なく去っていくという消息を詠んだ歌こそが、やはり極上なのである。ぼくはそういう歌に名状しがたい感情を揺さぶられ、突き上げられ、そこにのみ行方知らずの消息をおぼえてきた。

散るを見て帰る心や桜花　むかしに変はるしるしなるらむ

いざ今年散れと桜を語らはむ中々さらば風や惜しむと

これが西行の「哀惜」ないしは「哀切」だ。面影を惜しむということをしている。哀しくて惜しむのではなく、切って惜しむ。そのことが哀しむことなのである。これは「惜別」という言葉が別れを哀しむのではなく別れを惜しんでいることを意味していることを思えば、多少は理解しやすいにちがいない。

こうして西行の花は、一心に「花みればそのいはれとはなけれども心のうちぞ苦しかりける」というものになっていった。西行にとっての桜の心はこの一首の裡《うち》にある。桜を見るだけで、べつだん理由《いわれ》などはっきりしているわけではないのに、なんとなく心の内が苦しくなってくる。その気分を詠んだ歌だ。その「いはれなき切実」こそが西行の花の奥にある。

西行にとって「惜しむ」とは「いはれなき切実」に向かって唐突に陥《お》ちていくことだった。それが花に結びつき、月に結びついて歌になる。花鳥風月と雪月花の面影がその歌に作動する。なかで花こそはあまりにも陽気であまりにも短命で、あまりにも唐突な人知を見捨てる「いはれなき切実」だったのだ。

西行はなぜ「いはれなき切実」に生きたのだろうか。生涯の事蹟には審《つまび》らかではないことが多く、奇妙奇ッ怪な西行伝説も各地にいろいろのこるのだが、総じては実際の日々に「いはれなき切実」が出入りしていたのだと思われる。

出自は武士である。佐藤義清《のりきよ》といった。藤原秀郷《ひでさと》流武家の血をうけて、代々の佐藤家は衛府《えふ》としての何の愁《うれ》いもない日々をおくっていた。西行も十六歳で徳大寺《とくだいじ》家に仕え、保延《ほうえん》元年（一一三五）の十八歳のときは左兵衛尉《さひょうえのじょう》の官位をもらい、二年後には鳥羽上皇の

「北面《ほくめん》の武士」に取り立てられた。清盛や文覚《もんがく》と同じ職分である。ところが思い立ったかのように二三歳で出家する。出家だから妻子は捨てた。都の北麓の鞍馬《くらま》山あたりに隠棲して円位《えんい》を名のり、その後は西行と称して諸国をめぐる漂泊の旅を続けた。高野山に入ったり、奥州を歩いたり、四国讃岐の善通寺《ぜんつうじ》にいたこともわかっている。けれどもなぜ出家を決断したのかは、わからない。失恋説、友人急死説、政界失望説、仏道発心説などが議論されているが、はっきりしない。

以来、ひたすら歌を詠んだ。次から次へと詠んだ。それだけは、はっきりしている。ただし人知れず詠んだのではない。西行の出家遁世《とんぜ》のニュースは当時の都ではリアルタイムに注目され（いわばブログやツイッターでの噂のように）、その歌もほぼリアルタイムに届いていて評判を集めつづけた。『新古今和歌集』に九四首が採られているのだが、これは新古今集中で一番多い採用だった。

西行の遁世の主な動向は中央がキャッチしていたし、西行も都のめまぐるしい変化をほぼ知っていた。そういう御時世だった。

三九歳のときに保元の乱がおこり、天皇家も摂関家も割れて、これに新興の源氏と平家が微妙に対峙《たいじ》して天下二分の乱になった。後白河側が勝利をおさめると、西行もよく知る崇徳《すとく》上皇は讃岐に流され、そこで死んで天下をゆるがす怨霊《おんりょう》となった。西行は讃岐の地を訪れて「よしや君　昔の玉の床とても　かからむ後は何にかはせん」と鎮魂の歌を詠んだ。

こういう腥《なまぐさ》い話は西行の桜の話にはふさわしくないと思うかもしれないが、そうではない。これもまた「いはれなき切実」に編み込まれていたことなのだ。

六十歳をすぎて伊勢の二見浦《ふたみがうら》に住むことにした。日本の祖霊の面影の地だから安住もしたいと思ったが、すぐに源平の争乱が始まって、津々浦々どこにも血と炎と死が絶えることがなくなった。

死出の山越ゆる絶え間はあらじかし　亡くなる人の数続きつつ

源平の動乱は平重衡《しげひら》を奈良に向かわせ、東大寺に火を放つことになった。焼け落ちた堂塔伽藍《がらん》を復興するべく、勧進の聖《ひじり》に重源《ちょうげん》が立った。重源はプロジェクト・リーダーになった。けれども大仏を造像する鍍金《ときん》（メッキ）のための金《きん》がなかなか調達しきれない。思いあぐねた重源はすでに遁世《とんぜ》していた西行を訪ねて、奥州の藤原秀衡《ひでひら》に協力を願い出ることを頼んだ。西行と秀衡は旧知なのである。

斯界《しかい》の長老重源に頭を下げられては断れない。西行は四十年ぶりに奥州へ行く。六九歳のときである。「年たけてまた越ゆべしと思ひきや　命なりけり小夜《さや》の中山」。奥州へ向かっての途次、まさか年老いてから難所の中山を越えるなどとは思いもしなかったと詠んだ歌だ。このとき西行は鎌倉に立ち寄って頼朝とも会っている。存外、そういうことは平気だったのだ。驚いたのは頼朝のほうだったろう。館に招いて歌のことやら流鏑馬《やぶさめ》のことやらの教えを乞うたと、『吾妻鏡《あずまかがみ》』は書いている。

そのほかいろいろ生涯のエピソードがあって、それらは巷間《こうかん》の『西行物語』として案外早くにまとまっているのだが、そんなエピソードを集めれば西行の歌が沁《し》みてくるかといえば、そういうことではない。西行が『源氏』と芭蕉と与謝野晶子を結ぶ架橋になったことは、巷《ちまた》の西行譚《たん》では伝わらない。

ここでいささか大仰な西行学を披瀝《ひれき》すると、西行には「心を知るは心なりけり」という見方があった。

すでに和歌の詠み方をめぐる議論において藤原俊成が「幽玄」を唱えて、これを藤原定家が「有心体《うしん》」にまではこんでいった。いずれも言外の風情に心を入れることで、それを「心あり」とも評していた。けれども、西行はそれでは満足しなかった。「心あり」に応えるのは心そのものだと引き取った。「心は心だ」というのは同義反復か自同律のようなものではあるけれど、しかし西行はそのようにしか言いあらわせないものがあることを見定めていた。ぼくはこの「心は心だ」という認知を高く評価する。『山家集』に次の二首がある。

心から心にものを思はせて身を苦しむるわが身なりけり

惑ひきて悟り得べくもなかりつる　心を知るは心なりけり

ここに西行の根本があったのではないかと思う。心のことは心にしかわからないと言っているのではない。ジャック・ラカンではないが、心は心に鏡像されていると見抜き、そこを歌にしてみせた。試みにこの二首をつなげてみると、「心から心にものを思はせて↓心を知るは心なりけり」となる。これが西行の見方の根本にあることで、西行の歌はその観想集だったのである。

心を心に見て、その心を心で知ってみるというのは、何が「うつつ」(現)で何が「ゆめ」(夢)かの境界を失うことを覚悟することでもあった。境界に消息していく生き方に徹するということだ。そこを西行は「見る見る」という絶妙な言葉の重畳をつかって、次のようにも詠んでいた。「見る見る」は今日にいう「みるみるうちに」の「みるみる」ではなく、まさに見たうえで見ていることを、目で見て心で見ることをいう。

世の中を夢と見る見るはかなくもなほ驚かぬわが心かな

はかなくたって驚かない。はかないのは当たり前だ。そういうふうに見定めた。ここでは夢と浮世は境をなくし、花と雨とは境を越えている。「世の中を・夢と見る見る・はかなくも・なほ驚かぬ・わが心かな」。

また西行学を持ち出していえば、「わが心かな」で結ぶ歌は、西行の最も西行らしい覚悟を映し出している歌だった。以下、『山家集』と『聞書集《ききがきしゅう》』に「わが心かな」を拾ってみた。五首目の「梢まで咲くわが心かな」はまさに春信《はるのぶ》の浮世絵にすらなっている。

花と聞くは誰もさこそはうれしけれ　思ひしづめぬわが心かな
日をふれば袂《たもと》の雨のあしそひて　晴るべくもなきわが心かな
涙川さかまく水脈《みを》の底ふかみ　漲《みなぎ》りあへぬわが心かな
逢ふまでの命もがなと思ひしは　悔しかりけるわが心かな
色そむる花の枝にもすすまれて　梢《こずゑ》まで咲くわが心かな

ここまでくると、西行の「いはれなき切実」や「わが心かな」をすべて表象しきっているのは、次の一首にとどめをさすというべきである。

次の一首がどういう歌かをあかす前に、ここで五年前のことに一言ふれておきたい。

その日、ぼくはふと思いついてプライベート・クラブ「未詳倶楽部」を結んだのであるが、その最初の会合を箱根芦《あし》ノ湖《こ》の畔《ほとり》に呼びかけたのだった。その時その所に集まってほしいと、ただ招待状にそう書いた文面を縁《よすが》に、全国から三八人が集まってくれたその山道に、小雨のなかを箱根に特有の高嶺桜《たかねざくら》が小さくキリリと咲いていた。

初めて出会う面々が、一〇部屋ほどに分かれて荷を下ろし顔を合わせる刻限を思って、ぼくはその部屋に一首ずつ西行の桜の歌を色半紙に認《したた》めておいた。その夜は満月だったのである。すでに紹介した歌のほかは、次の歌と、そして一首。

月見れば風に桜の枝なべて　花かと告《つ》ぐる心地こそすれ
雲にまがふ花の下にて眺むれば　朧《おぼろ》に月は見ゆるなりけり
おのづから来る人あらばもろともに　眺めまほしき山桜かな
あくがるる心はさても山桜　散りなむのちや身にかへるべき
花も散り涙ももろき春なれや　又やはと思ふ夕ぐれの空

この一〇首の桜の歌の頂点に立つともいうべき歌が、ぼくにとっては次の極上の一首なのである。この「胸のさわぐなりけり」という歌こそが西行のすべての桜の絶巓《ぜってん》に散る歌である。もはや何も言うことはない。たんに胸がさわぐのではない。「さめても胸のさわぐなりけり」なのである。

春風の花を散らすと見る夢は　さめても胸のさわぐなりけり

第七五三夜　二〇〇三年四月十四日

参照千夜

一一四夜：福原義春『猫と小石とディアギレフ』　四八三夜：山本健吉『いのちとかたち』　五六四夜：丸山眞男『忠誠と反逆』　九九一夜：松尾芭蕉『おくのほそ道』　六三夜：伊藤ていじ『重源』　一五六九〜七一夜：紫式部『源氏物語』　二〇夜：佐藤春夫『晶子曼陀羅』　九一一夜：ジャック・ラカン『テレヴィジオン』

「雪の曙《あけぼの》」と「有明の月」。この二人を通して、二条は紫式部にも女西行にもなっていく。

後深草院二条

とはずがたり

福田秀一校注　新潮日本古典集成　一九七八

大傑作。事実をしるした日記のようなものなので、傑作とか作品などと言ってよいかとなると困るけれど、やはり大傑作。とにかくすさまじい。

ぼくが何を言おうとしているかを摑《つか》んでもらうには、まずもって作者の後深草院《ごふかくさいん》二条という女性がどんな人生をおくったのかを、おおまかでも先に知ったほうがいい。いやいや作者というべきかどうかも微妙であって、日記ならば作者とは言わないほうがいいのだが、しかしやはり二条は作者なのである。

ざっと出来事の経過を案内する。それがこの〝作品〟の構成にもあたる。とりあえず作者と言っておくことにするが、作者は十四歳のときの文永《ぶんえい》八年（一二七一）に後深草院の寵愛《ちょうあい》を受けた。すでに四歳から院の後宮に上がっていた。翌年、作者は父親を失う。母親は二歳のときに死んでいた。

その年、作者は以前から慕っていたらしい「雪の曙」という男性と交わった。ところがその翌年、後深草院の皇子を産んだ。それだけではなかった。作者は後深草院にはいつわって、雪の曙とのあいだの女児も産んだ。雪の曙は理解を示して、この子を引きとって自分の妻に育てさせる。そこに悲報が届いた。皇子がわずか二歳で死んでしまった。作者はもはや出家するまでと覚悟するが、その決断がなかなかできないでいる。ここまでが『とはずがたり』巻一の出来事になる。

ついで巻二に入って、文永十二年のこと、作者は十八歳になっている。その正月に粥杖《かゆづえ》事件という「いじめ」が宮中でおこる。朝廷の「いじめ」はいつものことだが、二条の父親が女御を天皇に入内《じゅだい》させる仕事をしていた大納言だったから、他人事ではなかった。作者は後宮における自分の身の位置を知らされて、恐ろしくなる。一方、この年に後深草院の弟の亀山院から好意を示され、さらに御室《おむろ》の仁和寺《にんなじ》の門跡の「有明の月」という阿闍梨《あじゃり》からも迫られて、契りを結んでしまう。

二年がたって建治《けんじ》三年、二十歳の作者は後深草院と亀山院の遊宴に奉仕しているとき、またまた女楽《おんながく》事件という失踪騒動をおこす。もはや何がなんだかわからなくなった作者だが、よほど魅力があったのであろう、ここでまた近衛《このえ》の大殿《おおいどの》という男性と交わることになる。これは後深草院が作者の後見人に大殿を指名したことの奇妙な交換条件だったようで、その運命に巻きこまれていったらしかった。

巻三では、弘安《こうあん》四年（一二八一）になっていて、作者はふたたび有明の阿闍梨と交情して懐妊、男児を産む。この噂は広まるのだが、おかしなことに後深草院は有明との関係を咎《とが》めない。そればかりか懐妊を知るとその子を院の皇子として引きとって、後宮の女房の一人に育てさせようと言う。ここで有明が流行病《はやりやまい》に罹《かか》ってあっけなく死んでしまう。そこに亀山院との仲が世の噂となってきて、作者は宮仕えがしにくくなり、やむなく里居がちになる。おまけに有明とのあいだの第二子も懐妊していることがわかって、作者としてはこれは自分が育てるしかないと悟る。

弘安六年、二六歳のとき、後深草院の中宮であった東二条院が作者のそうした噂についに怒り、作者は後宮を退かされる。二年後、母方の祖父の姉にあたる北山准后《じゅごう》の九十歳の祝賀会に出席、これまでの栄華を飾る人々との列席のなか、感興ひとしおになる。ここまでが前半で、しばしば「愛欲篇」とか「後宮篇」とかよばれてきた。

作者は三一歳。正応《しょうおう》元年（一二八八）、「雪の曙」の娘が伏見天皇に女御《にょうご》として入内《じゅだい》（のちの永福門院）したとき、ここに奉仕した。この時期のことは日記の記述がなく、巻四ではすでに尼になっているところから再開される。出家修行の旅に出ている場面である。一説には、西行に憧れて風宿遊行の旅に出たともいう。

健脚というのか壮健というのか、三二歳で東海道をどんどん下って鎌倉に入り、惟康《これやす》親王が廃されて都へ護送される「あはれ」な光景を目撃している。年を越してからは信濃の善光寺に参詣、八月十五夜には武蔵に入って浅草の観音堂を詣で、ふたたび鎌倉に戻っては多くの御家人たちと和歌や続歌《つぎうた》を交わした。

そのあといったん都に帰るのだが、休むまもなく奈良へ修行を試み、さらに石清水八幡宮に参拝したところで、偶然なのか、図ったのか、後深草院の御幸《みゆき》とめぐりあう。ここは院が声をかけて一晩を語りあうというふうになっているのだが、むろん語りあっただけではなかった。けれども作者の意志はすでに出家におかれ、その後も熱田神宮や伊勢神宮に赴いた。

正応五年(一二九二)、三五歳の作者は後深草院からお召しがかかって伏見離宮を訪れる。何がおこったのかはわからないのだが、この数年後には伊勢の二見浦に行っている。

巻五は、おそらく四五歳からのこと、安芸《あき》の厳島《いつくしま》神社、土佐の足摺岬《あしずりみさき》、讃岐の白峰《しらみね》から坂出《さかいで》の崇徳院《すとくいん》御陵を訪れている。二年後の嘉元《かげん》二年(一三〇四)、作者をずうっと憎んで目の仇《かたき》にしていた東二条院が亡くなり、続いて後深草院も亡くなった。作者は霊柩《れいきゅう》の一団を裸足で追った。ここは現代小説か映画を見ているような印象深い場面で、これまで抑えに抑えてきた作者の心情が起爆する。

この年はまた父親の三十三回忌にもあたっていて、作者は墓参して、父の歌が『新後撰集』に洩《も》れたことを報告、いつか父の歌が入集することを祈りつつ、自分も敷島の道に精進することを誓う。このあたり〝女《おんな》西行〟である。

翌年、柿本人麻呂を讃える人丸影供《えいぐ》をみずから営み、河内国や熊野に参って写経した。そしてその翌年の四九歳のとき、石清水八幡宮でまたもや偶然なのか、後深草院の忘れ形見の女院である遊義《ゆうぎ》門院の御幸に出会って、門院の知遇を得る。それでどうなるかというと、あっけなく後深草院の三回忌の仏事をおえるところで『とはずがたり』の記述は閉じられる。

さて、これだけで十分に二条の人生のすさまじさは伝わるだろうが、それにしてもどうしてこんなにも波乱に身を焦がしたのか、そこを補わなければならない。これがまた入りくんでいる。それればかりかここにはどうも『源氏物語』が見え隠れする。

そもそも作者が後宮に入って寵愛されたのには、母親の縁がある。作者の母親は大納言四条隆親《たかちか》の娘で、後嵯峨院に仕える女房だった。四条家は皇族に乳母《めのと》として出仕する家で、院政期に勢力を伸ばしていた。

こうした家柄では、娘を典侍《ないしのすけ》として内裏女房の重要な位置を占めるのが家の仕事だ。有職故実《ゆうそくこじつ》にあかるく、かつ性生活にもくわしくなければならない。母親（大納言典侍《だいなごんのすけ》）も、後深草院が東二条院と結婚するにあたっては、あらかじめ後深草院に性の手ほどきをしていた。こういうことをされれば少年王はそのテクニシャンの女性に憧れるのは当然なのだが、やはりのこと後深草院は母親を慕い続けた。その大納言典侍が源雅忠《まさただ》（作者の父親）と結婚して作者を産んだので、忘れ形見として作者をそばにおいておきたいと言い出した。

父親は中院《なかのいん》大納言だ。やはり院政期に力を増してきた一門で、曾祖父が内大臣土御門《つちみかど》通親《みちちか》、祖父が太政大臣久我《こが》通光《みちみつ》、しかも天皇のもとに女御を入内させるのを仕事としていたというのだから、二条の出自の輝きがだいたい見える。

後深草院についても、この時代のことに疎い読者には、おそらく意外な印象があるだろう。そもそも父親の後嵯峨院の譲位をうけて践祚《せんそ》したのが四歳である。おまけに十七歳で弟の亀山天皇に譲位してしまった。イケメンかどうかは知らないが、めちゃくちゃ若い。四歳の二条が後宮に入ったときで十九歳。こんな青年帝王が院となってロリコンまがいに少女を寵愛するのだから、二条のほうに何がおこったって当然だ。実際にも有明と二条の関係を容認して、かえって二条の恋情を有明に向けさせるような、この青年帝王にはいささか倒錯的な感覚もあったとおもわれる。

ところで、後深草院が幼い二条を是非にと手元におきたがったという話は、『源氏物語』「若紫」で、父親の桐壺の帝の妃の藤壺を慕っていた光源氏が、藤壺そっくりの紫の君に出会って、これを引きとりたいと言っているのに、どこか似ている。光源氏はそのあとも、玉鬘を自分のものにしたいと欲情した。

いちいち書かないが、こうした源氏と似た出来事の自分の身への照射が『とはずがたり』にはしばしば出てくる。それを考慮すると、いったい作者は事実を書いたのか、源氏を下敷きにしたのか、わからなくなる。虚実の境い目がさだかではないのだ。勘ぐれば、その両方の意図をもってそうとうに高度な〝作品〟に仕立てたというふうにも読める。さあ、本当はどうなのか。

いま少し説明を補っておく。男たちのことだ。まずは「雪の曙」だが、これは西園寺《さいおんじ》実兼《さねかね》のことである。『とはずがたり』の冒頭から贈り物の主として登場する。家門としては関東申次《もうしつぎ》の役職にある。二条の九歳の年上になる。

次の「有明の月」が誰であるかは研究者によって若干異なっているのだが、真言密教の阿闍梨であること、おそらくは仁和寺の法親王の地位にいた者、皇室のかなりの血縁者であろうことくらいは推定できる。ようするに高僧で、猟色なのだ。本文を読むかぎりは強引で執拗《しつよう》、それなのに最初は反発していた二条はその密通が公然となるにしたがって、色濃い恋情へと走っている。愛欲のかぎりを尽くして燃えているというふうにも読める。おそらく二条の十歳以上、説によっては三十歳ほどの年上だ。

一方、東二条院はつねに隠然たる圧力をもって二条を監視していた。後深草院の中宮だから、つまり奥さんの嫉妬と憎悪だ。二条はつねにその目を気にし、男たちがそれを素知らぬふりをして自分を犯してくるのに、振り回されていく。が、『とはずがたり』を自伝文学あるいは物語として読むのなら、この東二条院の設定こそは『源氏』の六条御息所の役割に似て、この〝作品〟に迫真性をもたらしている。

こんな人間関係なのである。それはそれで興味津々だが、読みごたえはそこにはない。ぼくはこれを都合三度くらいに分けてやや重なりながら読んだのだが、出家をしてからの二条に心惹《ひ》かれるものがあった。

二条は出家するにあたって発願《ほつがん》をした。五部の大乗経を写経しようと決意する。淡々とそう綴っているのだが、これは大変な作業だ。なにしろ『華厳経』六〇巻、『大集経《だいじつきょう》』六〇巻、『大品般若経《だいぼん》』二七巻、『涅槃経』三六巻、『法華経』八巻、この全部を写経する。有職故実書を見ると、都合一九一巻、料紙四二二〇枚となっている。厖大だ。

さすがに『とはずがたり』を閉じた四九歳までには全部を書写しきれなかったようなのだが、いろいろの文献を照合すると、二条はこれをやりきっている。『大品般若経』の初めの二〇巻は河内の磯長《しなが》の聖徳太子の廟《びょう》で奉納して残りは熊野詣で写経し、『華厳経』の残りは熱田神宮で書写して納め、『大集経』は前半は讃岐で、後半は奈良の春日神社で泊まりこんで書き写すというふうに。

まことに不屈の意志ともいうべきだが、ここには、霊仏霊社に参拝しては寺社の縁起を聞いて、そのたびに結縁《けちえん》をくりかえすという、二条の遊行の方法に対する確信が大きかったのだろうと思う。それは尼になりきった二条が〝女西行〟となったということなのである。

きっと二条は少女のころからして、だれとの出会いも結縁（仏縁）だったのだろうと思う。愛された、犯された、好きになった、恋しくて苦しかった、邪険にされた、軽くあしらわれた、でも惚れた、というようなことすべてを結縁と感じたはずなのだ。ということは、そう言ってよければこの〝作品〟は、あたかも霊仏霊社のいちいちと出会うようにも読めるということだ。

いま、因縁などというものはとても古くさく、まことに怪しいかぎりのものだと断じられているが、二条のこうした因縁の結び方を読んでいると、われわれのほうこそ勝手で短気で、神仏にも勝手な仕打ちをしすぎていると感じられてくる。縁起に生きるということが忘れられてしまったのである。

縁を結ぶということがわからなくなっているのは、人との出会いを損得勘定にしているからである。どんな出会いも「宿世《すくせ》の縁」というもので、その損得などわかりっこない。それこそ紫式部が『源氏』に書き証《あか》しきったことだった。二条も男たちに出会い、別れるたびに「宿世」を深々と感じるばかりであったろう。

君ゆゑに我先立たばおのづから夢には見えよ跡の白露

第九六七夜　二〇〇四年四月十六日

参照千夜

七五三夜：西行『山家集』　一五六九～七一夜：紫式部『源氏物語』

古今伝授から連歌の流行へ。
漂泊する「歌」たちは一座建立に向かう。

連歌の世界

伊地知鐵男

吉川弘文館　一九六七

どんな民族も古代はそうであるのだが、日本人もまた歌の民だった。なかで和歌がずうっと中心で重んじられてきた。五七五七七の律動も具合がよく、付いたり離れたりしやすかった。そんな和歌の歴史にもしだいに変化がでてきて、さまざまな歌集が出揃ってきた平安末期のころになると、和歌がもつしくみを検討するようになった。

とくに古典の伝統を守るために『古今和歌集』の読みや解釈を秘伝とする御子左《みこひだり》流の二条家が登場してからは、格別な「古今伝授」という風儀が相承されるようになった。

二条家の秘伝は二条為世《ためよ》の弟子の頓阿《とんあ》が受け、これが何人かに継承されたうえで東常縁《とうのつねより》のところでピークに達すると、常縁が宗祇《そうぎ》に切紙《きりがみ》伝授して、ここで「歌の伝燈《でんとう》」が大きく変化した。連歌の時代がやってきたのである。一人で詠むのではなく、何人もが連ねて詠みあった。

連歌はたちまち日本文芸の編集の妙の精華となった。共に詠じあうのだから、バラバラでは困る。一座に集ってその時その場の風情や心境を持ち寄って、独特の技法を愉しんだ。互いの言葉上の関係を絶妙に編集できるようにした。

たとえば宗祇は「のきてつづく」と言った。「のく」は退くことで、その場から去ることをいう。関西では日常語でも「のきなさい」などと言う。連歌では、離れていく言葉や近寄らない一句の風情のことをいう。その離れる句を放ちながら、次に続けていくのが連歌だ。続けるとは付句《つけく》をすることをいう。それが「のきて、つづく」である。

去嫌《きりぎらい》ともいう。「去り嫌い」だ。連歌一巻のうちに同字や同事が近接して多用されるのを嫌って、二句去り、三句去り、五句去りをして詠む。同じ言葉や同じイメージの言葉をわざわざ二句あけてつかい、三句あけて入れ、さらに五句をあけてから思い出すようにつかうという表現編集だ。体言止めと用言止めは続いていいが、体言と体言で両句が止まるのも、去嫌とされた。

連歌にはこのような手続きがけっこうある。縛りのルールでもあるが、そのぶんさまざまに工夫され、技倆が試された。それぞれ感覚的で、陶冶《とうや》された言葉で説明される。名残《なごり》という。「名残の折」のことである。連歌は一座をもって張行《ちょうぎょう》するのだが、いずれはお開きになる。その終わりの折紙のお開きが名残の折だ。「のきてつづく」といい、「去嫌」といい、「名残」といい、連歌はたえずどこかが揺蕩《たゆた》っていく。

連歌は百韻を一巻として、懐紙《かいし》全紙を横に半折《はんせつ》して折紙四枚に書きとめる。折紙は折目を下にして一句を二行に分けてしたためる。

第一紙が「初折《しょおり》」。その表の右端に張行年月日と場所を細字一行でしるし、句は全紙の三分の二のあたりから書き始める。表に八句、裏に十四句。第二紙が「二の折」で、表裏に各十四句ずつ、第三紙「三の折」も同じくし、第四紙を「名残の折」とみて、表に十四句、名残の裏に八句を綴る。初裏と二の表、二の裏と三の表、三の裏と名残の表には「見渡し」などという綺麗《きれい》な名がついている。

連歌にはこういう規則が縦横に張りめぐらされていて、それが「式目《しきもく》」という、心地よい縛りになる。名人級にもなると一の折は「序」に、二の折は「破」に、三、四の折が「急」にあたるように詠んだ。微に入り細を穿《うが》って風韻のための縛りが考案されたのだ。放逹怠惰から連歌を創発するための連歌師たちの工夫であった。

今夜は初心の者のために、少々わかりやすいところから案内するが、連歌は五七五の「発句《ほっく》」を七七の「脇句」で受け、これを五七五の「第三句」に転じて、以下を七七の短句と五七五の長句を交互に挟んで連ね、ついに百句百韻に及ぶものをいう。これがスタンダード・スタイルになる。

その初折の第一の長句が「発句」、名残の裏の八句目すなわち一巻の百句目が「挙句《あげく》」になる。挙句の果て、一巻の終わりのお開きである。

参加者のことは会衆《かいしゆう》あるいは連衆《れんじゆう》という。四、五人から十数人集まって、頭役《とうやく》の世話のもと、宗匠と執筆《しゆひつ》（進行・書記役）あるいは右筆《ゆうひつ》の指南と記録によって一巻を詠みあった。これを張行という。のちに亭主役が台頭し、張行主となった。そのばあいは脇句は張行主が詠み、第三句は相伴客《しようばんきやく》あるいは宗匠の次席にあたる者が詠んだ。そのうち宗匠が亭主をつとめることも多くなる。

張行するにあたっては、どこで会席をするかという選定からはじまる。二条良基《よしもと》が著した『連理秘抄』には「一座を張行せんと思はば、まづ時分を選び眺望を尋ぬべし」「大飲荒言の席、努々《ゆめゆめ》張行すべからず」とある。

会席が決まれば、床の間に菅公《かんこう》天神（菅原道真の絵姿）または渡唐《とと》天神の画像あるいは「南無天満大自在天神」の名号《みようごう》の掛軸をかけ、花を立てる。文台《ぶんだい》と円座をもうけて宗匠と執筆が坐《すわ》る。宗匠の会釈とともにいよいよ連歌のスタートになるが、ここから懐紙の折り方、墨の摺《す》り方、筆の使い方の「持成《もてなし》」があって、発句の初五文字が復唱されるのを俟《ま》って、およそ十時間になんなんとする一座建立がはじまるのである。

このような連歌一座の張行はのちの茶の湯にたいへん近い。というよりも、茶の湯が連歌形式を真似た遊芸なのである。侘茶《わびちゃ》をおこした村田珠光《じゅこう》や武野紹鷗《じょうおう》はもともと連歌師だった。

連歌は四折百韻をめざしてすすむのだが、そこに一貫した主題があるかといえば、そういうものはない。一句ずつに主題が移り、どんな趣向にも滞らないことが連歌の連歌たる風情になる。「うつり」が大事なのである。

前と後の句を「前句《まえく》」と「付句《つけく》」という。この関係が付合《つけあい》だ。前句と付句で二句一連、これが連歌の基本になる。二条良基の裁断だった。和歌における上の句と下の句の関係が発展していったのだと思う。連歌は一種の〝唱和体〟なのである。

一例を出す。宗祇《そうぎ》と肖柏《しょうはく》と宗長《そうちょう》が有馬《ありま》温泉で百韻を巻いたときの『湯山《ゆのやま》三吟』の初折表八句だ（わかりやすくするために漢字になおしたところがある。こういう仮名づかい漢字づかいにも厳密な共鳴関係があるのだが、ここでは現代風にした。また見やすくするためにわざと行頭をくいちがいにしておいた）。

薄雪《うすゆき》に木の葉色濃き山路かな（肖柏）＝発句
　岩もとすすき冬やなほ見ん（宗長）＝脇句
松虫にさそはれそめし宿出でて（宗祇）＝第三句

小夜ふけけりな袖の秋風（柏）＝第四句
露さむし月も光やかはるらん（長）＝第五句
おもひもなれぬ野辺の行く末（祇）＝第六句
語らふもはかなの友や旅の空（柏）＝第七句
雲をしるべの峰のはるけさ（長）＝第八句

肖柏の発句は初冬の湯山の景色を詠んだ。これはルールで、発句はその日その場に近い風物から入る。句意は薄雪がうっすら積もりかげんなのに、紅葉の色はいっそう深くて濃いというもの。雪と紅葉が季節をまたいでバランスをとり、それを「山路かな」と結んだ。そこで、宗長はこれに付けて「岩もとすすき」という秋の風物を持ち出し、その秋の風物を冬に持ち越して見るのも一興ですねと応えた。脇句はルール上は〝同季〟でなければならず、それで宗長は秋と冬の「あいだ」を詠んだ。

第三句は転回しなければならない。前句には付けるが、そのもうひとつ前の句からは離れる。このもうひとつ前の句からの離れが「打越《うちこし》」である。どうするか。宗祇は前句を受けつつ、「松虫にさそはれそめし宿出でて」とやった。冬になりそうだった発句と脇句の意向を、ふたたび秋に戻したのだ。これを「季移り」という。

しかも発句の「山路」から「宿」に戻してみせた。宗祇の達意になるのだが、「さそはれそめし」が過去形であることに注目して、宿を出たのは晩秋のことだろうから、初秋には松虫に誘われていたものだったが、その風情をいまもまだ聞いていたいという時を引っ張る心境にしてみせた。ここで一巡である。たった三句の付合であるが、その一巡の技芸たるやものすごい。

次の第四句は「軽み」と「あしらい」を要求される。これもルールだ。どのようにあしらうか。あしらうのにもかなりの芸能技倆《ぎりょう》がいる。肖柏は「宿出でて」を宿立つに見て、「風を立つ」を連想した。連歌の王道は連想編集である。松虫なので夕暮れを踏襲し、そのうえで「小夜更ける」の時にした。

五句目からはそろそろ加速する。「袖」にあわせて「露」を縁語で入れた。これが和歌編集術に有名な縁語による「寄合《よりあい》」だ。六句目は秋が三句続いたので、宗祇得意の「のきてつづく」を見せる。まずは季を去って「雑詠」として、詠み人を旅の途次にまではこぶ。そうしておいて前句の月の光の「かはるらん」を、思いも慣れない旅路の心の変わりにもちこんでいく。

七句目、肖柏は前句の「おもひもなれぬ」を旅路の不安から友と慣れ親しめない日々に変えて、ここで初折表八句では初めての〝人〟を出した。この〝人〟の出しかたを連歌では軽くして、無理をしないようにする。そして八句目の宗長。「語らふもはかなの友」は雲のようなもの、それが遥《はる》かな峰の向こうに見えていましたねと、みごとに結んでみせた。

以上表八句で、冬二句、秋三句、旅三句を成立させたのである。去嫌は一語も違《たが》わず徹底されている。もっとも、この程度で肝を冷やすようでは、付合はほど遠い。たとえば、発句には「言い切り」も要請されていた。「山路かな」がその言い切りだ。この用法はのちに俳諧の切れ字になっていく。

このほか連歌にはいろいろルールがあるけれど、ここでは、本書が比較的詳細に紹介している「賦物《ふしもの》」について、以下、驚くべき連歌世界の極北極限の技芸を案内してみたい。その前に、ざっと連歌の成り立ちをふりかえる。

そもそものおこりからすると、連歌には二句一連の短連歌《たんれんが》が最初にあって、それが次々に連なっていく長連歌に発展していった。

短連歌は上の句の五七五と下の句の七七とを別人が詠む。院政期くらいまではこのスタイルだったのだが、藤末鎌初《とうまつけんしょ》（藤原末期・鎌倉初期）になってこれが鎖のようにつながって、五七五に七七、その七七に五七五が付き、七七、五七五というふうに連鎖していった。これが長連歌だ。長くつなげていくといっても、バラバラでは困るし、といってテーマを限定してはかたまりすぎる。そこで和歌の伝燈をいかして季節の変化を下敷きにしながら、ポエジーがしだいに移っていくようにした。イメージの「うつり」を詠みあうようにしたのだ。

連歌は一人が詠む歌ではない。一首を詠むのでもない。複数の連衆が次々に付合ながら、連なっていく。これを「膝送《ひざ》り」というのだが、それが歌仙《かせん》連歌なら三六句、花信《かしん》風《ふう》連歌なら二四句、正式の百韻連歌なら百句に及ぶ。世吉《よよし》といって四四句を詠むこともある。当然、繰り返しやイメージの固着もおこる。そこを季節の変化によるポエジーの連係でこえていく。

やがて連歌は「寄合《よりあい》の遊芸」として、一座建立されつつ広がっていった。ここにも長連歌がおもしろくなるための工夫があった。工夫を究めたリーダーもいた。公家の仲間では二条良基がリーダーとなった。貴族たちによる堂上《どうじよう》連歌だけでなく、民衆による地《じ》下《げ》連歌も愉《たの》しまれた。これをディレクションし、仕切っていったのは連歌師や宗匠である。とくに宗祇《そうぎ》のリーダー性が大きい。

宗祇は相国寺《しようこくじ》にいたのだが、三十歳ごろに連歌を志し、宗砌《そうぜい》、専順《せんじゆん》、心敬《しんけい》に学び、冒頭で案内したように東常縁《とうのつねより》に「古今伝授」をうけた。ついで良基が編纂《へんさん》した『菟玖波集《つくばしゆう》』に対して『新撰菟玖波集』を選集して、連歌のポエジーをすばらしく高めていった。

宗祇は連歌にも和歌同様の「長《たけ》高く有限にして有心《うしん》なる心」が漲《みなぎ》ることをめざし、それゆえの「のきてつづく」や「去嫌」などの式目を貫いた。そこには絶妙で多用な変化が求められた。とはいえ実際にはなかなかそこまでのポエジーは保てない。連衆の才能や感性もまちまちだ。放っておいたままでは勝手なものになる。実際にそんな連歌もかなり横行した。連歌の王道は連想だとはいえ、それではただの連想ゲームがはてしなく分岐していくだけになる。

そこで、和歌や漢詩がもっていた物名《もののな》や隠名《かくしな》といったヒドゥン・ディメンションのルールを連歌全貌に浮上させることにした。それが賦物《ふしもの》という方法である。「賦」とは「分かち配る」という意味だ。決められたさまざまな名や言い回しを分かち配って詠みこむのだが、これがけっこうアクロバティックになっていった。

二句一連ならば、たとえば前句に鳥の名が出てくれば、付句は魚の名をつかうというふうになる。この短連歌ふうの対応関係を、賦物連歌では長句（五七五）で鳥を詠み、短句（七七）で魚を詠みというふうにして、百韻すべてに交互に鳥と魚を分かち配って及ばせたのである。

定家の『明月記』にある一例を案内する。「花鳥《はなどり》の床に散りしくすすき哉《かな》」の前句に、「こがらしながら枯るる秋草」と付けた。床に散らばるススキに秋草の枯れた風情を付け合わせたわけであるが、よくよく見ていただきたい。ここには魚と鳥の賦物がある。ススキは濁点をつけない中世ではスズキとも読めて、鱸《すずき》なのである。付句のほうはといえば、ここには木枯《こがらし》のなかにコガラという鳥がいる！　こういうものを「賦《ふす》鳥魚連歌」

といった。まるで大喜利《おおぎり》だが、それを百韻にわたって連打する。そうなると大喜利ではすまない。西鶴のレベルになる。

どんな賦物が用意されてきたか、一端を紹介しておく。その技巧の曲芸におそらく茫《ぼう》然《ぜん》自失となること請け合いだ。

まず初級では賦名所連歌というものがある。たとえば「月にふるしぐれや風の音羽山」に対して「散らぬ紅葉に相坂《おうさか》の関」と応じた。相坂は蝉丸《せみまる》の逢坂の関だ。こういうふうに名所を次々に折り込んでいく。これはなんとかなるだろう。冠字《かむりじ》連歌もわかりやすい。たとえば「いをねぬや水のもなかの月の秋」に続いて「ろをおす舟の初雁の声」というふうにする。頭字で「い・ろ・は・に」を折り込んで詠んでいく。

有心無心の賦物連歌は有心と無心を何かにかこつけて詠む。ここでは、「有心」とは和歌の風尚《ふうしょう》をもつ句のことを、「無心」とは俳諧的でちょっと滑稽《こっけい》な趣向の句のことをさすと思ってもらえばよい。たとえば「えせ衣被《きぬかつ》ぎ猶ぞねり舞ふ」に「玉鬘《たまかつら》だれに心をかけつらん」というふうに応ずるわけだ。

やや中級になると、本歌取りをしつづける賦物連歌や黒と白を詠みこむ賦黒白連歌などがある。「乙女子が葛城山《かつらぎ》を春かけて」という前句に、「霞《かす》めどいまだ峰の白雪」というふうに付ける。葛城の黒に対して白雪の白を入れるという手順だ。ところがそれが賦五色連歌になると、だんだん怖くなる。次々に五色を連ねていく。こんな例がある。

風ぞ秋　松をばそむる露もなし（松→青）
　女郎花《おみなえし》ちる雨の夕暮れ（女郎花→黄）
子鹿なく末野の入り日山越へて（入り日→赤）
　いづるか月の影ぞほのめく（月→白）
空の色くらきは雲のおほふらん（くらき→黒）

こうなると五色をいつも頭に浮かべ、ほとんどアタマの中をカラーグラデーション状態にして詠む。しかもその他の連歌ルールはちゃんと生きているのだから、これはグラフィックデザイナーの色指定やCGの百万色指定のようなものだ。それを言葉でやりとげるのだ。しかし、この程度で驚くのはまだ早い。

畳字《じょうじ》連歌では漢語の熟語を詠みこんでいく。「真実の花とは見えず松の雪」に、「明春さこそつぼむ冬梅」というように、真実・明春といったふだんは和歌にも連歌にもつかわない漢語を入れる。そのためふだんから漢詩文と和歌文の両方をマスターしている必要がある。これはかなり教養がいる。

手紙文や散文ふうに連歌していくものもある。「催促かしての遅参の春の夢」に、すかさず「所存の外に梅や散るらん」と付けるのだ。催促・遅参・所存が手紙用語のフィルターだ。一座はこれで一挙に候《そうろう》の気分になっていく。こうしてついに技巧の極致があらわれる。賦回文連歌にまでゆきついた。たとえば、前句は「なかば咲く萩のその木は草葉かな」。読みくだすと「なかはさくはきのそのきはくさはかな」となっている。この回文歌を作るだけで大騒動だけれど、連衆はその前句の意味に共鳴しつつ、七七回文を作るのである。「菊の枝《え》も名は花萌えの茎」（きくのえもなははなもえのくき）というふうに！　ここには「萩」に「菊」という賦花連歌の寄合さえ生きていた。

超絶技巧ばかりをあげたかったわけではないのだが、賦物の縛りによって連歌が行くところまで行ったという話をしておきたかった。本書の著者の伊地知鐵男さんが賦物に詳しいということもあった。伊地知さんは宮内省図書寮《ずしょりょう》（のち宮内庁書陵部）から早稲田の先生になって、ひたすら中世連歌を研究した。汲古《きゅうこ》書院に著作集がある。

ともかくも、連歌は季節・色合い・歌枕・名物・本歌のみならず、あらゆる編集技法を駆使しての「座の文芸」だったのである。類似・比喩《ひゆ》・対照を用い、対立・付属・共振をゆらし、引用・強調・重用を散らせて、つねに連想を鍛えに鍛えぬく。編集技法に関心のある者は一度は覗いておくべき言語表現世界なのである。

なぜ連歌がこのようになってきたかといえば、そこが本書が最も重視しているところになるが、連歌は「唱和と問答」の韻文化であって、かつそのことを一座を組んで相互の参画状態にしていく遊芸であったからだった。その後、連歌に応じた連句が生まれ、芭蕉前後に連句から俳句ができあがり、狂歌や川柳が派生していった。いずれも「唱和と問答」(問・感・応・答・返のサイクル)を尊んだ。それらが子規や晶子や茂吉をへて今日の詩歌やポップソングやラップにつながったわけである。ゆめゆめ連歌、軽んじること勿《なか》れなのである。

第七三九夜　二〇〇三年三月二五日

参照千夜

一二一九夜：心敬『ささめごと・ひとりごと』　一七夜：堀田善衛『定家明月記私抄』　九夜：丸谷才一『新々百人一首』　九九一夜：松尾芭蕉『おくのほそ道』　四九九夜：正岡子規『墨汁一滴』　二〇夜：佐藤春夫『晶子曼陀羅』　二五九夜：斎藤茂吉『赤光』

連歌・連句から発句の自立へ。
西行・宗祇・雪舟・利休が芭蕉になっていく。

今泉準一

其角と芭蕉と

春秋社　一九九六

うすら氷《ひ》やわづかに咲ける芹《せり》の花

やっぱり其角《きかく》は特別だ。蕉門十哲《しょうもんじってつ》のなかで一番の破格だ。早くから絵師の英《はなぶさ》一蝶《いっちょう》らと吉原に遊び、好きに暮らし、愉快に詠んだ。蕉門仲間の俳諧集などはちゃんと編集するが、自分の句集は生前に一冊ものこさなかった。気《き》っ風《ぷ》がよく、面倒なことが嫌いだった。そういうところがときに他の門人からは疎まれた。芭蕉はそういう其角をほっておく。実はけっこう有為《うい》の奴だとおもしろがったにちがいない。

一蝶が時の柳沢吉保《よしやす》の権威主義に抵抗して洒落《しゃれ》っ気をだし、それがもとで三宅島に流されたときは、其角がやたらに心配してしょっちゅう魚河岸に行き、一蝶から包みが届いていないか兄さんがたに聞きまくった。包みをあけてクサヤがあると安心した。江戸にクサヤを送っているあいだは俺は元気だと思ってほしいと一蝶が其角に言っていたからだ。そういうところ、有為奴《ういやつ》なのだ。ぼくの父も、ぼくがちょっと辛抱なことを通すと「ほう、うい奴っちゃなあ」と言っていた。

帚木《ははきぎ》のゐぐいは是にやみの梅

洒落・洒脱というならダントツに其角が抜けている。ただ、その洒落ぐあいが昔から難しいと言われてきた。のちの評者には衒学《げんがく》ぶりに閉口した者も少なくない。

たとえばこの「帚木のゐぐいは是にやみの梅」の句は、『源氏』の「帚木」と狂言の『居杭《いぐい》』を知らないと何もわからない。そもそも「園原やふせやにおふる帚木のありとはみえてあはぬ君かな」が『源氏』の「帚木」の引歌になっていて、近づいてもよく見えない「もの」が帚木なのである。狂言の『居杭』は居杭という名の少年が主人のところを訪ねるたびに「よう来たな」と頭を叩かれるのが嫌で、主人が頭を叩きそうになると清水観音《きよみずかんのん》から授かった頭巾をさっとかぶって姿を見えなくさせるというもの、いま目の前の「闇の梅」もそのくらい妙な気配で美しくもおもしろい「もの」だという、そういう趣向の句なのである。

それでもこの程度はまだしも楽なほうの洒落で、こういう類《たぐ》いが軒並み並ぶのだから、困る者が出てくるのは当然だ。

さすがに酒井抱一《ほういつ》や山東京伝、幸田露伴や潁原退蔵《えばらたいぞう》、柴田宵曲《しょうきょく》や安東次男《つぐお》、また加藤郁乎《いくや》や飯島耕一は、そういう其角にこそ存分に遊んだ。飯島・加藤の『江戸俳諧にしひがし』（みすず書房）、飯島の『「虚栗《みなしぐり》」の時代』（みすず書房）、ごく最近の半藤一利の『其角俳句と江戸の春』（平凡社）が瑞々《みずみず》しい。

鎌倉や昔の角《かど》の蝸牛《かたつむり》

名句だ。なるほど鎌倉の昔の角こそ時空をのっそり飛べる奴が持っていそうだ。こういう句なら門人たちも兜《かぶと》を脱いだろう。

蕉門十哲は歳の順でいえば、杉山杉風《さんぷう》、向井去来《きょらい》、服部嵐雪《らんせつ》、森川許六《きょろく》、越智越人《おちえつじん》、宝井其角《たからいきかく》、内藤丈草《じょうそう》、志太野坡《しだやば》、各務支考《かがみしこう》、年齢不詳の立花北枝《たちばなほくし》というふうになる。杉風・越人・野坡・北枝の代わりに河合曾良《そら》、広瀬惟然《いぜん》、服部土芳《とほう》、天野桃隣《とうりん》らを入れることもある。

芭蕉が伊賀上野《いがうえの》に生まれたのは寛永《かんえい》二一年（一六四四）で、其角の生まれは寛文《かんぶん》元年（一六六一）だから、其角は芭蕉の十七歳年下になる。明暦《めいれき》の大火の四年あとに生まれて神田お玉が池あたり、堀江に育った。大火のあとゆえ江戸の町並がすっかり新しくなっていた。そういうさらっぴんの江戸に育って、其角は芭蕉が二九歳のときに江戸に下った翌々年ごろ、早くも弟子入りした。ということは十四、五歳だ。ほぼ同時期に嵐雪も入っている。

最初は螺舎《らしゃ》と名のって、まわりからは「田舎の句」と揶揄《やゆ》された。けれども怯《ひる》まない。「ねりまの農夫」「かさいの野人」などと句風を振り分けて門人を巻きこんだ。このふてぶてしさがのちに西鶴らとも肝胆相照《かんたんあいて》らして亙《わた》りあえる気質になった。

十五から酒をのみ出てけふの月

其角は十代に古典を筆写している。『本草綱目《ほんぞうこうもく》』の修治・主治・発明などの項目、『伊勢物語』『黄帝内経《こうていだいけい》』『易経《えききょう》』などを写した。漢方のバイブル『黄帝内経』を筆写したのは父が藩の漢方医だったからで、多少は医術を心得ようとしたのかもしれない。文字を記すことは好きだった。俳人はだいたい字がいいが、其角も能筆だ。

其角を教えたのは小さいころが寺子屋めいた大円寺の和尚たちで、その後は円覚寺の大顚《だいてん》和尚に学んだというのだが、まだそのへんの事情は詳らかになっていない。かなり利発な子だったろうことは想像できる。ただ其角はなにより酒が好きで、早くからぐびぐびやっていた。それが「十五から酒をのみ出てけふの月」だ。十代で芭蕉の門に入っていたのに、本気の酒呑みもめざしていた。こんな句がある。

初雪や十に成子《なるこ》の酒のかん
かたつぶり酒の肴に這はせけり
大酒に起きてものうき袷《あわせ》かな
さみだれや酒匂《さかわ》でくさる初茄子《なすび》
名月や居酒のまんと頬かむり
酒を妻　妻を妾《めかけ》の花見かな
足あぶる亭主にとへば新酒かな
梅寒く愛宕《あたご》の星の匂ひかな

最後の句は酒の句ではないが、前書に久松粛山亭にてとあるから、伊予《いよ》松山藩の粛山《しゆくざん》が江戸藩邸のある愛宕に来ていたときの句だ。一読、うっかりすると星の匂いなんてありっこないという気にさせられるが、そんなふうでは其角はたのしめない。のちに虚子がこの句は「星寒く愛宕の梅の匂ひかな」とでもなるところをひっくりかえして鬼面人《ひと》を驚かしたと評したように、これは星の夜にわずかに匂う梅の寒い香りを詠んだ。中村真一郎が言ったように、其角は元禄のシュルレアリストなのである。

　凩《こがらし》よ世に拾はれぬみなし栗

『虚栗《みなしぐり》』の跋文《ばつぶん》に芭蕉が「人の拾はぬ蝕栗《むしくいぐり》」と書き、其角が「凩よ世に拾はれぬみなし栗」とみごとに受けた。それでこの題になった。『虚栗』は其角が編集した蕉門最初の俳諧集である。天和《てんな》三年（一六八三）に刊行された。其角が全面的に芭蕉をうけとめて編集した。編集力はたいそうな腕っぷしで、解釈派の去来とはその趣向が異なっていた。他人の付合《つけあい》を捌《さば》く感覚が冴《さ》えていたのだろう。

芭蕉の付合は、その案配として「移《うつり》」「響《ひびき》」「匂《にほい》」を重んじ、その様子として「俤《おもかげ》」「位《くらい》」「景気《けいき》」を好んだ。其角はそれを味よく組み廻《まわ》した。継いだわけではない。蕉風を本気で継ぐには其角の才能は弾《はじ》けすぎていた。

それから七年後の元禄三年、芭蕉は『笈《おい》の小文』の冒頭に次のように書いた。「西行の和歌における、宗祇の連歌における、雪舟の絵における、利休が茶における、その貫道《かんどう》する物は一なり。しかも風雅におけるもの、造化にしたがひて四時《しいじ》を友とす。見る処花にあらずといふ事なし。おもふ所月にあらずといふ事なし。像《かたち》花にあらざる時は夷狄《いてき》にひとし。心花にあらざるときは鳥獣に類す。夷狄を出《いで》、鳥獣を離れて造化にしたがひ、造化にかへれとなり」。

芭蕉による花鳥風月のマニフェストであり、日本の心を代表させる名文だ。しかしこれは其角を戒めたものでもあった。それでも其角は師を敬いながらも自分の遊びに徹していった。

本書はその芭蕉と其角の微妙な呼応をとりあげた。著者の今泉準一は生涯を其角研究に注ぎ、一九八一年に大著『五元集の研究』(桜楓社)をまとめ、さらに前後三十余年をかけて石川八朗・鈴木勝忠・波平八郎・古相正美《ふるそうまさみ》らと待望の『宝井其角全集』全四巻(勉誠社)を仕上げた。まさに〝其角の鬼〟ともいうべき御仁だ。一千ページにおよぶ索引はハイパー其角のようだった。

その今泉準一が自在に芭蕉と其角を比較呼応させたのである。いささか頴原退蔵《えばらたいぞう》の目に引っ張られているものの、其角を芭蕉で語るには欠かせない。

ついでに言わずもがなのことを書いておくが、日本文芸史は万葉・古今・源氏から連歌・世阿弥・閑吟《かんぎん》集・十二段浄瑠璃をへて季吟《きぎん》・芭蕉のところで一区切りで、その弟子の其角からは江戸の戯作《げさく》の時代に向かった。二人のあいだには大きな折れ目が見えるのだ。それくらい『其角と芭蕉と』とは、象徴的なタイトルだった。

草の戸に我は蓼《たで》食ふほたる哉

　　あさがほに我は飯食ふおとこ哉

似たような句だが、あえて二句あげた。『虚栗』に収録された芭蕉と其角の句だ。これ、どちらが芭蕉でどちらが其角かわかるだろうか。前句が其角、後句が芭蕉だ。其角の句は、謡曲《鉄輪《かなわ》》に「我は貴船《きぶね》の河瀬の蛍火」とあるのを踏んでいる。夫に捨てられた女が嫉妬に狂って貴船明神に鬼とならんと呪詛《じゅそ》するのだが、陰陽師《おんみょうじ》の安倍晴明《あべのせいめい》に調伏されるという話だ。ぼくは観世寿夫《かんぜひさお》のシテと間狂言《あいきょうげん》で痺《しび》れたものだった。

その《鉄輪》は『後拾遺集』に載っている和泉式部の「男に忘られて侍りける頃、貴船に参りて御手洗川《みたらしがわ》に蛍の飛び侍りけるを見て詠める」とあって、「物思へば沢の蛍もわが身よりあくがれ出づる魂《たま》かとぞ見る」と歌った光景を引いている。

其角はこれらを背景に、そこに「蓼くふ虫も好きずき」を掛けて、草の戸のような適当な家で俳諧を好んでいるけれど、ひょっとすると鉄輪につながる蛍かもしれねえよと詠んだわけだ。こうした其角に対して、芭蕉はあえてストレートに「飯食ふおとこ」と詠んで、俳諧で飯を食うことを悪びれないことを示した。

こういう危なっかしい師弟のやりとりは門人はみんな知っていたのだろう。元禄三年九月に曾良が芭蕉に宛てて「『ひさご集』の事、かねて承り及び候。其角などは心に入り申さざる様に承り候」と書いている。曾良は其角の反応を心配していたのだ。ところが芭蕉はちっとも心配しない。自分は「閑寂」を好むけれど、其角は「伊達《だて》」でいいではないか、そんな見方なのだ。

胸中の兵出《つわものいで》よ千々の月

『五元集』に載る一句。張良《ちょうりょう》図という前書があるので、其角が張良のように自分の俳諧を見ていたことがわかる。張良は漢の劉邦《りゅうほう》の家臣で、臨機応変・千変万化の兵法に長じていた。能にも《張良》がある。

其角は能にもかなり通じていた。なかでも《張良》には感服したようだ。このことについては、其角の編著である『末若葉《うら》』の序にも「句は張良が胸中の兵のごとし」とあるので、よほどなのである。ようするに芭蕉の懐の中で張良のごとく自在に詠んでいきたい。さしずめ芭蕉が劉邦なんですよと、そういうことだ。それが「胸中の兵」「千々の月」という言い方になった。月だっていろいろ出ればいい。

鯛は花は江戸に生まれてけふの月

其角はよほどの江戸っ子だった。「鐘ひとつ売れぬ日はなし江戸の春」が人口に膾炙《かいしゃ》されているように、何かにつけて江戸を詠んだ。なかでも近所の魚河岸《うおがし》が好きだった。だからイキのいい鯛とはのべつ出会っている。その花のような鯛は「江戸に生まれてけふの月」まで自慢になっている。鯛だけではない。海苔《のり》も江戸に尽きる。「ゆく水や何にとどまる海苔の味」という山本山の宣伝のような句もある。

とりわけ庄司甚右衛門《じんえもん》の吉原はべらぼうだ。格子三味線の清掻《すががき》を聞くだけで浮世になれる。「闇の夜は吉原ばかり月夜哉」がいい。高木蒼梧《そうご》（譲）の『其角俳句新釈』には明暦三年から吉原の夜の営業が許されたとあって、仲の町の夜が殷賑《いんしん》をきわめた。さらに延宝《えんぽう》天和期になると散茶《さんちゃ》の女郎たちが夜見世を張ったので、其角はじっとしていられない。たんに女と遊びたいのではない。その場の粋《いき》や通や伊達と交わりたかった。散茶のひとつ中卍字屋の玉菊の唄い方がうまかったという河東節《かとうぶし》など、其角にはたまらなかったのである。

　夕立や田を見めぐりの神ならば

これも『五元集』に載っていた句で、当時からけっこうな評判になった。前書に「牛島三囲《みめぐり》の神前にて雨乞するものにかはりて」とあって、三囲神社の雨乞神事にまつわる句であることがわかる。三囲の神なら夕立くらい降らせなさい、じゃなきゃ粋じゃありませんぜというのだ。

三囲稲荷は江戸の名所のひとつで、その後の浮世絵にのべつ描かれた。けれども元禄初期はまだまわりに田圃《たんぼ》ばかりが広がっていて、農民たちが雨を乞うた。江戸がからからに乾いていたから（だから火事が多かったのだが）、しばしば雨乞いがされたのだ。三囲もそのひとつ。それが其角のこの句も手伝って名所になっていった。それというのも、其角がこの句を詠んだ翌日、なんと雨が降ったのである。評判が立ったのは秀句だというのではなく、一句に応じて雨が降ったからだった。

が、この句はやはりうまい。おまけに折句《おりく》にもなっている。上五の「ゆ」、中七の「た」、下五で「か」が折り込まれて「ゆたか」な気分が夕立のあとにゆっくりと浮かび上がる。

立馬《たつうま》の曰《いわく》は猿の華心《はなごころ》

情欲がなかなか収まらないことを故事に「意馬心猿《いばしんえん》」という。馬が走りまわり猿が騒ぎたてるのは制しがたいので、こう言う。

この句は其角ならではの超絶技法を見せつけている。「意馬心猿」という熟語をそのまま五七五にしてしまった判じもののようなところがある。「立」「曰」「心」はこれをそのまま上から順に綴ると「意」という一文字になる。そこでその一文字の「意」を逆に分解して五七五に当てた。そのうえで浮気心を「華心」というふうに見立てて、下五に洒落て結んだ。

この手の技法は和歌でも昔から「隠題《かくしだい》」と言われるもので、連歌師にはこういうことがそうとう得意な連中がいた。頓阿の『井蛙抄《せいあしょう》』はぼくの愛読書のひとつだが、そこからも隠題の歌学が飛び散ってくる。漢字の成り立ち、文字配り、故事成句の由来、神仏行事の由緒などに詳しく、それをちょっと洒落てみせるのだ。まるでアートディレクターだ。それが俳諧師となって、さらに極まった。ただ俳諧では隠題とは言わずに、もう少しかっこよく「立ち入れ」(裁ち入れ)とも「詠み込み」とも言った。

乾ヤ　兌　坎　震　離ス　艮　坤　巽

其角の言葉遊びや文字遊びは思いついたように起爆する。入念なのではない。だから出来上がった句はぶっとんでいる。この句、いったいどう読むのか、わかるだろうか。「乾ヤ兌坎震離ス艮坤巽」で、なんと「空や秋　水ゆり離す　山おろし」というふうに読む。これで俳句なのだが、とても読めない。

「乾・兌・離・震・巽・坎・艮・坤」は「けん・だ・り・しん・そん・かん・ごん・こ

ん」で、易の八卦《はっけ》そのものである。それを其角はそのまま五七五にしてしまった。けれどもそうだとわかっても読めはしない。どう読めばいいのか。判じもののようにアクロバティックに読む。

易では「乾」は天である、そこで「空」と読ませる。まあ、いいだろう。「兌」は『易経』説卦伝《せっかでん》に「兌ハ正秋ナリ」とある。易を知っていれば、これもなんとか思いつく。そこで「秋」と読む。これで「乾ヤ兌」が「空や秋」になる。「坎」は水をあらわす。「震離」はむりやりだが、「ゆり離す」だ。ここまでで「空や秋　水ゆり離す」というふうになる。問題は「艮坤巽」を「山おろし」と読ませようというのだが、「艮」はなんとか山だと見当がつくとして、「坤巽」が読めない。其角は、坤が地で巽は風なんだから「山おろし」に決まっているだろうというのだ。

ま、誰も読めない句なのである。では、これは？　「けさたんとのめや菖《あやめ》の富田酒《とんださけ》」。富田酒は当時知られていた大坂の銘酒のこと。菖とあるのは菖蒲《しょうぶ》の節句のことに因《ちな》んでいて、江戸時代では端午の節句に菖蒲の根や葉を刻んだ酒をふるまうという習慣があった。それで今朝はその日なので誰に憚《はばか》ることもなく富田の酒が呑めるという、其角らしい酒好きの句になっているわけだ。

が、実はこれは回文（回句）なのだ。下から読んでも「けさたんとのめやあやめのとんださけ」というふうになる。

年の瀬や水の流れと人の身は明日待たるるその宝船

忠臣蔵に「両国橋の別れ」という名場面がある。明日は討入りという日の夕方、赤穂《あこう》浪士の大高源吾《おおたかげんご》は煤《すす》払いのための竹売りに身をやつして、両国橋にさしかかったところ、向こうから歩いてくる其角に出会う。源吾は子葉《しよう》という俳号を貰《もら》ったほどの俳諧好きで、其角は師匠格にあたる。

其角は源吾のみすぼらしい恰好《かっこう》を見て、その落ちぶれようを気の毒に思い、自分の羽織を着ていけという。源吾は西国で就職が決まったからご心配なくと言う。二人はしばし隅田川の流れを見ながら、いっときの付句をする。其角が「年の瀬や水の流れと人の身は」と詠むと、源吾は「明日待たるるその宝船」と結ぶのである。

其角はこの意味がわからぬまま、その足で訪れた土屋主税《ちから》の屋敷に行ってこの話をすると、土屋はふとひらめいてこの付句の謎を解く。土屋屋敷は吉良《きら》邸の隣りだったのである。御存知、赤穂浪士の計画に喝采をおくる一場面だが、もとは森田座初演の『松浦《まつら》の太鼓』にもとづいている。風流大名の松浦鎮信《しげのぶ》を題材にした演目で、太鼓というのは山鹿流《やまがりゅう》の陣太鼓のことをいう。松浦侯は兵法にも通じ、大石内蔵助《くらのすけ》とも昵懇《じっこん》だった。一方、松浦侯は藩邸に其角を招いて句会をするほどだった。この藩邸には源吾の妹が奉公に上がってもいた。

だから其角は察すれば大高源吾の「明日待たるるその宝船」の意味はわかったはずなのだが、芝居では其角を世事に疎い俳諧宗匠にした。けれども世間は、この松浦の両国橋の段で其角ファンになったのである。ちなみにわが家は父母が大の忠臣蔵ファンだったので、何かにつけて「明日待たるるその宝船」の話が差し出されたものだった。

花水にうつしかへたる茂り哉

こういう句も詠める。いや、似たような句をずいぶん詠んでいる。「秋の空尾上《おのえ》の杉をはなれたり」とか、「夕がほや白きにわとり垣根より」とか、「藻の花や金魚にかかる伊予簾《いよすだれ》」とか。いずれも「うつり」を巧みに詠んでみせた。「秋の空尾上の杉をはなれたり」はのちの現代俳句にも影響をもたらした。

上に掲げた「花水」の発句は『猿蓑』にある。『猿蓑』は芭蕉が「初しぐれ猿も小蓑《こみの》をほしげ也」と発句して、これに其角が「あれ聞けと時雨《しぐれ》くる夜の鐘の声」と応じて始まった名句集である。とくに巻之二は其角の「有明の面《おもて》おこすやほととぎす」に始まって、全員が時鳥《ほととぎす》を詠んだ。

有明の面おこすやほとゝぎす（其角）
夏がすみ曇行《ゆく》ゑや時鳥（木節）
野を横に馬引きむけよほとゝぎす（芭蕉）
時鳥けふにかぎりて誰もなし（尚白）
ほとゝぎす何もなき野の門がまえ（凡兆）
ひる迄はさのみいそがず時鳥（智月）
ほとゝぎすなくや木の間の角櫓《すみやぐら》（史邦）
入相《いりあい》のひびきの中やほとゝぎす（羽紅）
ほとゝぎす滝よりかみのわたりかな（丈草）
心なき代官殿やほとゝぎす（去来）
こひ死なばわが塚で鳴けほとゝぎす（遊女奥州）

『猿蓑』の最初は其角が三一歳のときで、芭蕉が落柿舎《らくししゃ》に入った元禄四年前後のことである。去来と凡兆《ぼんちょう》がめずらしく其角に序文を頼んだ。

こうした芭蕉と其角のあいだのやりとりは、いろいろのこっている。「古池や」の句を其角が「山吹や」と提案したのを芭蕉が「古池や」にしたのはことに有名だが、それよりも四六歳の芭蕉が「奥の細道」に旅立ったあと、旅先に二九歳の其角が「さみだれや君がこころのかくれ笠」と送ったのが、ぼくには香ばしい。其角は芭蕉が元禄七年十月十二日に亡くなる前夜にも駆けつけた。「胸さはぎ」がしたと書いている。
その其角は宝永《ほうえい》四年（一七〇七）に四七歳で死んだ。芭蕉は五一歳で「夢は枯野をかけめぐる」だったが、其角も壮年で死んだ。約三〇〇年前の二月三十日だった。枕頭《ちんとう》に『五元集』があったという。

第一五七三夜　二〇一五年二月二四日

参照千夜

九九一夜：松尾芭蕉『おくのほそ道』　一五六九〜七一夜：紫式部『源氏物語』　一五九七夜：高浜虚子『虚子五句集』　九八三夜：幸田露伴『連環記』　三五夜：加藤郁乎『日本は俳句の国か』　六一八夜：西鶴『好色一代男』　一一二九夜：中村真一郎『木村蒹葭堂のサロン』　一三〇六夜：観世寿夫『世阿弥を読む』　二八五夜：『和泉式部日記』　一一八夜：世阿弥『風姿花伝』

幕末の伊那谷《いなだに》で、たった一人で芭蕉になっていった男。

江宮隆之

井上井月伝説

河出書房新社　二〇〇一

世の塵を降りかくしけり今朝の雪

芥川龍之介の担当医に下島勲《いさお》がいた。信州伊那谷の出身で上京して田端《たばた》に開業した。芥川は『田端人～わが交遊録』をこの下島の紹介から始めている。「下島先生はお医者なり。僕の一家は常に先生の御厄介になる。又空谷山人と号し、乞食《こつじき》俳人井月《せいげつ》の句を集めたる井月句集の編者なり」と。本書は、その下島が句集を編んだ井上井月についての伝説をまとめたもので、妙に温かい。

井月をしばしば放浪俳人というが、どうもこれはあたらない。もともとは武士だったし、旅はよくしているけれど、放浪はしていない。ただいっさいの栄達を捨て、赤貧を厭《いと》わず、侘び住まいに近い日々を伊那谷に送った。自任するところは芭蕉に近く、時代的には良寛に並べて議論したほうがいい。仮に放浪俳人だとしても、よく並び称される山頭火《さんとうか》や放哉《ほうさい》ほどに知られていないのは研究書も一般書も少ないからにすぎず、その俳句を知ればむしろ山頭火や放哉を凌《しの》ぐ深みのある句風に驚かされるにちがいない。

たしかに魂は放浪者である。けれども句風は正統の蕉風だ。実際にも芭蕉を慕った。蕪村についで芭蕉を〝再発見〟した。だから写生が効いている。よく凝視し、よく耳をそばだてている。こんな句である。

染め急ぐ小紋返しや飛ぶ小蝶
のぼり立つ家からつづく緑かな
若鮎や背すじゆるさぬ身のひねり
およびなき星の光りや天の川
折ふしは人にもかざす日傘かな
鶏頭やおのれひとりの秋ならず
霧晴れや実りを急ぐ風の冷え

そうとうに、うまい。「のぼり立つ家からつづく緑かな」とか、「霧晴れや実りを急ぐ風の冷え」とか。鮮やかでもある。「染め急ぐ小紋返しや飛ぶ小蝶」とか、「若鮎や背すじゆるさぬ身のひねり」とか。芥川が惚れたというのもよくわかる。

井上井月は文政五年(一八二二)に越後高田藩に生まれた。七歳で養子に出されて長岡藩に移った。良寛と時代も生まれも近いが、良寛は井月が十歳のときに死んでいる。十八歳で江戸に出る。昌平黌《しょうへいこう》に入って首席、さらに古賀茶渓《さけい》の塾に学んだ。ここまではどこが放浪俳人なのかとおもうが、やがて芭蕉を知ってから少しずつ変わっていく。そこへ弘化四年(一八四七)に上信越に大地震がおきて妻と娘と叔父叔母を一挙に失った。知らせとともに江戸に土くれ二塊が届けられる。娘に買い与えた土雛《つちびな》だった。井月は慟《どう》哭《こく》し、このときに武士を捨てた。俳諧にのめりこむのはこの直後からである。

桜井梅室《ばいしつ》の門に入った。同じ長岡から前後して江戸に出てきていた後輩の河井継之助《つぐのすけ》は井月の武士としての将来を惜しんだが、井月の意志は固い。継之助はその後は山田方《ほう》谷《こく》に学んで異例の出世をとげた。方谷は今日の日本が読むべき陽明学を抱いた。その後の井月はひたすら芭蕉に憧れた。とりわけ『七部集』を偏愛し、かつての蕪村がそうであったように『野ざらし紀行』に没入していった。「野ざらしを心に風のしむ身かな」。

井月は旅に出ることにする。京都に移っていた梅室を訪ねたが、あいにく梅室は死んでいた。そこで芭蕉を追って奥の細道を逆に辿《たど》ることにした。最初は芭蕉が生まれた伊賀である。それから日本海に向かっていった。ついで『更科《さらしな》紀行』の足跡を辿る。そして、その行く先々で芭蕉の句に合わせた句を詠んでみる。こんな合わせ技だ。

象潟《きさがた》や雨に西施《せいし》が合歓《ねぶ》の花（芭蕉）
　象潟の雨なはらしそ合歓の花（井月）
俤《おもかげ》や姥《おば》ひとり泣く月の友（芭蕉）
　山姥《やまうば》も打つか月夜の遠きぬた（井月）
不性《ぶしよう》さやかき起こされし春の雨（芭蕉）
　転寝《ごろね》した腕のしびれや春の雨（井月）
けふばかり人も年よれ初時雨（芭蕉）
　今日ばかり花も時雨れよ西行忌（井月）

俳号の井月とは井戸に映る月という意味だが、また四角い月でもある。井月がみずから矛盾と葛藤を背負う気になったことをよく象徴している。

結局、井月は信州の伊那谷に入って、ここが気にいる。伊那谷は井月を温かく迎えたようだ。井月にはこの村の人々は福寿草のように見えた。幕末が近づいて、その伊那谷にも尊王攘夷《じょうい》の足音が聞こえてきた。ちょうど『夜明け前』の前半の時代に重なっているが、井月は青山半蔵とはちがってひたすら俳諧と、そして堪能な書にあけくれた。書は名人級である。これは想像だが、おそらく剣の心得もあったかと思う。それでも生き方はあくまで春風に身を任せ、秋雨に心を委ねるところに徹した。その気分は句によくあらわれている。

菜の花のこみちを行くや旅役者
山雀《やまがら》や愚《おろか》は人に多かりき
山笑ふ日や放れ家の小酒盛
葉桜となっても山の名所かな

時代は明治に入る。時代の価値観の転倒は井月を動揺させてはいない。よし女という女に惚れた。伊那谷に芭蕉庵をつくろうとした。そうした井月の執着に共感したのが医者の下島勲なのである。芥川に井月を教えた医者だ。下島は井月の句集も編んだ。いま、井上井月を読むということは、時代錯誤を怖れないということだ。すぐれた歴史作家である本書の著者の江宮《えみや》隆之も、そこに徹していた。奥州藤原氏の祖（藤原経清《つねきよ》）を書いた『経清記』（新人物往来社）もそうだった。芥川が、幕末維新を「伊那の芭蕉」に没入した井月に惹かれたこと、よくよく納得できることである。「松よりも杉に影ある冬の月」。

第四五四夜　二〇〇二年一月十日

［追記］田中泯《みん》が井月に扮《ふん》した映画がある（《ほかいびと―伊那の井月》二〇一一年）。歴史ドキュメンタリーふうで、北村皆雄が監督をした。孤高の井月が「俳諧をどり」になっていた。いま田中は山梨で農事もしているのだが、実は江宮は巨摩《こま》郡増富《ますとみ》の生まれで、山梨日日新聞の編成局長だったのである。

参照千夜

九三一夜：芥川龍之介『侏儒の言葉』　七六七夜：『一茶俳句集』　一〇〇〇夜：『良寛全集』　三三〇夜：『山頭火句集』　九九一夜：松尾芭蕉『おくのほそ道』　八五〇夜：『蕪村全句集』　一九六夜：島崎藤村『夜明け前』

2012年に公開された映画《ほかいびと 伊那の井月》（監督・北村皆雄）で、盟友田中泯が井上井月を演じた。長野の伊那谷の美しい自然を背景に、放浪し、ときに踊る泯＝井月の姿に、日本古来の「ほかいびと」の姿が重なる。

第三章　近代との遭遇

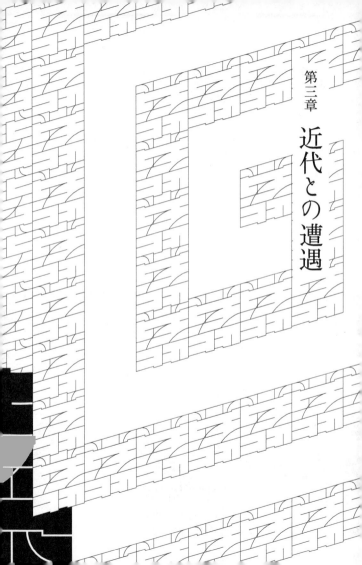

磯田光一『鹿鳴館の系譜』
尾崎紅葉『金色夜叉』
正岡子規『墨汁一滴』
夏目漱石『草枕』
豊福健二『風呂で読む漱石の漢詩』
森鷗外『阿部一族』
森茉莉『父の帽子』
幸田露伴『連環記』
小林勇『蝸牛庵訪問記』
會津八一『渾齋隨筆』
斎藤茂吉『赤光』
堀口大學『月下の一群』
島崎藤村『夜明け前』

文明開化のモダニズムは滑稽なのか。
明治文学は何をめざしたのか。

磯田光一

鹿鳴館の系譜

近代日本文芸史誌

文藝春秋　一九八三／講談社文芸文庫　一九九一

明治十六年十一月二八日に鹿鳴館《ろくめいかん》は麴町区内山下町《こうじまちくうちやましたちょう》に開館した。いま日比谷の帝国ホテルがあるところより少し南側にあたる。プロデューサーは井上馨《かおる》、設計はジョサイア・コンドル、総工事費が約一八万円。すぐに洋装舞踏会が開かれた。ピエール・ロティは「東京のど真ん中で催された最初のヨーロッパ式舞踏会は、まったくの猿真似だった」とからかった。

しかしこれが文明開化のひとつのショーイングの成果なのである。それとともにこれが日本の翻訳文化の確立であり、タテの文化が完全にヨコになった瞬間であり、江戸とは無縁の文学の誕生であって、初の日本モダニズムの樹立だった。磯田光一は鹿鳴館がいかに猿真似であれそのことをあえて積極的に認めないかぎり、日本の「近代」の意味など見えてこないと考えた。

本書の第一章は「三人の鹿鳴館演出者」というふうになっている。三人とは聖徳太子・伊藤博文・吉田茂のことだ。聖徳太子は斑鳩《いかるが》に若草伽藍《がらん》という鹿鳴館をつくった。そこで冠位十二階というハイカラで多彩な色彩を豪族たちが身に着けることを奨励した。それから一二八〇年後、井上馨は冠位十二階を鹿鳴館のパーティにあてがい、伊藤博文は憲法十七条を元田《もとだ》永孚《ながざね》の国会開設意見書にしてみせた。吉田茂はどうしたか。一九五一年九月四日にパンアメリカン機で臨んだサンフランシスコの講和会議とその後のパーティが鹿鳴館だったのである。日本はときに鹿鳴館を必要とする国なのだ。

これが本書を貫く基本姿勢である。本書の数年前、磯田は『思想としての東京』(国文社→講談社文芸文庫)および『永井荷風』(講談社文芸文庫)によって、明治日本のモダニズムの原点をさぐろうとしていたのだが、その原点にひそむ謎の解明は本書に任された。

磯田は一九六〇年代の大学紛争に愚直なほどに真摯にかかわって、中央大学をやめていった文学者である。吉本隆明はそうした磯田のことをいささか皮肉と敬愛をこめて〝モダンな隠棲者〟と揶揄していた。

たしかに磯田の文芸的隠棲ぶりには徹底したところがあった。三島由紀夫の死後、知人に自分はこれから三島の喪に服するという通告を出したりするような律義なところ、ようするに何かを一筋だけ通すようなところがあった。

磯田は、三島を扱った『殉教の美学』（冬樹社）によって文芸評論家としてのスタートを切った。本書はそうした磯田の晩年の隠棲的金字塔にあたっている。明治という時代が近代をどこで獲得したかという概念工事上の原点ともいうべき一筋が「日本史のなかの鹿鳴館」として丹念に探られた。

本書には明治文化を「概念の出来事」として読むというおもしろみがある。それは、平川祐弘《すけひろ》の『和魂洋才の系譜』（河出書房新社→平凡社ライブラリー）や江藤淳の大著『漱石とその時代』（新潮選書）が明治的人物の文脈を読ませたのに対して、また前田愛の『都市空間のなかの文学』（筑摩書房）が明治的都市の文脈を読ませたのに対して、「モダン」という概念の文脈を読む試みだった。

本書は一方で、日本のモダニズムの発生の仕方について議論しようとする者たちのための、語り口のプロトタイプをつくりだした。このプロトタイプを、磯田がどのような議論によって肉付けしたかというのが本書を読むフォークとナイフの使い方になる。切り口は、江戸晩期の「文学」がそもそもは「洋学」に対抗するもので、かつリベラルアーツの意味をもっていたにもかかわらず、やがて文学はたんなる文芸作品の羅列の意味に変わっていったという問いから始まっている。たしかに『日本開化小史』の田口卯吉《うきち》のあたりまで「文学とは人の心の顕像なり」であったのである。ところが、いつのまにか文学は文芸意匠の代名詞になってしまった。これはなぜなのかというのが、磯田の問いである。

この問いに答えるにあたって、磯田は鹿鳴館だけではなく、小学唱歌の成立の経緯や湯島天神や丸善の設立と人気の背景を追い、それらが漱石山房の内外に及ぼした影響と無縁ではなかったと述べた。

明治とは、文学を「心の顕像」から「モダンの意匠」に変えていった時代だ。磯田はなにもかもがモダン文芸ふうになっていったと見た。それが明治の味だ。ときに円卓による牛鍋に、ときに美人画を入れた紙巻煙草「ヒーロー」に、ときには狩野芳崖《かのうほうがい》のマリア風の《悲母観音》というふうに。たとえば小学唱歌、たとえば鹿鳴館、たとえば丸善、たとえば東京外国語学校、たとえば漱石山房である。

これらは「文学」が「明治文芸」というシャレた意匠に変わっていったことに見られるように、たんに外国の意匠を借りた日本というものではなく、あえて近代日本が進んで選んだモダンの意匠だったのである。

長いあいだにわたって、われわれはこのことを「肯定した近代」として解釈するのを嫌っていた。その理由はいうまでもない。戦後民主主義にとっては、日清日露の両戦争を犯し、韓国併合を企てた日本の近代は唾棄すべきものだったのである。

けれども磯田は、そこを時代を呼吸した代表的な人間の表象の内側から突破しようとした。選ばれた食材が「明星」と漱石と『田園の憂鬱』と萩原恭次郎だ。このあたりの語り口はいまではそんなに新しいものではないが、当時は舌鼓を打たせた。

一言でいえば、明治は「立」と「青」の時代だった。「立志・立身・立国・立憲」を「青年・青雲・青軺・青春」が引き受けようとした。いわば「青立」が明治であった。それを準備した江藤新平・岩倉具視《ともみ》・大久保利通・森有礼《ありのり》が次々に倒れていって、その死骸の上に「青立」が咲いた。だからその意匠には、鹿鳴館がそうだったように、体の線を隠すペチコートやパーティドレスやフロックコートがふわりとまとわれていた。

磯田はそれをひとつひとつ脱がし、新たな皿に盛るための料理人になることを買って出た。買って出た以上は、それをおいしくしたい。素材に文句をつけるばかりではしょうがない。

本書は次の文章でおわっている。「つぎつぎに日本に訪れてきた外来文化とその影響を、軽薄と呼ぶのは容易であるが、小林秀雄に倣って近代日本の文化を〝翻訳文化〟としてとらえ、われわれの喜怒哀楽さえその中にしかなかったことに想いをいたすとき、翻訳文化も抜きさしならぬ歴史を形成してきたことに、われわれは気づくであろう。古代文化の形成さえ、翻訳文化にもとづくものであった」というふうに。

小林秀雄を引くことはなかったろうものの、そのように書きたい心境はよくわかる。ここには本書が磯田の甘美な幻想でおわってしまったことを、はからずも告げてしまってもいる。ほんとうは、磯田は次のように書くべきだった。「明治のモダニズム以上のことを、その後はいったい誰がしてみせたのか」というふうに。

第一三一夜　二〇〇〇年九月十八日

参照千夜

八九夜：吉本隆明『芸術的抵抗と挫折』　一〇二二夜：三島由紀夫『絹と明察』　六八六夜：平川祐弘『和魂洋才の系譜』　二一四夜：江藤淳『犬と私』　一二八二夜：前田愛『近代読者の成立』　六六九夜：樋口覚『三絃の誘惑』　五八三夜：夏目漱石『草枕』　九九二夜：小林秀雄『本居宣長』

鹿鳴館から紅葉館へ。西鶴から露伴・紅葉へ。文豪たちは「近代」を組み伏せられるのか。

尾崎紅葉

金色夜叉

岩波文庫　全二巻　一九三九・二〇〇三　／　新潮文庫　一九六九

この土日は熱海にいた。わが未詳倶楽部である。小雨がさあっと時雨《しぐ》れるなか、総勢四〇名で宿の庭筋に深い渓流が通っている「かじか荘」に泊まり、ゲストに森村泰昌を迎えた。会員が民芸調の和楽亭に入っていくと、森村作のトゥーランドットな大タペストリーがライトに光り輝いて迎える趣向にした。

宿はすべてが離れ造りで、部屋のひとつひとつが緑色や紅色や紺色の色違いの土壁になっていて、それぞれ異なった床の間や炉が切ってある。〝芸術家M〟の変身ポートレートをひとつひとつ違えた額入りで、床の間に掛け軸のように飾っておいた。モノクロームの写真なのに、これが和楽な室礼《しつらい》にはメイプルソープめいてぴったりして、美術館というものはこのようになるべきだと思わせた。

体調は風邪が抜け切らず咳をこらえるのがちょっと大変だったのだが、会員は女たちの着物が目も綾《あや》に映え、男たちはウェスタンハットも毛皮帽もソフトもありで、ぼくはすっかり喜んでだんだん調子に乗ってきた。そこへ森村の夜陰におよぶフィルムショーに酔い、翌日は会員がチームに分かれて「名画になる」という見立てを遊び、これが予想をこえての大喜利だったので、熱海の戦後最初のカフェである「なぎさカフェ」では、ぼくはついつい柳田國男《やなぎたくにお》から宮田登の〝一夜官女〟の話をへてロラン・バルトに及ぶ「本物もどきの快楽」の謎を解くという喫茶講義に熱が入ったりして、我ながらおおいに愉快な未詳倶楽部となった。

題して「金色変成観光《こんじきへんじょう》」と名付けた。金色はむろん熱海の貫一お宮と森村世界を引っかけた。変成は「へんじょう」で、中世日本で何か異様なものが出現するので何事かと思っていると、それは神仏の成り変じた姿であったという、あの変成のこと。で、今夜の千夜千冊は、その熱海の『金色夜叉《こんじきやしゃ》』である。

紅葉尾崎徳太郎が『金色夜叉』を読売新聞に連載したのは明治三十年の元日からだった。前年、樋口一葉が急逝して『大つごもり』が残響していた。その年明け、紅葉は連載を二月いっぱいで中断した。三一歳のときだ。翌年元日から連載を再開して四月まで続けたところが評判がよすぎて、やめられない。翌年元日から連載を再開して四月まで続けたところ、すぐに市村座で舞台化された。このとき貫一お宮の熱海の場面がかなりの話題になった。それでも読者の熱狂は収まらず、ある重病に罹《かか》った令嬢などは自分の命はこのままもちそうもないけれど、お宮（鴫沢宮《しぎさわ》）の運命のほうが気がかりで、自分が死んだらお花や線香を手向けてもらうなんぞより、『金色夜叉』の連載の新聞を日々墓前に供えてほしいと言ったほどだった。

いま、これほど読者の心を動かす文学も大衆文芸もない。マンガやアニメがその代わりをしているかのようであるけれど、こちらには年長者は見向かない。

こうして紅葉は明治三二年、連載を再々開するのだが、今度は自分の体調が思わしくなく、ときどき中断、二年後に連載の再々再開に挑むものの病魔に耐えられず、そのまま三五歳で死んでしまうのである。胃癌だった。何かの折々に、ぼくは紅葉が三五歳で夭折《ようせつ》したことを語ることがあるのだが、「えっ、そんなに若くして死んだんでしたっけ」という反応だ。多くの人は尾崎紅葉と夭折が結びつかなかった。『金色夜叉』は未完であって、かつ紅葉の遺作となった作品なのである。

いったい『金色夜叉』とは何だったのか。紅葉畢生《ひっせい》の大実験だった。紅葉は前年に『多情多恨』を言文一致体で書いた。当時の文学としてはそこそこの大実験だったのだが、けっこう苦しんだ。そこを脱出するにはどうするか。あえて卑俗な設定を試みて、これを若いころから磨き上げてきた華麗な擬古文体で織り成すことにした。

小西甚一の言う「俗」に「雅」で切り込んでいくという手法だ。綴《つづ》れ錦《にしき》の文体で彫りこみ、綴れ錦の文体で縫いこむのだから、たった一行でも手を抜けば、たちまち物語は卑俗なものになる。きわどい勝負だった。けれども紅葉は、そこに賭けた。冒頭、すでにこう始まっている。「未だ宵ながら松立てる門は一様に鎖籠《さしこ》めて、真直《ますぐ》に長く東より西に横《よこた》はれる大道は掃きけるやうに物の影を留めず、いと寂しくも往来《ゆきき》の絶えたるに、例ならず繁き車輪《くるま》の輾《きしり》は、或《ある》は忙《せわ》しかりし……」。

紅葉は十九歳で東京大学予備門にいたとき、すでに一九、三馬《さんば》、京伝に通じていた。同級生に美男の川上眉山《びざん》、度の強い眼鏡の石橋思案《しあん》が、一級下に紅葉の幼なじみの山田美妙《びみょう》、野球と器械体操派の漱石、何かにつけて俳句にしたがる子規がいた。

一番の交際上手が紅葉で、人好きがしてみんなから慕われていた。紅葉は一九や三馬仕込みの『江嶋土産滑稽貝屏風《えのしまみやげこっけいかいびょうぶ》』や『修紫怒気鉢巻《にせむらさきいかりのはちまき》』などを得意がって書く。そこへ坪内逍遥の『当世書生気質《とうせいしょせいかたぎ》』が出た。なかなかシャレていた。全員が刺激をうけた。紅葉と思案は発奮して仲間の文章を集め、半紙半切《はんせつ》三二葉の回覧雑誌「我楽多《がらくた》文庫」をつくった。文学結社の硯友社《けんゆうしゃ》のスタートである。美妙・思案・丸岡九華《きゅうか》らが紅葉を囲んだ。もともと広がりのあった紅葉の交流範囲がまた広がった。

広がっただけでなく、深くもなった。とくに紅葉が影響をうけたのが江戸文芸に造詣の深かった淡島寒月《あわしまかんげつ》で（この人物こそ明治文学の鍵を握るキーパーソンだが）、紅葉は寒月に言われて初めて西鶴を読んだ。紅葉は黄表紙などの戯作《げさく》には通じていたが、それ以前の江戸文学は初めてだったのである。なかでも『好色一代女』に驚いた。これをどうしたら逍遥のシャレた近代感覚と合わせられるのか。

そこへ寒月が幸田露伴から預かっていた『禅天魔』を紹介して読ませた。露伴の初作だ。ついで『露団々《つゆだんだん》』も読んだ。いずれも奇妙で斬新な味があった。露伴も寒月に奨められて西鶴に出会い、これを早くも採り込んでいた。そんななか、明治二一年に「我楽多文庫」が公売されるようになると、紅葉も新しい小説を書く気になっていた。念頭には露伴の作品がある。こうして『二人比丘尼色懺悔《ににんびくにいろざんげ》』が発表される。

許婚《いいなずけ》を失った芳野が仏道に入って供養のために諸国をめぐるうちに行き暮れて山間の草庵をたずねると、そこに若い尼がいる。親しく夜話をしているとその尼も夫を失っていて、それは芳野の許婚だったという話だ。素材と文体は『信長記《しんちょうき》』と『浮世草子』と『好色一代女』で織り成した。ひそかに露伴に対抗して文体を何度も練って、凝ってみた。

これが当たった。お金も入った。まだ二三歳だった紅葉は喜んで石橋思案と熱海に遊びに行く。いくつかの旅館はあったが、まだまだ熱海が観光地になる前のことである。

自然もたっぷり残っていた。この熱海滞在がのちに『金色夜叉』になる。

このあと露伴と紅葉はともに読売新聞に迎えられて入社する。文学欄の充実のためである。勢いをえた紅葉は牛込横寺町に引っ越して、樺島喜久《かばしまきく》と結婚すると、立志立身の根っこを張った。ここからの紅葉は若いながらも文壇の一大センターのような存在となり、硯友社は文芸の梁山泊《りょうざんぱく》の趣きを呈して、文士の卵が次々に集まり育てられ、泉鏡花や徳田秋声や小栗風葉《おぐりふうよう》らの英才をぞくぞくと輩出した。なかでも鏡花の師の紅葉への奉仕的ともいえる敬愛は、異常なほどだった。

紅葉には自分の出発点になった象徴のような「店」があった。芝の紅葉館である。豪商の中沢彦吉や読売新聞の子安峻《こやすたかし》らが営んだ。鹿鳴館に並び称された会員制の名士交流の場で、この名から「紅葉」の筆名も生まれた。紅葉自身も芝の生まれだ。鹿鳴館が七年で閉じられたのちは、東京で唯一最大の社交場となっていた。美人女中（女給）で有名で、のちのクーデンホーフ光子なども行儀見習をしていた。なかにとびきり美人の須磨子がいて、紅葉がいろいろ面倒をみていた巌谷小波《いわやさざなみ》がぞっこん惚《ほ》れていた。のちの巌谷大四《だいし》のお父さんである。まだ学生だ。

しかるに須磨子は、いまをときめく博文館の大橋佐平の息子の新太郎の豪勢な遊びっぷりと容赦のない惚れっぷりにすっかり翻弄され、巌谷小波など相手にしない。結局は大橋に嫁いでしまった。紅葉は見るに見かねて須磨子に「なぜ巌谷君のところに行ってやらないのか」と迫ったが、須磨子は美貌を曇らせて泣くばかりなのである。それらの一部始終を見ていた紅葉は、この「恋の市場社会」の理不尽に心を動かされる。時あたかも日本の近代資本主義が萌芽して、金持ちと貧乏書生という構図や資本家と女工哀史という構図が見えはじめた節だ。

紅葉は、須磨子を鴫沢《しぎさわ》宮に、巌谷を一高生の間《はざま》貫一に、大橋新太郎を金貸しの富山唯《ただ》継《つぐ》に仕立て、それぞれをモデルに新たな長編作品を構想する。題名も凝りに凝って『金色夜叉』とした。この表題は日本文学史上の傑作のひとつだ。

読みごたえはなんといっても雅俗混淆《こんこう》文体の絢爛《けんらん》の駆使にある。それは読んでもらう以外はなく、とくに目で文字を眺め、そのままにその音と律動を声に出して酔うごとく感じるのがいい。あるいは実際に声を出して読むといい。「音のある文字」なのでもある。

たとえば例の熱海の海岸の場面であるが、こういう雅俗な文体によって始まる。ルビがなければとうてい現代人にはお手上げだろう。

宮は見るより驚く遑《いとま》もあらず、諸共《もろとも》に砂に塗《まび》れて搔抱《かきいだ》けば、閉ぢたる眼《まなこ》より乱落《はふりお》つる涙に浸れる灰色の頬を、月の光は悲しげに彷徨《さまよ》ひて、迫れる息は凄《すさまし》く波打つ胸の響を伝ふ。宮は彼の背後《うしろ》より取縋《とりすが》り、抱緊《いだきし》め、撼動《ゆりうごか》して、戦《おのの》く声を励せば、励す声は更に戦《おのの》きぬ。

このあと、「どうして、貫一さん、どうしたのよう!」という口語が入って、例の有名な「僕がお前に物を言ふのも今夜限《ぎり》だよ。一月の十七日、宮さん、善《よ》く覚えてお置き。来年の今月今夜は、貫一は何処でこの月を見るのだか! 再来年の今月今夜……十年後《のち》の今月今夜……一生を通して僕は今月今夜を忘れん」云々の名セリフになっていく。

ついで宮が波打ち際に崩れて顔を被って泣くのだが、そこでまたこんな雅文調。「可悩《なやま》しげなる姿の月に照《てら》され、風に吹れて、あはれ消えもしぬべく立ち迷へるに、渺々《びょうびょう》たる海の端の白く頽《くず》れて波と打寄せたる、艶に哀《あわれ》を尽せる風情に、貫一は憤《いかり》をも恨《うらみ》をも忘れて、少時《しばし》は画を看る如き心地もしつ。更に、この美しき人も今は我物ならずと思へば、なかなか夢かとも疑へり」。

この場面は御存知のごとくの有名な恋の修羅場となっていくのだが、その最後の最後に宮は「貫一さん、それぢやもう留めないから、もう一度、もう一度……」と言って、そのあと「私は言遺《いいのこ》した事がある」という謎の一言を嗚咽《おえつ》のままに洩《も》らすのである。

後半の『金色夜叉』はこの謎の一言をめぐって展開する。お宮が富山の子を産まず、富山の死を待ってその一切の財産をもって貫一のもとに帰っていくという謎の暗示であるのだが、未完に終わった『金色夜叉』は、かえってお宮を錯乱させたのち、アンドレ・ジッドの『狭き門』のアリサではないが、そのあとやっと長い手紙を送って、中断の幕が下りてしまうのだ。

のちに小栗風葉やら何人かが、この未完の大作の続きに挑戦するものの、残念ながら尾崎紅葉の金色変成観光とまではいかなかった。では、どうなるのかといえば、そこは熱海の海を眺めての未詳倶楽部「なぎさカフェ」での、ぼくの「男と女の根本変転の謎解き」なんぞを聞いてもらわねば、けっしてわからぬことだったのだ。ねえ、森村泰昌さん、そうでしたね。それにしても「切実になることが熱中だ」なんて、Mよ、われわれはちょっと凄いもんだよねえ。

ところで、あまり知られていないけれど、紅葉は俳句にも先見の明があった。明治二三年八月に紫吟社《むらさきぎんしゃ》を結成しているのだが、これは子規の『獺祭書屋俳話《だっさいしょおくはいわ》』に二年先んじている。西鶴の談林風に触発されたのである。さらに明治二八年には角田竹冷《つのだちくれい》らと秋声会《しゅうせいかい》も興した。こんな句がある。

ちくちくと潮満ち来るや蘆《あし》の角《つの》
死なば秋　露の干ぬ間ぞおもしろき

第八九一夜　二〇〇三年十一月十七日

参照千夜

八九〇夜：森村泰昌『芸術家Mのできるまで』　三一八夜：パトリシア・モリズロー『メイプルソープ』　一一四四夜：柳田國男『海上の道』　五三七夜：宮田登『ヒメの民俗学』　七一四夜：ロラン・バルト『テクストの快楽』　六三八夜：樋口一葉『たけくらべ』　一〇四九夜：小西甚一『日本文学史』　五八三夜：夏目漱石『草枕』　四九九夜：正岡子規『墨汁一滴』　六一八夜：井原西鶴『好色一代男』　九八三夜：幸田露伴『連環記』　九一七夜：泉鏡花『日本橋』　八六五夜：アンドレ・ジッド『狭き門』

鶏頭《けいとう》の十四五本もありぬべし。
そう言い切るだけの明治文人の「器量」の徹底について。

正岡子規

墨汁一滴

岩波文庫　一九二七・一九八四

子規が三六歳そこそこで死んだとはどうしても思えない。もっと熟成に達した年齢を感じる。子規の器量の大きさのせいだろう。こういう印象をほかの何かにも感じたことがあると思って、漠として思いめぐらしていたら、ああ、そうか、あれだったかと合点したのは、スポーツ選手が三十歳をこえると早晩ベテランとよばれ、実際にも鶴ヶ嶺や栃錦《とちにしき》や川上哲治が、最近のことでいうならセルゲイ・ブブカや落合博満やマイケル・ジョーダンが、そうとうの熟成した大人に見えたということだった。

若いうちからスポーツに打ちこんできたから、ふつうならまだ人生の円熟期の準備に入ったくらいだろうに、三十歳そこそこでもむしろそれ以上の頂点はないほどの時熟を放っている。子規はそういう器量を好んでいた。

そう思えば、たしかに練習が好きで、ルールをすぐおぼえ、自分がその中に入っていくのに忙しい青少年だった。松山中学で漢詩文を学んでいたころには自由民権思想に引きこまれて政治家を志していたし、東大予備門に入ると哲学を一生の目標と定め、いったん松山に戻っては井手真棹《まさお》に和歌を、大原其戎《きじゅう》に俳諧を学び、すぐに詩歌をつくって投稿も始めた。それだけでなく落語にも野球にも熱中して、帝国大学哲学科に入れば入ったでハルトマンの審美学にぞっこんになっている。

とくに野球は子規がそうとうに惚れこんだスポーツだった。城井睦夫の評伝『正岡子規』（紅書房）には「ベースボールに賭けたその生涯」というサブタイトルがついているほどである。

子規は慶応三年（一八六七）に生まれた。漱石・露伴・紅葉と同じだ。内藤湖南《こなん》・狩野亨《かのうこう》吉《きち》・白鳥庫吉《くらきち》といったごっつい学者や、黒田清輝《せいき》・藤島武二・伊東忠太といった美術・建築に画期をもたらしたアーティストたちも慶応三年前後の生まれだった。

全員が近代日本人をつくりあげた大人《たいじん》である。ちなみにこれに前後して岡倉天心・新渡戸稲造・内村鑑三が、また三宅雪嶺《みやけせつれい》・徳富蘇峰《とくとみそほう》・志賀重昂《しがしげたか》の「日本人」派が、そして森鷗外がいた。これまた大きい連中だ。それからざっと一四〇年がたっているが、日本人の器量はここを超えられない。ついでながら子規・漱石らの三歳年上に二葉亭四迷・

伊藤左千夫・川上音二郎たちが、明治維新に生まれた一つ年下に北村透谷《とうこく》・徳冨蘆花《ろか》・横山大観・丘浅次郎がいる。

なかで子規が最も憧れたのは露伴だった。露伴ははやくから器量の深みを感じさせていた。すでに『風流仏』で話題もとっていた。子規は自分が作家を志すには露伴を訪ねるしかないと決意して、自作の『月の都』を読んでもらっている。露伴はこの小説をそれなりの出来だとは見たようだが、版元はあまり好意を見せない。子規はこれで作家の道を断念して、郷里の碧梧桐《へきごとう》や虚子に詩人として生きることを宣言し、俳句や短歌に向かっていった。

この露伴と子規の関係は掘り下げるといろいろおもしろい問題が見えてくるところなのだが、それは今夜はふれないでおく。

子規は加速しつづけた男だ。泰然自若とはしていない。眼はまっとうで、何に関心をもっても本物を見きわめようとしているのだが、ところが本物を見るのは凄腕なのに、それを見ている自分については引き身を好み、喀血《かっけつ》した自分を血を吐くホトトギスに見立てて子規と俳号したような、そういう自虐気味の俳諧味に充ちていた。そこが老成感覚があるところでもあって、「秋近く桔梗《ききょう》は咲いてしまひけり」なのである。

老成感覚はあったけれど、まさにスポーツ選手が試合に臨むかのように、人生の活動場面に対する集中と加速はただの一度も切らさない。俳句への目覚めも加速的だ。芭蕉没後二百年祭で奥の細道を歩いたと思ったら、中村不折《ふせつ》の影響で「写生」を知り、蕪村句集を初めて読んでからは、一挙に蕪村から俳諧史の全貌を総点検するという巨《おお》きなスコープをもつにいたった。『俳諧大要』である。

蕪村で視野を得ただけでなく、子規はすぐさま句会を組織して結社をつくり、鉄幹と組んでは新詩会をおこして「日本派」を牽引《けんいん》した。愛国の感情をめぐってもひとかたならぬものがあった。

いったん前に進むと、後戻りはしない。そういう苛烈なところがあった。そこで天保《てんぽう》以降の俳句を「月並《つきなみ》」とよんでバッサリ斬った。月次《つきなみ》ではなく月並である。月次なら有《ゆう》職故実《そくこじつ》だが、月並は来る月も来る日も似たような句をつくっていることをいう。これに文句をつけた。明治中期に入ると日本中が点取《てんとり》俳諧のブームになった。句会を開いて天・地・人・佳作の点を取りあうブームが広まった。子規が刃向かった勢いは、斬られた連中の俳諧趣味に逆に火をつけたのだ。

何が月並俳句かという議論はずうっと追っていくとおもしろい。子規自身もときどき月並俳句の水準に困ってもいる。『墨汁一滴』はこの月並をめぐってもいるのだが、子規は自分が文句をつけた月並俳句が自分につきまとっている惧《おそ》れすらにも、渋々ながら愉快な感想を絡ませている。

大上段に俳諧革新の先頭に立った子規の俳句が実際のところは絶品なのかというと、必ずしもそうとはいえない。お世辞にも傑作揃いとはいいがたい。実際にも、子規の周辺にいた古白《こはく》・非風《ひふう》・飄亭《ひょうてい》・碧梧桐・虚子と同時期の句をくらべると、たいてい子規が劣っていた。

それに子規は『寒山落木』を見るとわかるが、どんな駄作でも自作集にすべて入れている。それなのに、あたかも三振をしている名選手に観客の目が釘付けになるように、ぼくも子規の俳句にだんだん惹《ひ》きつけられてきた。妙なことである。もうひとつ妙なのは、子規の句には惹きつけられるのだが、その句を論じたいという気分にはならないということだ。他人はいざ知らず、ぼくには子規は眺めるだけで充分だ。そうさせるところが子規の素質というものかもしれない。これをたとえば「嘱目《しょくもく》の芸」とでも名づけたらどうだろう。

ところで、ずっと気になっていたことで、それをもって子規の俳句の批評に代えるつもりはまったくないのだが、子規の俳句にはオノマトペイアと数字が多い。以下の句を見てほしい。

白砂のきらきらとする熱さ哉

菜の花やはつとあかるき町はつれ
涼しさやくるりくるりと冷し瓜
名月やすたすたありく芋畑
乾鮭《からざけ》の腹ひやひやと風の立つ
ほろほろと墨のくづるる五月哉
にくにくと赤き色なり蕃椒《とうがらし》
宇治川やほつりほつりと春の雨
行く春やほうほうとして蓬原《よもぎはら》
雪きらきら初日のぼりぬ馬の耳
ツクツクボーシツクツクボーシばかりなり
ひやひやと朝日さしけり松の中

時代が口語体運動がさかんな時期だったせいで、「ほろほろ」「ひやひや」が多いのではあるまい。ここには子規の体の意図とでもいうものが躍っている。たった十七文字の俳句に「ほろほろ」「ひやひや」を入れるのは、句作の技法からいえば安易な危険を冒すことにも、安直にもなりかねない。ところが子規はそれを好んだ。

もっとも子規がつかう言葉はオノマトペイアというより連畳の音句とでもいったほう

がいいもので、「菜の花やはつとあかるき町はつれ」や「ほろほろと墨のくづるる五月哉」のように、その連畳の形容がすぐに明るさや墨の脆さにもつながっている。たんに「ほろほろ」「ほうほう」が自立しているわけではない。

これらには、俳句をこえたものがある。またまたスポーツ・メタファーをつかって説明すると、まるでテニスプレイヤーがサーブを受ける直前に見せる小刻みな体の律動や野球のバッターが球種にあわせて体を何かに乗せてリズムをとっている動きのように、子規のルーチンとしてのリズム感のようなものを感じさせるのだ。

数字というか「数」を織りこんだ句が多いことも、もうすこし注目されてよい。このことは、「鶏頭の十四五本もありぬべし」「痰一斗糸瓜《へちま》の水も間に合はず」に象徴されるように、子規俳句の秘密の一端を吐露している。「数」は限定であって、その限定を眺める子規の自在の境涯なのである。

ひょっとすると野球のせいかもしれない。野球が九回の表と裏で進むこと、三振や四球などのルールが多いこと、素人にとってもスコアブックがおもしろいこと、そんなことも手伝っていたのかもしれない。ともかく多いのだ。『寒山落木』と未定稿から拾うだけでも、以下のように、ずらりと数字が出ずっぱりなのだ。

一重づつ一重づつ散れ八重桜
唐辛子一ツ二ツは青くあれ
若鮎の二手になりて上りけり
凩《こがらし》に吹かれて来たか二人連
三尺の庭に上野の落ち葉かな
春になりて二度目の雪や二三尺
子と見えて四羽の鵜遣ふ哀れなり
水鳥や菜屑につれて二間《にけん》程
四時に烏五時に雀夏の夜は明けぬ
御仏に供へあまりの柿十五
三千の俳句も閲《けみ》し柿二つ
一升に五合まぜたる陸穂《おかぼ》哉
三十六坊一坊残る秋の風
二片散つて牡丹の形変りけり
一三四五六七夜月なかりけり
三日にして牡丹散りたる句録哉
一つ落ちて二つ落たる椿哉

葉鶏頭《はげいとう》の三寸にして真赤なり
鶏頭《けいとう》の十四五本もありぬべし
十人の家内や芋の十皿程
千本が一時に落花する夜あらん
三銭の鰯《いわし》包むや竹の皮
痰一斗糸瓜《へちま》の水も間に合はず

こういうふうに並べてみると、やはり「鶏頭の十四五本もありぬべし」が群を抜いていることがわかる。この「十四五本」は数字というよりも人生の風味なのである。文句のつけようがない。

けれども、「三千の俳句を閲し柿二つ」や「三十六坊一坊残る秋の風」あたりは、いかにも数の対比をよろこんでいて、芸当に遊んでいるとの誹《そし》りを免れない。それなのに子規はこのような遊びともとられかねない音や数をしょっちゅう織りこんだ。またまたスポーツ・メタファーになるが、あたかも記録を気にするアスリートのようなのだ。

こうした連畳《れんじょう》の擬音や数の事情感覚をついつい織りこむのが何をあらわしているかということは、とくに明示してその文芸傾向に名前をつけるほどのことではないようでいて、なかなか見逃せない。それというのも、実は子規に似てこういうオノマトペイアや数学が多い歌人が、すでにいた。ぼくが知るかぎりは、それは大愚《たいぐ》良寛だ。どのように良寛がそういう感覚を好んだかは、かつて『外は、良寛。』(芸術新聞社)に書いたことなので省略するが、この良寛と子規をつなぐ〝何か〟こそは、良寛・子規につづいて擬音も数も好きだった蕪村に、なぜ子規がぞっこんになったかという理由とともに、いつか誰かがちゃんと論ずるといいだろう。

さて、『墨汁一滴』だが、これは好き三昧に綴った随筆である。もともと子規の随筆は新聞「日本」とともに広く知られていた。三宅雪嶺《せつれい》・徳富蘇峰・志賀重昂・陸羯南《くがかつなん》の、あの「日本及日本人」派だ。

最初の連載は『松蘿玉液《しょうらぎょくえき》』で、ここには随筆といいながら野球のルール説明や訳語の試みなども入っていた。だいたい子規という人は、『韻さぐり』という〝逆引き辞書〟めいたものをさっさとつくるような天性の編集感覚の持ち主で、ルールを究めてこれを自在な光に照らすのがもともと得意なのである。野球が放っておけなかったのも、このルールに対する愛着に関係する。

『松蘿玉液』につづいて、「日本」に明治三四年一月から一六四回にわたって連載されたのが『墨汁一滴』である。文語調に口語が飛来するところといい、月並俳句の添削ぶりといい、脊椎カリエスの苦痛を忍び喀血しながらもその自分を軽く罵る速さや潔さといい、それらを自在に編んでとくに気張りもしないその書きっぷりといい、渋茶のようにすばらしい。明治屈指の随筆である。これを『病牀《びょうしょう》六尺』と同様の闘病随筆の傑作などとみるのは、あたらない。俳句を入れこんだ文章のお手本というべきだ。

俳文なのではない。時代と自己の最前線にいて、しかも回復の見込みもない体調のもとで、子規自身が独立させた俳句という世界最小の文芸様式をもって、自身の日常思考のなかにそれを組みこむ手際が一連の文体をつくったのである。

時代は明治三四年。この前後の数年は近代日本史が最も深い試練をうけ、最も高い思想を模索していた二十世紀最初の時期だ。そういう天下の踊り場のような時局のなかで、苦痛にあえぐ子規が墨汁の一滴ずつを注いで、器量ぎりちょんの言葉を放ったのである。何度も味読したくなるのは当然だ。陶冶でない。投企である。死ぬ準備ではない。生きる記録なのである。

あえて、言いたい。『墨汁一滴』をめぐる事情、『墨汁一滴』をめぐる時代、そのなかで子規が何を綴ろうとしたかということ、これがわかれば、いま日本がどうすべきなのかなんてことはすぐにでも決まるはずだということだ。このことは、漱石にも通ずる。とはいえ漱石がとことん読まれてきたようには子規は読まれていない。いまや子規にとりくむファンはほぼ絶無だ。これは、まずい。何かがおかしい。嗚呼《ああ》、墨色の明治は遠くなりにけり。

第四九九夜　二〇〇二年三月十八日

参照千夜

一六六夜：ボブ・グリーン『マイケル・ジョーダン物語』　五八三夜：夏目漱石『草枕』　九八三夜：幸田露伴『連環記』　八九一夜：尾崎紅葉『金色夜叉』　一二四五夜：内藤湖南『日本文化史研究』　一二二九夜：青江舜二郎『狩野亨吉の生涯』　七三〇夜：伊東忠太・藤森照信・増田彰久『伊東忠太動物園』　七五夜：岡倉天心『茶の本』　六〇五夜：新渡戸稲造『武士道』　二五〇夜：内村鑑三『代表的日本人』　八八五夜：徳富蘇峰『維新への胎動』　四八九夜：志賀重昂『日本風景論』　七五八夜：森鷗外『阿部一族』　二〇六夜：二葉亭四迷『浮雲』　一四七〇夜：近藤啓太郎『大観伝』　九九一夜：松尾芭蕉『おくのほそ道』　八五〇夜：『蕪村全句集』　一〇〇〇夜：『良寛全集』

「癪《しやく》なこと」を一途に書いてみる。

それしかアンコンシアス・ヒポクリシーを超えられない。

夏目漱石
草枕
岩波文庫　一九二九　／　新潮文庫　一九五〇　ほか

則天去私《そくてんきよし》に一足飛びしたのではない。当初の漱石は「アンコンシアス・ヒポクリシー」（無意識の偽善）を考えていた。『三四郎』に芽生え、『それから』で抱きこみ、『こころ』では主題になった。

ぼくはながらくこの「アンコンシアス・ヒポクリシー」に向き合った漱石像から脱却できなかった。脱却できないのを悔やんでいるのではなく、それはそれで漱石の読み方なのであろうが、そうではない漱石に気がつくのが遅かったというだけだ。その、そうではない漱石というのが『草枕』なのである。

主人公の「余」は旅の画工《えかき》のようだ。その画工がふと考えた。「山路を登りながら、かう考えた。智に働けば角が立つ。情に棹《さお》させば流される。意地を通せば窮屈だ。とかくに人の世は住みにくい」。

有名な冒頭の文句だ。智も情も意地も結構だが、智の使いすぎや情や意地のかけすぎは困るというのが言い分だ。このあと「どこへ越しても住みにくいと悟つた時、詩が生れて、画が出来る」「人の世が住みにくいからとて、越す国はあるまい」というふうになる。さらに「住みにくき世から、住みにくき煩ひを引き抜いて、難有《ありがた》い世界をまのあたりに写すのが詩である、画である。あるは音楽と彫刻である」と続く。

芸術至上主義者のような主人公「余」の宣言だ。ウィリアム・ブレイクやジョン・ラスキンがひときわ好きだった漱石らしく、この世のどこにもはりめぐらされている柵《しがらみ》からちょいと出て、詩画の佳境というものに転じたい。

しかし『草枕』はヨーロッパにいう芸術至上主義ではない。それならぼくの食指はさほどうごかない。わざわざ漱石を借りることもない。漱石から知りたいのは西欧のイデアやアートなどではなく、日本というこの世ではたしてどのように遁世《とんせい》をするかということだ。中世の遁世ではない。近代の数寄《すき》の遁世である。

漱石自身、すでにロンドンにいて「色々癪《しやく》に障《さわ》る事」ばかりが気になった。ヨーロッパが癪なら、そこを去ればいい。けれども日本のモダニズムの渦中にいて日本の癪からどう脱出するかというと、そこで西欧の芸術に逃げたのでは始まらない。むしろ日本の奥へ行く。『草枕』とはその奥への遁世の仕方の文学なのである。「奥」とは何か。『草枕』が繰り出す趣向の選択が「奥」だった。

そのことを感想する前に、この冒頭ですでに「写す」という言葉がつかわれていて、ここに『草枕』の本来の面目が予告されていたことを指摘しておきたい。ここで「写す」とは写実ではなく写意ということである。そうなのだ。日本の奥へ赴きたいのなら、「写し」をもって往くべきなのだ。漱石は「とかくに人の世は住みにくい」と言いながらも、その住みにくい世から何かを写せば奥へ行ける、そう言ったのだ。

話は淡い。とりたてて出来事もない。主人公の「余」は旅の途中のすさびに那古井《なこい》の湯治場だか隠居所だか判然としない「志保田」という家に泊まる。そこに那美《なみ》という出戻りだが美しい女がいて、余はこの女性にかすかにジョン・エヴァレット・ミレーの水死するオフェリヤの面影を見て、懸想《けそう》する。が、その那美さんとどうこうなるわけもなく、ただこの女性の某《なにがし》かをどうにか絵にしたいと思うばかりなのである。

話の最終段になると、その那美さんの弟が日露戦争に出征することになり、余も川舟に乗って一家の見送りに付き合う。そこで停車場から出て行く汽車が動き出した瞬間、車窓に那美さんがかつて別れた前夫の顔を見いだした。落魄《らくはく》して満州に流れていく男の顔だ。那美さんは茫然《ぼうぜん》として、行く汽車を見送る。その茫然のうちに不思議にも今迄《まで》かつて見たことのなかった「憐《あわ》れ」が一面に浮いている。その刹那、「余が胸中の画面は此咄嗟《とっさ》の際に成就した」。こうして、話は「憐れ」を咄嗟に「胸中の絵」にしたところで終わる。

漱石は「憐れ」や「憐憫《れんびん》」をその後の作品でもしきりに哀切をこめて問題にした。例の『三四郎』には「可哀想だた惚れたってことよ」があり、それが初期漱石文学のひとつの主題だったとも言える。この「憐れ」は王朝の「あはれ」ではなく、漱石の「近代のあはれ」というものだ。

『草枕』は憐憫を最後のひとつまみにパッと散らしこそしたが、全体を流れるのは「人情に対する非人情」がもたらす無常の美とでもいうもので、それにちょいちょいどう立ち寄るかという「寄せ」をめぐる書きっぷりや、そのために繰り出す俳諧や茶碗《ちゃわん》や山水の例の挙げ方が、なんともいえない「奥」を感じさせてくれるのである。

この「余」はときどき俳句を捻《ひね》る。那古井近くに来て最初に茶店に入るのだが、やっと出てきた婆さんの顔が宝生《ほうしょう》の《高砂》で見た媼《おうな》の面か長澤蘆雪《ろせつ》の山姥《やまうば》のようで、余計なサービスをしない。「ここらが非人情で面白い」と思う。婆さんに胡麻《ごま》ねじと微塵《みじん》棒をもってこさせ、刳《く》り抜きの盆から茶碗をとって啜《すす》っていると、余はなんだか気分がよくなってくる。そこで一句、「春風や惟然《いぜん》が耳に馬の鈴」。

おかしいのは、こうした句を書きつけては、その具合がよかっただとか、どうも足りないとか唸《うな》っているところで、こんな口調や俳句や婆さんの話に付き合わされているうちに、われわれもついつい漱石のペースにもみしだかれていく。やがて夜になって宿に泊まると、ここも対応が貧しく、けれどもその貧しさが草双紙のようで、おもしろい。竹が騒がしくて寝付けないままに暗闇のなかに欄間を見ると、「竹影払階塵不動」（竹影、階を払って塵動かず）の朱塗の縁をとった書が見える。大徹という落款もある。

余は隠元《いんげん》も即非《そくひ》も木庵《もくあん》も好きなのだが、なかでも高泉《こうせん》和尚の筆致が一番好きなのである。それで高泉の書はよく見ているけれど、この欄間の七字書はどうも高泉の筆運びに見える。それにしては料紙がかなり新しい。そんなことを思いながら横に目を凝らすと若冲《じゃちゅう》の鶴がいる。逸品だ。そのうち寝入って雅俗混淆の夢を見た。「思ひ切つて更け行く春の独りかな」「うた折々月下の春をちこちす」という句を書きとめた。

夢うつつを逍遥《しょうよう》していると、唐紙がすうと開いて、まぼろしのごとく女の影がふうとあらわれた。仙女の波をわたるかのような女の髪は銀杏返《いちょうがえ》し、白い襟、帯は黒繻子《くろじゅす》の片側だけである。

こんなふうに、『草枕』はしだいに雅趣と奇趣を求めた話になっていく。しかも最初に登場してくるのは、隠元も即非も木庵も高泉も、みんな長崎くんだりに遊んだ黄檗《おうばく》宗の禅僧ばかり。ふうん、漱石はこのあたりを見ているかと思った。

多少の事蹟《じせき》をふりかえってみると、『草枕』は明治三九年の発表である。『吾輩は猫である』の連載終了後で、『坊っちゃん』を「ホトトギス」に発表した年だ。『草枕』が春陽堂から本になったのは翌年一月のことで、その後は続けざまに『坑夫』『夢十夜』『虞美人草』を書いている。

そのころの漱石はどんな雅趣と遊んでいたのか。たしか芥川龍之介は『漱石山房の秋』で、漱石の書斎には木庵の「花開万国春」の書が掛かっていたと記していたと思うのだが（いま手元にないのでわからない）、これはひょっとすると『草枕』の前後に入手していたのかもしれない。

ふつう、漱石の書画骨董《こっとう》趣味は、良寛を知った前と後ではずいぶんの変化がおこったというのが定説になっている。漱石が良寛を見たのは津田青楓《せいふう》の示唆によるもので、それは大正三年のことだったはずだから、『草枕』執筆のころはまだ良寛にまで傾倒していない。それにもかかわらず、ぼくは「余」とともに読みすすむうちに、『草枕』が示す好みもなかなか愉快なものであると思えてきたのだった。たとえば「余」は、文与可《ぶんよか》の竹、雲谷《うんこく》門下の山水、大雅堂《たいがどう》の景色、蕪村の人物に照準を合わせている。ここには良寛こそいないものの、この照準は「奥」に向かってけっしてぶれてはいない。

人はしばしば、どうして漱石が『猫』や『坊つちやん』の傍らで韜晦《とうかい》趣味ともいえる『草枕』を綴ったのか、不思議がる。そう思うのは『猫』『坊つちやん』の読み方がいささか悪いのであって、この二作はそもそもが深淵《しんえん》の上に浮いている楼閣のような作品なのだ。『猫』『坊つちやん』のソフィスティケーションの奥の奥には、もとから『草枕』の俳諧漢文めいた雅趣低徊《ていかい》が鳴っていた。

深淵とはそのことだ。もっというなら、このころに書いた異様な『夢十夜』こそは、『草枕』と重ねて漱石の最も深い部分の言葉の音楽とみるべきだった。

いずれにしても『草枕』は、漱石も本当のところはこんなふうに暮らしていたかったという原郷をしたためた文章なのである。漱石自身も次のように語っていた。「こんな小説は天地開闢《かいびやく》以来類のないものです」。また曰く、「この種の小説は未だ西洋にもないやうだ。日本には無論ない。それが日本に出来るとすれば、先づ、小説界に於ける新しい運動が、日本から起つたといへるのだ」というふうに。

たしかに『草枕』は前代未聞の様式文芸であり、のちには「俳句的小説」といわれたような開発の意図にも富んでいる。しかし、その試みがどうであれ、『草枕』にとりあげた「奥」がくだらないものであれば、すべてはおじゃんになってもおかしくなかった。漱石はそこを巧みにというか、悠々とというか、うまく切り抜けた。

さて、『草枕』を読みすすんで、これはやられたと思えたのは、余が怪しい「志保田」の家で自分に当てられた部屋に戻ってなにげなく戸棚をあけてみると、用箪笥《ようだんす》がそこにあって友禅の扱《しごき》の帯がちょっと垂れ、その傍らに白隠《はくいん》和尚の『遠良天釜《おらのてがま》』と『伊勢物語』の一巻がおいてあったのを見てからの、そのハコビである。『遠良天釜』というのは漱石の綴りまちがいで、正確には『遠羅天釜』という白隠の書簡法話集のことをいう。漱石はしょっちゅうこういうまちがいを平気でしているが、それはともかく、余はこれでまた不思議な気分になって、首を傾げながら唐木《からき》の机の前に坐る。机の上にはちょっと前に描いた写生帖が鉛筆を挟んだまま置いてある。そこには余が詠み流した句も走り書きしておいたので、いまそれを読めば何か新たな推敲でもできるかと見てみると、「海棠《かいどう》の露をふるふや物狂《ものぐるひ》」という自分の手による句の下に、誰かが「海棠《かいどう》の露をふるふや朝烏」と書いている。

びっくりして次を見ると、「花の影女の影の朧かな」の下には「花の影女の影を重ねけり」と付けてある。さらに「正一位女に化けて朧月」は「御曹子女に化けて朧月」になっていた。真似をしたつもりか、添削のつもりか、余は訝《いぶか》ったのだが、その謎が解けないまま、話はだんだん別種の景色になっていく。

この場面は、うまい。俳句をずらしていくというのがそもそも重大な趣向だが、それが書きさしの画帖のなかでなにやら別人の手でずらされていく。こんな、いい風合の情景はない。ぼくはこの場面に出会ったときに、ああ、ぼくもまたこんなふうに数寄の遁世をおくりたいと思った。

勝手な感想ばかり書くことになってしまったが、以上がしばらく放ってあった『草枕』を久しぶりに読み直した旅先での読後感を復元したものだ。この旅先というのは信州蓼科《たてしな》を、諏訪湖から霧ヶ峰に向かって歩いては泊まり、泊まっては歩いていた旅のことをいう。なぜかスケッチブックも俳諧手帖も持っていた。それからアントナン・アルトーと野尻抱影《ほうえい》の二、三冊とアンリ・ルフェーヴルと『草枕』とを鞄に入れていた。大学三年の夏だ。けれども『草枕』を旅館で読もうとしてもダメだった。それが列車に乗ると、急に気分が変奏して読めたのである。

何を読んだかという感想は、だいたい上記の如し。あらためて読めばどうなるかはわからないが、今夜は昔日の感想の再現にとどめておいた。いまはその一冊の文庫本も手元からなくなっている。だから、ぼくにはその文庫本がいまでは那美さんなのである。

ピアニストのグレン・グールドが『草枕』を異様なほどに好んでいたことについても少しは言及しておきたいのだが、この顚末《てんまつ》についてはグールドを千夜千冊するときにとっておこう（↓のちに第九八〇夜で取り上げた）。どうしても気になる読者は横田庄一郎の『「草枕」変奏曲』（朔北社）を読まれたい。

おわりに、最近のぼくの漱石文芸全般の感想について一言書いておく。それは、漱石文学の本質は「癪にさわるとは何か」ということにあるのではないかということだ。いつか「癪の研究」とでもいうものを試みてみたいものだ。「癪」とは胸部におこる現象で、胸のあたりがキュッと痛むことをいう。そこに何かがさわるのだ。いったい何がさわってきたのか、癪にさわったのかという研究である。

第五八三夜　二〇〇二年七月十八日

参照千夜

七四二夜：ウィリアム・ブレイク『無心の歌・有心の歌』 一〇四五夜：ジョン・ラスキン『近代画家論』 九三一夜：芥川龍之介『侏儒の言葉』 一〇〇〇夜：『良寛全集』 八五〇夜：『蕪村全句集』 七三一夜：白隠『夜船閑話』 三四八夜：野尻抱影『日本の星』 六五二夜：アンリ・ルフェーブル『革命的ロマン主義』 九八〇夜：『グレン・グールド著作集』

あえて漢文的素養をものにして、
その範疇を脱殻していく漱石の去私の奥。

豊福健二

風呂で読む漱石の漢詩

世界思想社　一九九六

　十年ほど前から、わがバスルームには「風呂で読むシリーズ」が常備されている。全冊、バスルームの片隅に置いてある。このシリーズは表紙もページも合成樹脂でできているので、湯水に濡れてもベコベコしないのが魅力なのだが、それだけでなくけっこう内容も充実している。たしか最初は島田修三の『近代の名歌』や藤田真一の『蕪村』を買ってきて、その夜、バスタブに浸かりながらぱらぱら捲《めく》ってたのしんだのだったと思うのだけれど、そのうち刊行されているものすべてを常備してしまった。

　全冊を常備したのは、このシリーズの出来がよくって裸になっても読みたいからで、たとえば『近代の名歌』といっても子規、晶子、茂吉、白秋、啄木といったところに加えて、窪田空穂《うつぼ》と釈迢空《しやくちようくう》（折口信夫）が入っているのが上々なのだ。空穂は「え忘れずとありし時に我が母を女と知りし物寂しさを」「其子等《そのこら》に捕へられむと母が魂《たま》蛍となりて夜を来たるらし」が、釈迢空は「見下ろせば膿《うな》涌きにごるさかひ川この里いでぬ母が世なりし」が入っていて、そのころ母を亡くして少々そのことを考えていたぼくには、風呂が懐かしくも深いものに変じたものだった。

シリーズにはさらに、万葉から『万葉恋歌』『万葉旅情』『万葉挽歌』『万葉花歌』『万葉女流群像』『万葉の四季』が組まれ、漢詩集から『陶淵明』『杜甫』『李白』『唐詩選』『寒山拾得』『竹林の七賢』が組まれている。そのほか『西行』『芭蕉』『蕪村』『一茶』『良寛』から、『放哉《ほうさい》』『山頭火』なども入れてある。その選別も振るっていて、風呂で読むにしては選歌・選句も解説もけっこう本気な編集になっている。とくに『井月《せいげつ》』（井上井月）が入っているのは驚いた。大星光史の選句と解説だった。

河童をオカに上げるのもなんだからと思って、このシリーズを風呂以外のところで読むことはしていない。むろん風呂で読むのだから一度にじっくりとは読まない。それではのぼせる。ちょんちょんと読む。ときには声を出す。キンタマ出しながらそんなことをするのがかえっておもしろく、『多読術』（ちくまプリマー新書）にも書いたように、これによって本を読むパフォーマンスやアフォーダンスが決まってきて、風呂のなかでの絶妙な読書体験が刷りこまれていったのである。「浴読」と名付けた。

ということで、この浴読シリーズをいつか千夜千冊してみようと思っていたのだが、さて、何がいいかと迷っていたところ、先だって仄明書屋《そくみようしよおく》での小池純代が「やっぱり漱石は文章も俳句も漢詩も、何をやらせても一番力量が安定してますね」と言ったのを理由に、今夜は「漱石の漢詩」にすることにした。すでに松岡譲の『漱石の漢詩』(朝日新聞社)、中村宏の『漱石漢詩の世界』(第一書房)もある。

漱石には漢文的素養を身につけるのが自身の性分に合うと思っていたふしがある。幼年時代から漢籍を教えられ二松学舎に学んだあとは漢詩にも挑むようになった。漢詩については、ごく初期に長尾雨山《ながおうざん》の指導をうけた以外は、ほぼ独学だ。かつ発表しない漢詩でもあった。読者を想定しなかった漢詩なのである。そこを吉川幸次郎は、日本人の漢詩のなかで例外的にすぐれていると褒めたうえで、それは「思索者の漢詩」だからだろうと言った。全部で二〇八首ある。けっこう多い。

漱石に漢詩を催させたのは子規だ。明治二二年、子規は一高在学中の暑中休暇を向島《むこうじま》の月香楼にすごして、その感興を漢文・漢詩・和歌・俳句・謡曲・擬古文などにした。若い才能の開花だった。「蘭《ふじばかま》之の巻」「萩之巻」「女郎花《おみなえし》之巻」など七巻からなるもので、『七草集』と名付けた。それを友人たちに回覧し批評を求めたおり、漱石が漢文で応え、いっぱしの漢詩を添えた。このとき初めて「漱石」の号が使われた。

骸骨　化して成る　塚上《ちょうじょう》の苔
今に干《おい》て　江上　杜鵑《とけん》哀し
憐れむ　君が多病《たへい》多情の処
偏《ひと》えに梅児の薄明を弔い来たる

謡曲《隅田川》の梅若《うめわか》伝説を下敷きにして子規の病いを慮《おも》ったもので、いまでも隅田川ではホトトギスの悲しい声が聞こえてくるが、病気がちの君も梅若丸の死を悼むためにここに来たのだろうというのだ。

この年、漱石は四人の友人を伴って房総を旅行した。そのときの紀行文が明治を代表する漢文として名高い『木屑録《ぼくせつろく》』で、そこに一四首の漢詩が挿入されている。『木屑録』は日本人が一度は読むべき漢文だ。

南の方《かた》家山を出でて百里程　海涯　月黒く　暗愁生ず
濤声《とうせい》一夜　郷夢を欺き　浸《みだ》りに故園　松籟《しょうらい》の声を作《な》す

わが家をあとにして、はるか南の百里ほどのところにやってきた。海の向こうには月が暗く浮かび、言いしれぬ愁いが暗く染み出してくる。一晩中ずうっと聞こえている波の音は、ふと故郷に帰ったのかと思わせるような松風の音に似ている。

そんな意味あいの漢詩だが、このなかの「暗愁」が新しい。意識の底からやってくる理由が見えない愁いのようなものをいうのだろう。中国の漢詩には見えない熟語だ。おそらく漱石の造語であった。

この漢詩を綴るにあたって、漱石は「窓外の梧竹松楓、颯然《ひょうぜん》として皆鳴る」と『木屑録』に示している。颯然と暗愁とを感じてしまうということ、きっとこれが、漱石の生涯に去来しつづけた名状しがたい主調低音感覚であった。

明治二三年八月、二十日間ほどを箱根に遊んだ。そこで連作八詩を詠んだ。いずれも子規に送られたものだが、興味深いのはこのときの詩を前年の『木屑録』のときの詩とくらべると、どうも出来が劣ると子規が批評していることを、漱石自身があかしていることだ。そのうちの一詩は次のようなもの。

昨夜　征衣を着け　今朝　翠微《すいび》に入る
雲深くして　山滅せんと欲し
天闊《ひろ》くして　鳥頻《しき》りに飛ぶ
駅馬　鈴声遠く　行人　笑語稀なり

蕭々《しょうしょう》 三十里
孤客 已《すで》に帰らんことを思う

東京から三〇里もくると、なんだかもう帰りたくなっているという感興だ。子規はこれを読んで、「句々老練なり。然れども之を『木屑録』の中の詩に比すれば、彼は是れ天真爛漫、此れは則ち小心翼々」と文句をつけた。漱石はそう批評されたことを嬉しがった。二人は無二の親友でありながら、つねにこうした切磋《せっさ》琢磨《たくま》をしていた。このことが漱石をあそこまで引き上げていく。

ついでながら、箱根に来たばかりなのに帰りたいというのは、きっと恋人への思慕のためではないかというのが、従来からの文学史家たちの憶測で、江藤淳はその恋人というのは漱石の兄嫁の登世《とせ》のことだろうと、大著『漱石とその時代』（新潮選書）のなかで推理した。またちなみに「孤客」は漢詩にはよく出てくるが、ぼくはこれを「エコノミスト」連載巻頭言の「孤客記」という標題に援用した。

快刀切断す 両頭の蛇
顧みず 人間《じんかん》 笑語の譁《かまびす》しきを
黄土千秋 得失を埋《うず》め

蒼天万古　賢邪を照らす
微風　砕け易し　水中の月
片雨　留め難し　枝上の花
大酔　醒め来たりて　寒　骨に徹し
余生　養い得て山家に在り

明治二八年四月、漱石は松山中学校に赴任して、それが「坊っちゃん」になった。子規は神戸の病院に入院していた。さっそく漢詩を送った。右の詩がそのひとつ。まさに漱石の心情の中核を歌っていて、ぼくは痛く共感する。

「鋭い刀で両頭の蛇を切ってしまうように、僕は対人関係の煩わしさや功名心などは切って捨てたい。世間の者どもはいつもさかんに笑いすぎるけれど、僕はそれが嫌いだし、気にしたくもない。そもそも悠久の時間と空間においては、世間の連中とのかかわりや成功や失敗など、あっというまに埋もれてしまうもの、いずれ何が賢者で何が愚者かはあきらかになる。微風によってすら水面の月は砕け、驟雨《しゅうう》によって花は散っていくように、世の中のことなどすべてははかない。ちょっと深酒をしてみてその酔いもさめると、かくいう僕の骨身に寒さが沁《し》みて、余生をこのまま松山で過ごすのかと思うと、うーん、チョー寂しい」。

まあ、こんな感じの漢詩だが、三十歳に満たぬ者がつくる心境としては、あまりに閑寂である。しかしぼくにも記憶があるが、しょせん男児の世間に対する気分というものはこんなもの、とくにぼくの気分として漱石に酷似するのは、世の中の連中が笑いすぎるということで、この世間に対する違和感はいまもって変わりない。帝塚山学院大学のキョージュになったとき、実は教室でちょっとした話をしてみて一番に感じたのは、この連中が笑いすぎるということだった。何かを話すと、すぐウケる。これにも困った。大阪のせいではない。その後もこの「笑語日本」や「ウケる日本」はますます増長しつづけていて痛々しい。

五八三夜に漱石を千夜千冊したとき、迷わず『草枕』を選んだ。そしてグレン・グールドによる『草枕』への異様なほどの傾倒を重ね、そこへぼくの思いをかぶせた。そのときは書かなかったが、実は『草枕』にもいくつかの漢詩が挿入されていた。綴りながら作ったのではなく、それ以前に作った漢詩を挿入したのだ。「春興」や「春日静坐」などだ。

その『草枕』のなかで、詩を作ることの漱石なりの秘訣《ひけつ》を書いている。葛湯《くずゆ》を練るのに譬《たと》えているのだが、これがすこぶるおもしろい。上田三四二《みよじ》は雑巾を絞るように短歌を作ることを教えたが、漱石の葛湯を練るようにというのはなかなかのもの、文筆に関心のある者のため、あえて全文を引用しておく。

「葛湯を練るとき、最初のうちはさらさらして、箸に手応《てごたえ》がないものだ。そこを辛抱すると、漸く粘《ねばり》着が出て、攪《か》き淆《ま》ぜる手が少し重くなる。それでも構はず、箸を休ませずに廻すと、今度は廻し切れなくなる。仕舞には鍋の中の葛が、求めぬに先方から争つて箸に附着してくる。詩を作るのはまさに是だ」。

なるほど、なるほど、そうだろう。求めぬに先方から争つて箸に附着してくるというのがいい。歌や詩だけではない。文章もそうである。葛が箸にくっついてくるように文章も書くべきだ。

漱石は、そのように葛を廻しつづけていたにもかかわらず、自身ではたえず苦悩したようだ。文章も漢詩もろくなものが書けないと自戒した。三十歳をすぎるとますます苦悩した。とくにイギリス文学を学びながらこれに納得できず、そのぶん日本の文芸や趣向に加担している自分を感じて、そこで「両洋の視座」にどう踏んばるかという責任のようなものを感じるようになった。こんな漢詩を明治三二年に書いている。

眼識東西字　　眼に識《し》る　東西の字
心抱古今憂　　心に抱く　古今の憂《うれ》い
廿年愧昏濁　　廿年《ねんねん》　昏濁を愧《は》じ

而立纔回頭　而立　纔《わず》かに頭《こうべ》を回《めぐ》らす
静座観復剝　静座　復剝《ふくはく》を観《み》
虚懐役剛柔　虚懐　剛柔を役《えき》す
鳥入雲無迹　鳥入りて　雲に迹《あと》無く
魚行水自流　魚行きて　水自ずから流る
人間固無事　人間《じんかん》　固《もと》より無事
白雲自悠悠　白雲　自ずから悠悠たり

「僕は東洋の文字と西洋の文字をおぼえてから、両方の文化を理解はしたが、その結果、かえって心に時間と空間をこえた憂愁を抱くようになってしまった。これまでの二十年間、まったく愚かで乱雑なことばかりしてきて、愧《はじ》るばかり、やっと三十歳になってその過去を顧みる気になった。そこで静かに反省してみると、少しは気分が落ち着いて、柔らかいものと剛毅なものとの両方に接していていいのだと思えるようになってきた。水も魚も雲も、どこにもとどまってはいない。僕もそうありたい……」。

こんな気分であろう。まさにのちの「則天去私」を思わせる漢詩であるが、そのぶん苦悩の深さも窺《うかが》い知れる。漱石はそう詠んだ矢先に、文部省から拝命を受けてロンドンに向かったのである。憂鬱きわまりないロンドンへ。海外嫌いのぼくに、もしもそのような拝命があったら、どうしただろうか。きっと断ったにちがいない。外《と》つ国《くに》というもの、とくに体を運んでみなくとも、詩歌の裡《うち》に隠されていてよかったものなのである。

漱石が「日本に好《よ》きものあるを打ち棄てて、わざわざ洋書にうつつを抜かすことほど馬鹿ばかしいことはない」と考えていたことは、随所の感想に出ている。一般にはこの感想は、巨きな鷗外の登場に対する驚愕と反発にもとづいていると憶測されてきたのだが、ぼくは必ずしもそうとは思わない。

江藤淳も推察していたが、『吾輩は猫である』や『坊っちゃん』に主人公の名がないということに、すでに漱石の西洋文学の主人公主義に対する抵抗が見られていたはずなのである。主人公なんて誰だってかまわないのだというこの姿勢は、漱石の文学と人生を語るには、もっと注目されていい。

イギリスに留学して帰国してからの十年、漱石は漢詩を作っていない。『こころ』『三四郎』『それから』などの小説創作に傾注したからだろうが、自身ではその作品を気にいっているわけではなかった。漱石には、自分の制作物が他人にどう見られるかということを振り払いたくて書いているようなところがある。

こうして明治四三年の、四三歳になった六月、胃潰瘍で内幸町の長与胃腸病院に入院した。入院は約一ヵ月。やっと退院できたその日に久々に漢詩を書いた。日記には「沈吟して五言一首を得た」と綴っている。

「来たり宿《しゅく》す　山中の寺　更に加う　老衲《ろうのう》の衣　寂然　禅夢の底《うち》　窓外　白雲帰る」。

こんな平凡な詩だ。とても葛湯を練ったとは思えないほど平凡な詩であるが、ここには漱石がずっと空想しつづけた禅林生活のようなものが詠まれている。

老衲の衣というのは禅僧が着る法衣のことで、寒かったのでそれを貸してもらって上に羽織ったというのだ。これがその後の漱石の〝何か〟を暗示していたことは、続く八月に伊豆修善寺《しゅぜんじ》に転地療養のために行って菊屋旅館に逗留《とうりゅう》したとき、大量の吐血があって危篤状態に陥り、それをやっと脱した九月二十日と二五日の日記に次のような二つの漢詩を詠んだことで如実になった。

大風　万木を鳴らし　山雨　高楼を撼《ゆる》がす
病骨　稜として剣の如く　一灯　青くして愁《うれ》えんと欲す
（九月二十日の漢詩）

風流　人　未だ死せず　病裡　清閑を領す
日々　山中の事　朝朝　碧山を見る
（九月二五日の漢詩）

ここには九死に一生をえながらも刀剣のように痩せぎすになった漱石の、それでも青く愁えようとも、青山《せいざん》を見据えようとする壮絶な静寂が歌われている。とくにあとのほうの九月二五日の漢詩は、自分はまだ死んでいないので修善寺の山中で清閑ともいうべき風流を感じることができているというものだ。ここには漱石の最期の日々に向かって良寛の書や詩に傾倒していくあの感触がはっきりとしている。

それはその前の詩の「寂然　禅夢の底」にあきらかにつらなるもので、さらには菊屋旅館になお逗留しているときに詠んだ十月七日の次の一詩にもつらなる。

傷心　秋　已《すで》に到り
嘔血《おうけつ》　骨　猶《な》お存す
病起　何《いず》れの日を期せん
夕陽《せきよう》　還《ま》た一村

これを痛ましいと思って読んでは、こちらも変になる。漱石は自身の病骨をむろんのこと多少は愁いながらも、しかしそれをもって俗塵《ぞくじん》を離れて日本山水に思いを致すことができたことによって、その愁いを新たな風流の「奥」に変じさせようとしているのであって、それがやがて良寛への傾倒となるのだから、そうであるのなら、こちらも湯船に半ばゆっくり沈みながらも、その「胸中山水」を思えばよいわけなのだ。

それを証《あ》かしている有名な「題自画」がある。《山上有山図》をみずから描いて、そこに書き付けた漢詩だ。大正元年十一月のものだとされている。こういうものだ。

山上に山有りて　路　通ぜず
柳陰に柳多く　水　西東
扁舟《へんしゅう》　尽日《じんじつ》　孤村の岸
幾度か　鵞群《がぐん》　釣翁《ちょうおう》を訪《と》う

漱石が自画に自身で賛を入れた最初のもので、とても愉快だ。病身の漱石や病上がりの漱石をつかまえて愉快とは何事かと思われるかもしれないけれど、愉快と思わないほうがかえって漱石に失礼だ。ここは漱石が新たな風流の愉快を知ったわけなのである。漱石自身も、そのことを「天来の彩文」と書いている。

本書には引用されていないが、『思ひ出す事など』に次のような箇所がある。ちょっと長くなるが、これまたなかなかいい。次のような箇所だ。

「病気の時には自分が一歩現実の世を離れた気になる。他《ひと》も自分を一歩社会から遠ざかつた様に大目に見て呉れる。（中略）さうして健康の時にはとても望めない長《の》閑《ど》かな春が其の間から湧いて出る。此の安らかな心が即ち、わが句、わが詩である。（中略）病中に得た句と詩は、退屈を紛らすため閑に強ひられた仕事ではない。実生活の圧迫を逃れたわが心が、本来の自由に跳ね返つて、むつちりとした余裕を得た時、油然《ゆうぜん》と漲《みなぎ》り浮かんだ天来の彩紋である。吾ともなく興の起るのが既に嬉しい。其の興を捉へて横に咬《か》み堅に砕いて、之を句なり詩なりに仕立て上る順序過程が又嬉しい」。

実生活の圧迫を逃れた心が本来の自由に跳ね返って、油然と漲り浮かんだ天来の彩紋をもらえる。これが風流だと漱石は悟った。それを俳句や漢詩をつくることによって手にできることを知った。なかで「興《きょう》」をことのほか大切にしている。詩歌を詠ませるメタトリガーにあたる「興」が何を意味しているかは、ぼくの『白川静』（平凡社新書）を見てほしい。漱石は「興」の文学者であって、『草枕』は「興」の傑作だったのである。

漱石は大正五年十二月九日に胃潰瘍を悪化させたまま亡くなる。おそらく死期を存分に実感していて、「こころ」を整えていたにちがいない。その二週間ほど前の十一月二十日に、端然として最後の漢詩を綴った。絶筆だ。これまでの漢詩の集大成ともいうべき出来で、いよいよ禅味と則天去私が漲っている。

真蹤《しんしょう》　寂莫《せきばく》として　杳《よう》として尋ね難く
虚懐を抱きて古今を歩まんと欲す
碧水碧山　何ぞ我有らん
蓋天蓋地　是れ無心
依稀《いき》たる暮色　月は草を離れ
錯落たる秋声　風は林に在り
眼耳《がんじ》双《ふた》つながら忘れて　身も亦《ま》た失い
空中独り唱《うた》う　白雲吟

真蹤は禅にいう真法のこと、いわゆる本来の面目である。それを求めたいのはやまやまだが、いまだに私心があっては、それもままならない。自分はいま『明暗』などという小説でまことにつまらぬ俗塵のことを書き始めてしまい、これでは「何ぞ我有らん」と思わざるをえない。

ひるがえって古今の時空や碧水碧山は眼前の夕暮の景色の中にもある。禅に「眼耳双忘」というけれど、この景色にだって心身を打失《うちう》するような気分を感じることはできるにちがいない。自分はそろそろ死ぬかもしれないけれど、こういう気分でいられるのなら、空中で独吟するつもりのままでありたいものだ。

こんな気分の詩だ。この詩は淡々として平凡でもある。ぼくは何度か口ずさんでみたが、とくに驚く言葉は競っていない。それなのにとてもよく響いてくる。

漱石がこのような漢詩を綴るようになったのは、修善寺以来のことだった。それから多くの詩を書いてきたわけではないが、しだいに風流は極まってきている。『明暗』を未完におわらせても、この漢詩は綴っておきたかったのだという思いが伝わってくる。やはりここには良寛がいる。

かつて、未詳倶楽部の面々と修善寺に遊んだことがある。未詳倶楽部はぼくのプライベート・クラブのことだ。いまなお悄然《しょうぜん》とその面影を保っている菊屋旅館とは目と鼻の先だった。面々は別の日、ぼくの五五歳の誕生日を祝ってくれた。このときぼくに漱石の漢詩が浮上した。

それより以前、ぼくの漢詩の好みは中国のものとはべつにゆっくり日本漢詩に動いていた。最初は五山《ござん》僧たちの漢詩と蕪村にゆさぶられたのだが、やがて江戸の漢詩のおもしろみに移り、菅茶山《かんちゃざん》、頼山陽《らいさんよう》、広瀬淡窓《たんそう》などをゆらゆらしながら、ついに良寛におよんでおおいに感応した。だからぼくにとっての漱石の漢詩は五山僧や頼山陽や良寛の延長にある。これらは心の内外にピクチャレスクを採り込む作風だ。それがいい読み方なのかどうかはわからないが、そう読むのが気分がとても落ち着くのだ。

今週末、久々に未詳倶楽部の面々と良寛の里を訪れようと予定している。寺泊《てらどまり》から出雲崎《いずもざき》に入るつもりだ。漱石と良寛を眼耳双忘して感じたい。ちなみに寺泊にはかつて菊屋という旅籠《はたご》があって、ここに渡海する前の順徳天皇や京極為兼《ためかね》が泊まった。修善寺の菊屋とは異なるが、何かを想わせる。寺泊にはまた良寛が三十代の終わりに越後で転々としていたときに逗留した照明寺がある。良寛は庭先の密蔵院に住んでいた。

その良寛のすべての原景はやはり出雲崎にある。いまは良寛堂となっているあたりに橘屋という生家があった。良寛はここで青年期までをおくるのだが、父親の山本以南《いなん》が桂川に投身自殺してからは、ひたすら禅に向かい、そのあげくに越後に戻って風流に遊んだ。出雲崎はその原風景を孕《はら》んでいる場所なのである。

良寛となった漱石。その漱石に、良寛の漢詩「城中　食を乞い了《おわ》り　得々として嚢《のう》を携えて帰る　帰来　知る　何れの処ぞ　家は白雲の陲《ほとり》に在り」を彷彿《ほうふつ》とさせる詩がある。大正五年十月二二日のものである。

元是東家子　　元と是れ東家の子
西隣乞食帰　　西隣　食を乞いて帰る
帰来何所見　　帰来　何の見る所ぞ
旧宅雨霏霏　　旧宅　雨　霏霏《ひひ》たり

第一三〇九夜　二〇〇九年七月二八日

参照千夜

五八三夜：夏目漱石『草枕』　四九九夜：正岡子規『墨汁一滴』　二〇夜：佐藤春夫『晶子曼陀羅』　二五九夜：斎藤茂吉『赤光』　一〇四八夜：『北原白秋集』　一一四八夜：石川啄木『一握の砂・悲しき玩具』　一四三夜：折口信夫『死者の書』　八七二夜：『陶淵明全集』　九五二夜：『李白詩選』　一五五七夜：久須本文雄『寒山拾得』　七五三夜：西行『山家集』　九九一夜：松尾芭蕉『おくのほそ道』　八五〇夜：『蕪村全句集』　七六七夜：『一茶俳句集』　一〇〇〇夜：『良寛全集』　三三〇夜：『山頭火句集』　四五四夜：『井上井月伝説』　三夜：長尾雨山『中国書画話』　一〇〇八夜：吉川幸次郎『仁斎・徂徠・宣長』　二一四夜：江藤淳『犬と私』　九八〇夜：『グレン・グールド著作集』　六二七夜：上田三四二『短歌一生』　七五八夜：森鷗外『阿部一族』　三一九夜：頼山陽『日本外史』

殉死する日本人の決断と矛盾。
鷗外はその一点を彫塑して、日本文学を転回させたかった。

阿部一族

森鷗外

岩波文庫　一九三八・一九六六・二〇〇七

簡浄を努めなければならない、という。晩年の鷗外が自身に戒めた文体のことだ。鷗外が「簡浄《かんじょう》の文」を書くようになったのは、乃木《のぎ》大将が夫人とともに自害してからのことだった。満五十歳になっていた。

それまでの鷗外も加飾を好む人ではなかったけれど、明治天皇を追って乃木希典《まれすけ》が殉死を決行してから突然に書きはじめた歴史小説あるいは史伝の連打では、あらかじめこの時を待っていたかのように、簡浄要訣《ようけつ》な文体が敢然として選ばれ、結露した。

最初は『興津弥五《おきつやご》右《え》衛門《もん》の遺書』である。明治四五年の九月に乃木夫妻が殉死した翌月に発表した。「午後乃木大将希典の葬を送りて青山斎場に至る。興津弥五右衛門を草して中央公論に寄す」と日記にある。作品はまさに遺書になっている。「それがし儀、明日年来の宿望《しゆくもう》相達し候て、妙解院殿御墓前《みようげいんでん》において首尾よく切腹いたし候ことと相成り候」というふうに始まる。弥五右衛門という明日切腹をする者が後世の者のために、一筆経緯を認《したた》めたというのだ。

その経緯というのが変わっていて、主君の細川三斎忠興《さんさいただおき》に「名物を入手して参れ」と言われて、家来の弥五右衛門が同輩の横田某と長崎に赴き、そこで伽羅《きやら》の大木に出会った。ところがこれを求めようとする者に伊達政宗の家来がいた。伊達家は本木《もとき》のほうを所望していて、そうなると細川家は末木《うらき》になってしまう。

そこで弥五右衛門はなんとか本木を入手しようとするのだが、横田はそんなことは阿諛便佞《あゆべんねい》であると言う。しかも国家の大事ではない。たかが茶事のことではないか。自分は一徹なる武辺者で、そういうことは理解できない。お前がそれほど本木を買いたいというなら表芸（武芸）を見せろと言って、脇差を投げ付けた。弥五右衛門はこれをサッとかわして、違い棚に掛けてあった刀をもって横田を斬り倒してしまった。「老耄《ろうもう》したるか、乱心したるか」と、のちに鷗外が何度も書くことになる場面のひとつである。

弥五右衛門は、あの城を落とせと言われれば鉄壁であろうと乗っ取りにかかり、あの首を取れと言われればそれが鬼神であろうとも討ち果たし、珍しき品を求め参れと言われれば、この上なきものの入手に身命をかけるのは、それが主君の命令ならば当然という考え方なのである。

しかし相役《あいやく》を切り捨てた以上は、その責任は免れられない。そこで弥五右衛門は主君忠興に切腹を申し出るのだが、許可がない。むしろ、お前の行為の「あっぱれ」を家門に伝えよと言われる。こうして伽羅の本木は「初音」の銘を付けられ、弥五右衛門は主君に重用され、横田の遺族との遺恨も残さぬように申し付けられる。

やがて忠興の三男忠利《ただとし》が卒去《しゅつきょ》すると家来一九人が殉死した。ついで忠興の卒去のみぎりにも殉死者が相次いだ。しかし弥五右衛門は殉死はできない。いったい殉死できた者が「あっぱれ」なのか、残った者が「あっぱれ」なのか。

主君の三回忌がやってきた。弥五右衛門はついにこの日が来たと決意して、身辺を整え、明日は船岡山の下に仮屋を設け、畳一枚に白布を覆ってそこで果てようと覚悟した。介錯《かいしゃく》は乃美市郎兵衛《のみいちろべえ》に頼んだ。あとは明日を待つばかり。そういう遺書である。

鷗外はこの遺書の紹介のあとに、弥五右衛門が当日になって「頼む」と声をかけ、白《しろ》無垢《むく》の上から腹を三文字に切ったこと、乃美の介錯は項《うなじ》を一刀裂いたものの深さが足りず、弥五右衛門は一声「喉笛を刺されい」と放ったが、そのまま絶命したこと、仮屋には京洛の老若男女が見守って、そのなかの落首に「比類なき名をば雲井に揚げおきつやごゑを掛けて追腹《おいばら》を切る」の一首があったことなどを、書き加えている。

これらをただ事実を紹介するように、淡々と書く。鷗外は、これでみごとに転身を果たしたのである。はっきりいうなら過去の鷗外を切腹させたのだ。

鷗外の作品の圧巻は、なんといっても晩年にある。とくに『遺書』から始まった史伝もの、『阿部一族』『渋江抽斎《しぶえちゅうさい》』『伊沢蘭軒《らんけん》』『北条霞亭《かてい》』が群を抜いている。ぼくは最初に『阿部一族』を読んだのだが、これが鷗外だったのかというほどの衝撃をうけた。頭《こうべ》が垂れたというより、頭《こうべ》が落ちた。

歴史小説といっても、鷗外はたんに史伝や稗史《はいし》を書いたのではない。人間を克明に記録していけばそこにいったい何が出現してくるのか、その問いを書いた。ただし問いの意図は決して書かなかった。

鷗外はそもそもが軍人であって医者である。二二歳で軍医学調査のためにドイツに入り、二六歳では陸軍大学校の教官となり、日清戦争直前の三一歳のときには陸軍軍医学校長になっている。医学論文の量は夥《おびただ》しく、クラウゼヴィッツの『戦争論』を講義すれば右に出る者がいなかった。その精緻な観察力と分析力をもって、「文章」という処方に徹すれば、対象が歴史に埋もれた一介の人物のことであればあるほどに、そこに人間の歴史的症状の本質が次々に〝斑紋〟のごとく浮かび出てきた。医学は一介の名もない患者からこそ、後世に寄与する症例とその処置とその意味を出現させている。鷗外にはいつもこのような〝医事の眼〟のようなものがつきまとう。

やがて鷗外は石川啄木や木下杢太郎《もくたろう》や吉井勇《いさむ》たちが「スバル」を創刊した明治四二年のときは、一方では文学博士の学位をうけ、他方では『ヰタ・セクスアリス』を書いていた。四七歳であった。『ヰタ・セクスアリス』は作品というよりも、作品の体裁を借りた鷗外自身のための欲望の処方箋である。切腹しきれない鷗外が解毒剤を呑んだか浣腸《かんちょう》をしたかのようなところがある。何を書いたかというと、鷗外の分身とおぼしい金井湛《しずか》君の性の悩みのことを書いた。

金井君は哲学を職業としているものの、まだ何も書いていない学徒だ。大学を出るときはブッダ以前の六師外道《ろくしげどう》とソクラテス以前の哲学との比較をしていたが、その後は哲学書よりも小説などを書いてみたいと思っている。そこへ夏目金之助君が小説を発表し、田山花袋君らの自然主義文学が興ってきた。読めば必ず性欲的描写が出てくる。ゾラやスタンダールもそういう場面を描いていた。しかし金井君はそれらに較べて自身の性欲があまりに冷澹《れいたん》なので、フリジディタス（性的不感症）かと疑う。

あるときオーストリアの審美学の本を読んでいたら、あらゆる芸術はリーブスヴェルブング（求愛）の所産であって、サディズムもマゾヒズムもその変形にすぎないと書いてある。医学書を読むと、性教育の必要が問うてある。それが欠ければ人間性に偏向がおこるという説明だ。金井君はそれならばと発起して、哲学や研究をするより自身の性的なるものを振り返って記述するべきではないかと思った。

このように『ヰタ・セクスアリス』は始まって、以下が金井君のカミングアウト、すなわち鷗外自身の性の告白になった。いま読めばとても春情を催す手のものではないが、「スバル」に発表されたときはすぐに発禁になった。

ともかく鷗外はそこまで自身に踏みこみ、自分を曝《さら》してみたわけだったのだが、しかしこれほどの下剤的告白をもってしても、乃木夫妻の殉死の「寡黙な一撃」の前ではすべてが色褪《いろあ》せたのだ。ここにおいて鷗外は愕然として悟った。「簡浄」に徹しなければならないと決意し、大転換を遂げることにした。『興津弥五右衛門の遺書』は、それまでの鷗外への決別だった。

かくして鷗外は、『遺書』の翌年に『阿部一族』を書く。またしても殉死を扱ったばかりでなく、『遺書』に登場した三代藩主細川忠利の死と四代光尚《みつなお》の代替わりの〝あいだ〟を凝視した。

当時の殉死は「亡君許可制」であるにもかかわらず、許可なく追腹《おいばら》を切った者も、結果としては武家社会の誉れとして同格に扱われた。この「制度」と「生き方」が組み合わさっておこす矛盾や溝を原因に、さまざまな武家一族の悲劇がおこっていた。鷗外はそこに着目する。

たとえば、主君に願い出て殉死を許された者はよいが、主君の許可が出ず、やむなく日々のことに従事している者には、「おめおめと生きながらえている」「命を惜しんでいる」という評が立った。鷗外も自分の「おめおめ」が一番嫌いだったのだが、『阿部一族』の最初の主人公阿部弥一右衛門《やいちえもん》も「命を惜しんでいる者」とみなされた。いったいどうすれば弥一右衛門は「あっぱれ」に組み入ることができるのか。

出来事は二段、三段、四段に深まっている。鷗外がそのような段取りを作ったのではなく、事実、そういう出来事が続いた。そこを鷗外が「簡浄の文」をもって抜いてみせた。ざっとは、次のような出来事が連続した。

主君の細川忠利が卒去した。その日から殉死者が十余人出た。荼毘《だび》に付された日には忠利が飼っていた二羽の鷹が空を舞っていた。人々が見守るなか、その鷹が二羽とも桜の下の井戸にあっというまに飛び込んだ。

中陰《ちゅういん》がすぎても殉死はぽつぽつあった。十七歳の内藤長十郎はかねて主君の夜のお供として病いに罹《かか》った主君の足など揉《も》んでいたのだが、あるとき死期の近づく主君に、そのときは殉死する覚悟なのでお許し願いたい旨をおそるおそる申し出た。許可はなかったので長十郎は家来のいる折、主君の足を揉むままにその足を額に当て、再度の追腹の許可を願った。主君は軽く二度頷いた。

長十郎は嫁をもらったばかりであったが、母に殉死の覚悟を伝えると、少しも驚かず嫁に支度をさせなさいとだけ言った。長十郎は菩提《ぼだい》所東光院にて腹を切った。

結局、この長十郎を加えて十八人の殉死者が出た。しかし弥一右衛門はそれまで主君を諫《いさ》める言動をしていたせいか、忠利にはその存在が煙たく、「どうか光尚に奉公してくれい」と言うばかり、いっこうに殉死の許可をもらえなかった。煙たいから死んでよいというのではない。煙たい奴には武士の本懐の死など下賜できない。

十八人の殉死者が出てしばらくして、「阿部はお許しがないのをさいわいに、おめおめ生きるつもりであるらしい。瓢簞《ひょうたん》に油を塗って切りでもすればいい」という噂が立った。憤然とした弥一右衛門は家の者を集めて、自分はこれから瓢簞に油を塗って切り死にするから見届けられたいと言うと、子供たちの前で腹を切り、さらに自分で首筋を左から右に貫いて絶命した。子供たちは悲しくはあったが、重荷を下ろしたような気がした。

ところが、である。城内ではだれも弥一右衛門の覚悟の死を褒めないばかりか、残された遺族への沙汰には「仕打ち」のようなものがあった。

寛永十九年三月、先代の一周忌がやってきた。父の死が報われていないことを知った子の権兵衛《ごんべえ》は、焼香の順番がきて先代の位牌《いはい》の前に進み出たとき、脇差の小柄《こづか》を抜いて自身の髻《もとどり》を押し切って仏前に供えた。家来が慌てて駆け寄り、権兵衛を取り押さえて別室に連れていくと、権兵衛は「自分は乱心したのではない、このままでは阿部の面目が立たない、もはや武士を捨てるつもりだ、お咎《とが》めはいくらでも受ける」と覚悟のほどをのべた。

新しい藩主光尚はこれをまたまた不快に思い、権兵衛を押籠《おしこめ》にした。一族は協議のうえ、法事に下向していた大徳寺の天祐《てんゆう》に処置を頼むのだが、権兵衛は死罪との御沙汰、ではせめて武士らしく切腹をと願い出るのだが、これも聞き入れられず、白昼の縛り首となって果てた。

こうして阿部一族が立てこもることになった。藩内では討っ手が組まれ、表門は竹内《たけのうち》数馬《かずま》が指揮をする。阿部一族のほうでは討っ手の襲撃を知って、次男の弥五兵衛《やごべえ》を中心に邸内をくまなく掃除し、見苦しいものはことごとく焼き捨て、全員で密かに酒宴を開いたのち、老人や女たちはみずから自害し、幼いものたちは手ん手に刺しあった。残ったのは屈強の武士たちばかりとなった。

阿部一族が立てこもった山崎の屋敷の隣に、柄本《つかもと》又七郎という人物がいた。弥五兵衛とは槍《やり》を習い嗜《たしな》みあう仲だった。又七郎は弥五兵衛一族の「否運」に心痛していた。そこで女房を遣わせて陣中見舞いをさせた。一族はこれを忝《かたじけな》くおもい、「情《なさけ》」を感じる。しかし又七郎は、「情」と「義」とは異なるのだから、ここは「義」を選んで討っ手に加わるべきだと決意する。そのため阿部屋敷の竹垣の結縄《むすびなわ》を切っておくことにした。

一方、討っ手の竹内数馬はこの討伐をもって討ち死にするつもりであった。それまで近習《きんじゅ》として何の功績もあげていないので、ここで先の主君に報恩を果たしきりたい。そこで前夜、数馬は行水をつかい月代《さかやき》を剃り、髪には先代を偲《しの》んで「初音」を焚《た》きしめた。白無垢《しろむく》白襷《しろだすき》 白鉢巻をして、肩に合印《あいじるし》の角取紙《すみとりがみ》をつけ、腰に二尺四寸五分の正盛《まさもり》を差し、草鞋《わらじ》の緒を男結びにすると余った緒を小刀で切って捨て、万端準備を整えた。

卯《う》の花が真っ白く咲く払暁、怒《ど》濤《とう》のような戦闘が始まった。弥五兵衛は早々に又七郎と槍を交えたのだが、ちょっと待ていと言って奥に下がって切腹した。切腹できたのは弥五兵衛一人、ほかの者はことごとく討ち死にした。数馬も討ち死にした。

かくて阿部一族は消滅した。又七郎は傷が癒えたのち光尚に拝謁し、鉄砲十挺《ちょう》と屋敷地を下賜され、その裏の藪山《やぶやま》もどうかと言われたが、これを断った。阿部一族の死骸はすべて引き出されて吟味にかけられた。又七郎の槍に胸板を貫かれた弥五兵衛の傷は、だれの傷よりも立派だったので、又七郎は面目を施した。

以上が鷗外の記した阿部一族の顚末である。

いくら「お家大事」の江戸初期寛永の世の中とはいえ、異常きわまりない話で、いったいどこに「価値」の基準があるかはまったくわからない。たしかに「建前」はいくらもあるが、それとともに人間として家臣としての「本音」もあって、それがしかも「建前」の中で徹底されていく。「情」と「義」も、つぶさに点検してみると、どこかで激突し、矛盾しあっている。どこに「あっぱれ」があるかもわからない。鷗外は『遺書』や『阿部一族』をまとめて『意地』という作品集に入れるのであるが、その「意地」はいつ発揮されるかによってまったく印象の異なるものだった。

鷗外はそのことを示すために史実の連鎖にのみ目を注いだ。もし意地や面目というものがあったとしたら、それは乃木大将のごとく最後の最後になって何かを表明すべきものであった。

実は鷗外も「鷗外最後の謎」とよばれるものを作って死んだ。自分の墓には森鷗外という文字を入れてはならない、ただ森林太郎と残してほしいと遺言した。「余ハ石見人《いわみのひと》森林太郎トシテ死セント欲ス」と。

こうした決意を鷗外がどこでしたのかは明確になっていないけれど、ぼくはあきらかに明治が瓦解していったときのこと、すなわち『興津弥五右衛門の遺書』と『阿部一族』を著しているときだったと思っている。

鷗外は、このあとにも『大塩平八郎』『堺事件』『栗山大膳』『高瀬舟』『渋江抽斎』『伊沢蘭軒』『北条霞亭』と書き継いで、いずれも非の打ち所がないほどに「無欠」の作品を発表した。これらの作品には、鷗外が付け加えるべき感情の表現など、ほとんど施されてはいない。すでに鷗外が森鷗外を欲する必要がなくなっていたことを意味していたにちがいない。実際にも『北条霞亭』を書いたまま、大正十一年に六十歳で〝森林太郎〟として死んでいった。

ところで最後にひとつ、ぼくが今夜に『阿部一族』をとりあげた暗合を書いておく。それは阿部一族の消滅が「寛永十九年四月二十一日」のことだったということである。すなわち、約三六〇年前の今日のことだった。ぼくも千夜千冊で鷗外をいつの日か書こうとは予想していたのだが、結局はこの日の〝討死〟を密かに待っていたところがあった。ちなみに、この作品はリングスの前田日明《あきら》君の愛読書と聞いた。それだけでも前田君が本物であることが伝わってくる。

第七五八夜　二〇〇三年四月二一日

参照千夜

二七三夜：クラウゼヴィッツ『戦争論』　九三八夜：『吉井勇歌集』　七〇七夜：ゾラ『居酒屋』　三三七夜：スタンダール『赤と黒』

父（森鷗外）は、山の頂《いただき》を極める人のような、きれいな熱情を持っていました。

森茉莉

父の帽子

筑摩書房　一九五七　／　講談社文芸文庫　一九九一

森茉莉《まり》が「テレンス・スタンプの微笑《わら》い」を書いたとき、ぼくは「遊」を準備していた。一九七〇年だ。「文藝」の一隅でそれを読んで、この人のものは片っ端から読もうと思った。与謝野晶子の再来を感じた。それでさかのぼっていろいろ読んでいたら、二年ほどたって「海」誌上に今度は「ピイタア・オトゥールとマリイ・モリ」が載った。笑ってしまった。ぼくは世界の俳優のなかでテレンス・スタンプとピーター・オトゥールだけに首ったけだったからである。

それからまもなく、原宿の喫茶店で珈琲をのんでいる静かな森茉莉に会った。黒いカーテンのようなスカートのその人は、まるでそんなところにいるのに、すべての視線から消えるための魔法を自分にかけているようだった。テレンス・スタンプとピーター・

オトゥールはこの魔女にかしずく男神だったのである。

森茉莉のような人は、もういない。ヨーロッパでも西欧でもない「欧羅巴」の神と悪魔の美学を日常の観察の細部に出入りさせて紡ぐなんて、日《ひ》夏《なつ》耿《こう》之《の》介《すけ》から吉田健一までならともかくも、いまではすっかり見かけない。まして、それが女の言葉によっているだなんて、もうだれも逆立ちしても書けない世界の住人だった。

仮にそんな雰囲気を文章に交ぜられたとしても、森茉莉のようにナルシシズムの孤城にひたすらに引きこもり、少女期からの一貫した結晶的な美意識のままに暮らすことは、まずできない。いっさいの交際を断って魔法のままにいるなんて、それは森茉莉だけに宿った特権だった。

森茉莉は森鷗外の娘である。ただの娘ではなかった。文豪の娘は少なくないが、茉莉は父親をほとんど絶対崇拝するほどに愛し、また父親の愛を一身にうけて育った。

その父を想うと、ほとんど泣き出したくなるほどなのである。文豪の娘としてはすぐに幸田文《あや》が思いあわされるけれど、幸田文は露伴を思い出してめそめそする女ではなかった。心の柱に父譲りの、父以上に立派なものを抱えていた。森茉莉にあっては立派なのは父親だけで、自分は実体のない影なのである。

こんなふうに『父の帽子』には綴《つづ》られている。「私は幼い時からそばにいて父を見ていて、私には父が、学問や芸術に対して、山の頂を極める人のような、きれいな熱情を持っていた人のように、見えた」。茉莉はそのような父の「きれいな熱情」をひたむきに追う影となる。それが一生つづくのである。

十七になって夫と欧羅巴を歩いた時、私はいろいろな場所で「父の心」に会ったように、思った。シルレル、ゲエテ、ストリンドベルヒ、なぞの字が鈍い金色に光っている、伯林《ベルリン》の本屋の薄闇の中に立っているような時、そんな時なぞに私は「父の心」が其処にいるように、思った。私は父の、もっと極めたくて極められずに死んだ、学問への「心」が、暗い本棚のあたりに漂っているのを感じ、稚《おさな》い頭の中で、父の一生を考えてみるのだった。

鷗外は茉莉十九歳のときに死ぬ。訃報を聞いたとき、茉莉はロンドンにいた。このような父との別れ方も影響して、茉莉は鷗外との一卵性双生児を孕《はら》んでいったのであろう。森茉莉は鷗外のマントの内側で夢を見て、鷗外の息とともに呼吸のできる少女となり、その少女の原型をそのまま夢の奥に引きずって老女となっていったのだ。

本書にはもはや何もほしくなく、ただ想像力の彼方に生きていたいと思う、その根本の悲哀の美しさが綴られている。

そういう意味では、本書は森茉莉の原点の綴り方を示していた。その原点にある「父の帽子」とは、あたまが人並はずれて大きかった鷗外が、娘を連れて帽子屋で自分にあう帽子をさがしている極め付けの絶対光景のことである。その帽子には手品師のような魔法が隠れていたのだろう。

そのような森茉莉の才能の異様な開花の一部始終については、本書だけでは見えないかもしれない。そんな読者は『恋人たちの森』（新潮文庫）や『甘い蜜の部屋』（新潮文庫・ちくま文庫）を読むべきだ。

鷗外は茉莉を十六歳で結婚させるにあたって、自分は娘から距離をおこうとした。すでに鷗外の体は衰弱しつつあったけれど、あえてヨーロッパ旅行にも行かせた。それが結局は父と娘の今生の別れとなったことは、生涯にわたる茉莉の悔やむところとなったのだが、「世の中で一番きれいな愛は、父親と娘との愛」を断固として信じる茉莉は、これをついに小説虚構のなかで永遠に天上化する。

『甘い蜜の部屋』である。三島由紀夫が〝官能的傑作〟と絶賛した作品だった。それを森茉莉はなんと六二歳になって書き始めた。

もうひとつ、書いておきたい。森茉莉の晩年三十年ほどは、想像を絶するほどの貧乏だったということである。親しかった室生《むろう》犀星《さいせい》がアパートを訪れて、あまりの貧しさに哀しみをおぼえ、その夜はどうしても寝付けなかったというほどだった。プロパンガスではストーブがつかず、といって電気ストーブを買う経済力もないので、冬場の昼間は湯たんぽを何度も熱くして、彼女の説明ではマルセル・プルーストを気取ってベッドに逼塞《ひっそく》するというぐあいなのだ。

ところが本人はその貧しさを勤《いそ》しみ、ぞんぶんに想像力に託して華麗に綴っていく。それが『贅沢貧乏』(新潮文庫・講談社文芸文庫)という驚くべき傑作だ。炬燵布団《こたつぶとん》はタペストリーとなり、ただの汚れたコップがメディチ家がほしがったヴェネチアン・グラスの輝きになった。これが明治の文豪の娘の魔法でなくて何なのか。

第一五四夜　二〇〇〇年十月二十日

参照千夜

七五八夜：森鷗外『阿部一族』　一一八三夜：吉田健一『英語と英国と英国人』　四四夜：幸田文『きもの』　九八三夜：幸田露伴『連環記』　一〇二二夜：三島由紀夫『絹と明察』　八七〇夜：室生犀星『杏っ子』　九三五夜：プルースト『失われた時を求めて』

類想を知って着想を問いなおす。
そのために『芭蕉七部集』を読みつづける。

幸田露伴

連環記

岩波文庫　一九九一

【香】露伴ですね。待ってました。二四七夜では露伴の面影だけでしたから、ついに本物登場。

【玄】千夜が終わらないうちに、お出ましいただいておかないとね（笑）。露伴のいない明治ブンガクはありえません。

【香】松岡さんが青年時代に買った個人全集が天心全集・湖南全集・熊楠《くまぐす》全集、そして露伴全集ですよね。

【玄】それと折口信夫と寺田寅彦と三枝博音《さいぐさひろと》の全集かな。

【香】今夜はいろいろの露伴を、ぜひともかいつまんでください。私は露伴が国事よりも家事を大きく見ているところが好きなんです。

【玄】二四七夜に紹介した『蝸牛庵訪問記《かぎゅうあん》』はのちに岩波の社長になった小林勇《いさむ》さんが書いたものなんだけれど、なかなか滋味溢《あふ》れるというのか、露伴の滋味が洩れるというのか、そういうものがあったね。だいたい小林勇という人は中谷宇吉郎《なかやうきちろう》と絵画二人展をやったり、料理にうるさかったり、玩物喪志というけれど、そういう人だったんだろうね。文章もヘタクソ。

【香】出版人としては、ちょっと変わってますよね。

【玄】だからこそ露伴のような変人を書けたんでしょう。だって露伴の昭和時代を二十年間にわたって綴ったんだから。五十代以降の露伴なんてとても尋常じゃつきあえない。それは幸田文さんのものを読めば、すぐわかる。

【香】やっぱり変人？　家事にも異常にきびしかったんですよね。松岡さんは、晩年の露伴はカラスミとかタタミイワシみたいだと書いてましたね。

【玄】コゴミの醬油《しょうゆ》漬けとか白味噌《しろみそ》のヌタとかね（笑）。ま、あんな家に育って、あんなに教養があれば、そうなりますよ。湯島の聖堂に通いづめだものね。

【香】あんな家というと？　奥様が冷たいとか、文さんが娘にいるとか。

【玄】その前から変です。お父さんが幕臣でしょう。表《おもて》お坊主だった。表お坊主というのは式部職だね。そこに八人が生まれて、みんな変だった。二番目のお兄さんが海軍大尉の探検家で千島を調査していたし、弟は日本史好きの東京商科大学（いまの一橋大）教授、妹は有名な幸田延《のぶ》で日本最初のピアニスト。たしかケーベル先生に習っている。瀧廉太郎《たきれんたろう》がその延の下で上野の音楽学校にいたでしょう。その下の妹の幸《こう》はヴァイオリニスト。みんな、当時でいえばハイカラの先頭を走っている。幸田一家のあとからハイカラがくっついてきたという感じだよね。

【香】そうか、ハイカラのほうだったんですね。

【玄】露伴だって逓信《ていしん》省の電信技士の学校だからね。ニッカウヰスキーで有名な北海道の余市《よいち》に電信技師として赴任している。露伴の電気感覚はあまり話題にならないけれど、実は賢治を大きく先行しています。でも、露伴は少年のころから漢籍が大好きで、ほとんど毎晩にわたって埋没しているようなところがあったから、その漢文ベースが厚い。漱石が漢文的素養を身につけたくなったのも、わかるよ。あれほどに漢籍に通じていたのは富岡鐵齋《てつさい》と幸田露伴くらいなものでしょう。その二人とも目がおかしかったことに、ぼくは注目してるんだけどね。

【香】目ですか。

【玄】鐵齋は斜視で、露伴は五歳のころに片眼を悪くしている。隻眼の仙人のようなものでしょう。こういった目の疾患や特徴は思想者や表現者にとっては大事です。ラフカディオ・ハーンだってそうで、半分が見えていない。杉浦康平がひどい乱視であることは杉浦さんの発想の原点になっている。だってお月さんが七つも九つも見えるんだものね。そうすると、かえって精緻なデザインになるらしい。露伴もどこかで「瞑目枯坐《めいもくこざ》、心ひそかに瞽者《こしゃ》を分とす」と書いていますね。

【香】露伴って慶応三年の生まれで、子規や漱石と同じ歳ですよね。明治大正昭和をそのまま時代順に見ていたことになりますね。

【玄】紅葉、熊楠、宮武外骨《みやたけがいこつ》、斎藤緑雨《りょくう》とも同じだね。それから伊東忠太やフランク・ロイド・ライトとも同い歳。凄い時代だよ。坪内祐三さんに『慶応三年生まれ 七人の旋毛《つむじ》曲り』（マガジンハウス→新潮文庫ほか）という坪内流のおもしろい交差録がありますね。

【香】やっぱり関係ありますか。

【玄】そりゃあるよ。唐木《からき》順三さんがおもしろいことを言っていて、明治二十年代生まれまでの日本人は本気の教養があったけれど、それ以降の世代はむりやり修養を必要としたというんだね。教養と修養のちがいだね。つまりおベンキョーしないと何もわからなくなった。浄瑠璃も常磐津《ときわず》も女義太夫《おんな》も、ロダンもセザンヌも進化論も。

【香】それって致命的なことですか。

【玄】文化が水や風のつぶつぶのまま見えているのと、外まわりでベンキョーするのでは、だいぶんちがう。漱石が漢詩を書けたのはそういう水がまだ近所にも流れていたからです。

【香】だって私たちから見ると、松岡さんも日本文化が水や肌でわかっている感じがするのに。

【玄】まったく比較になりません(笑)。それにしても、いまどき露伴を読んでいる人は少ないだろうね。孤絶無援かもしれない。どういうふうに薦めようかなあ。

【香】私は松岡さんに、露伴を読まなくて何が日本文学なんだと言われて読んだんですけれど、最初は読めなかった。

【玄】何、読んだんだっけ?

【香】『五重塔』。

【玄】えっ、あれが読めなかった?

【香】漢文的というのか、漢語的というのか。どういう読み方で納得していいかも、どういうスピードをつけるのかも、わからなかったですね。やっぱり水が読めなかった。

【玄】文章がねえ。

【香】文章も文体も。やっぱりそれがわからないとなぜあいうことを書くかということも見えてこないんですね。それで二年くらいおいておいたら、今度は松岡さんが『天《そら》うつ浪』がいいよと言われたから、読んでみたところ、今度はすうっと入っていけた。

【玄】ふーん、そうか。ぼくは高校時代に『五重塔』を読んだけど、まったく抵抗がなかったけどねえ。なぜだろう?

【香】だから、私たちと松岡さんとでも、時代はかなりちがうんですよ。松岡さんの京都の家には、花鳥風月や有職故実《ゆうそくこじつ》があったわけですから。

【玄】それって歳の話だよ（笑）。露伴は時代が前に進むことに関心がなかったし、当初のものは当初に屹立《きつりつ》しているべきだと考えていたんだろうね。『五重塔』を映画にしたいと言われたとき、何度も断って、粋《すい》なことと言ってるんだね。あれは着物に仕立てたんだから法被《はっぴ》や襦袢《じゅばん》にしてもらっちゃ困るというんだ。こういうことはナマ半可じゃ言えないね。

【香】ところが、われわれには『五重塔』の「のっそり十兵衛」は法被や半纏《はんてん》を着た職人に見えますよね。

【玄】そう、そこなんだね。露伴が凄いところと、最近の読者にわかりにくいのは。

【香】なぜ、露伴はあんなに職人世界を描いたんですか。

【玄】淡島寒月に薦められて西鶴を読んだのが、それまでの漢文世界と巨《おお》きく交じったんだろうね。それで、ブンガクというより、筆や鑿《のみ》や歌が向かうところを書いたわけだ。そういうものが向かう境涯だね。

【香】西鶴と出会って何かがおこった。『好色五人女』の筆写までしていますよね。

【玄】おおざっぱにいうと、露伴には三回ほどにわたる変換と転位というか、重心をぐっとずらしたところがあるんだね。そのひとつが西鶴との出会いですよ。これで何がおこったかというと、和漢の境界がなくなった。文体も完璧な和漢混淆《こんこう》体になっていった。これは尾崎紅葉も真似します。それがしだいに磨きがかかっていくと、露伴も書くのがおもしろくてしょうがなかったんだろうね。それは『五重塔』より、西行について書いた『二日物語』に絶頂していますよ。それがまだ二十代後半からだからね。

【香】やっぱり文体を磨いた？

【玄】磨いたなんてもんじゃないね。文章全部、一言一句が磨き粉みたいなもの（笑）。露伴はずっと「文章」と「言語」はちがうと見ていた人なんです。

【香】文章と言語がちがう？

【玄】露伴のいう言語というのは、生来の国語を愛しきって使えるかどうかということだね。いわゆる母国語感覚です。ボゴ、母語ですね。むろん、これは大切だ。でもそれで文章が書けるかというと、そうじゃない。まず「章」が見えてきて、それから「文」が前後に動いていかなくちゃいけない。

【香】前後に動く？

【玄】いわば骨法用筆。骨法が「章」、用筆が「文」。アヤの一族が動くということ。

【香】はあ？

【玄】漢文が骨法ならば、アヤは西鶴の和文性。そこに露伴は気がついた。

【香】どうして西鶴ですか。そのほかの、たとえば、えーと、近松とかじゃなくて？

【玄】うん。明治の人にとっての近松は舞台の上での語りだからね。近松を印刷された文章として読むようになったのは、やっと戦後になってからじゃないのかな。西鶴は最初から読むしかないからね。まさに文章。

【香】そうすると、二つ目は？

【玄】『天《そら》うつ浪』を第一部で中絶して、そのまま小説をぷいっと捨てたことでしょう。グレン・グールドがピアノの演奏会を捨てたようにね。これはそうとうのことです。業界が認めた形式の温床を捨てるんだから。いわば未練を切ったわけです。ぼくはこういうところが好きなんだね。業界が認めたものばかりやっていて、何がおもしろいんだろうね。

【香】松岡さんがいつも「様式の誕生」に賭けるほうが好きなのは、露伴からですか。

【玄】いや、世阿弥だって武野紹鷗《たけのじょうおう》だって近松だって、そうでした。でも実際には、ぼくがそういうことを感じ始めたのは、『遊学』（中公文庫）を読んでもらうとわかるけど、最初は科学だね。科学って実は様式破りであって、新たな、見たこともない様式の発生に立ち会おうとするかどうかということなんですよ。ぼくのばあいは科学から学んだ。

【香】たとえばどういう科学者ですか。

【玄】ぼくが最初にびっくりして憧れたのは、ロバチェフスキーとガウスです。非ユークリッド幾何学ね。だってあれは平行線の公理公準を破っちゃうんだからね。だから、ぼくの公の文章デビューは高校生向けに書いた『十七歳のための幾何学』ですよ。

【香】それ、読んでみたい。

【玄】みっともないから、読まなくていい（笑）。

【香】では話を戻して、そういう様式からの脱出が露伴にもあったということですか。

【玄】露伴だけじゃなくて、あの時期の人はそれをつねに考えただろうね。子規が俳句を始めるのは、二五歳のときに露伴の『風流仏』に心酔して『月の都』という小説を書いて露伴に見せにいってからだよね。そのとき露伴の批評を聞いて、こりゃかなわんと見て俳句に転身した。子規は小説への未練を切った。鷗外が歴史小説に転じたのも乃木大将の自決の直後です。

【香】第七五八夜の『阿部一族』は衝撃的でした。私の友達はあれで鷗外を読みはじめたと言っていた。私も『阿部一族』を買いました。

【玄】露伴も小説を捨ててぶらりと史伝的なるもののほうに行くんです。史伝って、ふつうは文学じゃないよね。稗史《はいし》だからね。でも、露伴は平気の平左で史伝や随筆を徘徊《はいかい》する。今夜とりあげた『連環記』は露伴の最後の作品だけれど、史伝随筆のようなものですよ。ところが、これがだれも真似できないものになっている。

【香】無比無類。これだよね、現代に欠けているのは。

【玄】自分で様式をつくるということですか。

【香】それが三十年後とか、百年後にじわっとみんなに伝わっていく。どんなことも十年くらい集中すると、次の舞台様式の姿が見えてくるんだよ。モダリティがね。ところがみんな、その集中が三年も続かない。

【玄】十年くらいやっている人で芽が出ないという人も多いんですけど……（笑）。

【香】それは、やったりやらなかったりしてるだけだよ。手を抜いている。完全に何かを捨てて三年はやらなくちゃ。そうしないと、ただのちゃらんぽらん。

【玄】それで、露伴における三つ目の変換というか、転位というのは何ですか。

【香】これはあきらかに『芭蕉七部集』の評釈にとりくんだということだろうね。大正九年の五三歳のころからですが、それから八十歳で亡くなるまで三十年近くひたすらずっと七部集の評釈をしつづけた。

【香】まるで家事のように。

【玄】好きだねぇ、家事が（笑）。

【香】いえ、露伴の家事が……。

【玄】ひょっとしたらこの仕事こそ露伴が歴史にのこした最大の贈り物だったかもしれないね。けれども、そんなこと、文学史じゃまったく教えない。だから世間なんてろくなものじゃないですよ。まして人の評価は同時代では見抜けない。安東次男さんが七部集にあんなに傾注したのも露伴のせいだろうね。

【香】そういうことをすればするほど、露伴という人物が巨大に見えてくる。

【玄】斎藤茂吉だったかな、露伴は「国宝的な存在」だと言ってるよね。けれどもほんとうは巨大というんじゃなくて、細部において無辺なんですね。そこが凄い。

【香】それは私も少しだけですが、文章でも感じられるようになりました。

【玄】おっ、そりゃ脈がある。太田（香保）さん、最近、調子いいようだね。

【香】「千夜千冊」繙読《はんどく》会のおかげ。

【玄】まあ、いいや。ところで高木卓っていう人は知っている？

【香】いえ、知りませんが。

【玄】この人は東大でドイツ文学を教えていたんだけど、小説も書いて、すぐに『歌と門の盾』で芥川賞にノミネートされたのにきっぱり辞退した人で、その後は露伴にどっぷり浸かっていったんだね。しかも露伴の俳諧にばかり注目した。

【香】へえ、そういう人がいるんですか。

【玄】実は幸田幸（安藤幸）がこの人のお母さんなんだ。例のヴァイオリニストになった露伴の末妹。その高木卓に『露伴の俳話』（講談社学術文庫）というのがあって、これがなかなかおもしろい。ぼくはこれを読んで、またまた『芭蕉七部集』を評釈するということの凄みが見えてきた。

【香】どういうものでしょう？

【玄】露伴が実際に俳句を指導している場面を記録したもので、露伴のべらんめえも活かされていて、ともかくなんともたまらない。この、たまらないというように書けるというのが、たまらないんだね（笑）。

【香】それじゃわからないんですが。

【玄】露伴は俳句の話をしてるんだけど、それが根本的な文章論にもなっている。たとえば、「調子」ってのがわからねえと何もわからないとか、「庶幾すべからざる言葉」は使っちゃいけねえとか、類想を知って着想を問い直せとか、そういうことを連発している。

【香】調子ですか。

【玄】「ききどころ」とも言っている。どこで「調子」や「ききどころ」が出てくるかというと、「異なったもののハーモニー」から出てくる。異質なるものとの適合です。異質なものが混じるから結晶があるんでしょう。そんなこと当然なんだけれど、みんな忘れている。ハーモニーは純粋なものから出てくると思っている。そんなバカなことはないよ。そういうことをその場で詠まれた句を添削しながら、次々に説明しているんだね。それがおもしろい。

【香】たとえば？

【玄】そうだね、たとえば、だれかが「爆音はかなたに消えぬ春霞」と詠んだらしい。このころは昭和十六年で、もう戦争が始まっていたからね。で、露伴はこれはいかにもひどいと言って、だいたい「かなたに消える」じゃ飛行機がまだるっこくてかなわねえ（笑）。それで、「飛行機のあと一天のかすみかな」と推敲した。これで一気に速力が出る。

【香】なんとなく「細部における無辺」という感じが伝わってきますね。

【玄】「細部における」じゃなくて、「細部においての」だね。そう言わないと動かない。

【香】露伴は俳諧によって「遊」をしているんですね。

【玄】「遊」にしか本質も本来もなく、「遊」になっていればそこには異質も入るという

ことでしょうね。竹根が竹頭をつくるということですよ。あのね、『竹頭』という
いい文集もあるんです。

【香】老荘思想みたい。

【玄】そりゃ、そうだよ。鐵齋も天心も露伴もタオイストだよ。いずれも「和をもって
タオとなす」。

【香】そういう露伴のなかで、今夜は『連環記』を選んだのはどうしてですか。

【玄】いや露伴なら何でもよかったんだけれど、みんなが入手しやすい単行本がほとん
ど出回っていないんだね。これは驚いた。これは日本の現代文化の大失敗。日本
は敗戦で失敗したんじゃなくて、敗戦後にみんなで露伴を読まなくなったから、
失敗したんです。だって露伴の本がないんだもの。これじゃだれも露伴を読まな
くなる。それで岩波文庫の『連環記』にしたということと、これが露伴の最後の
作品だということかな。それとぼくもいま「連塾」をやっているしね。露伴は最
後の最後で「連」を謳《うた》ったんですね。

【香】私、『連環記』が好きなんです。

【玄】あっ、そう。慶滋保胤《かものやすたね》の二十五三昧会《ざんまいえ》の周辺を書いたものだというのが、いい気
分だよね。あれはカモの一族の奥の院の話だね。いま陰陽師がはやっているけれ

ど、それよりやっぱりこれを読まなくちゃ。

【香】一種の往生伝ですよね。

【玄】そうなんだけど、往生に向かうにあたっての何をととのえるかという、その「ととのえ」が露伴の文脈が運ぶところでね。そこが大江匡房《まさふさ》とはちがっている。心とか物とか、人とか。それをそれぞれととのえている。そこに細部無辺が出入りする。大きい往生が小さい「ととのえ」で用意されている。露伴はそこを書くんですね。ぜひ、そういうところを読んでほしい。

【香】でも、ちょっとわからないところがありまして、『連環記』は好きなんですが、何が好きなのかわからない。あれは、やっぱり傑作ですか。

【玄】ハッハッハ、露伴に傑作も劣作もないよ。あのね、水墨山水については、中国ではながらく「神品・妙品・能品」という評価があったんだね。ところが江南山水に全景を描かない辺角山水が次々に生まれてきた。これが、なかなかいい。けれども以前の評価軸では収まらない。そこで「逸品」というまったく新しい価値観がでてきたわけです。露伴の作品はすべてこの逸品です。

【香】逸品ってそういう意味だったんですか。

【玄】逸《そ》れているのに、本格の価値では測れないほど唸《うな》ってしまうということだね。こういうことは市場競争ばかりやっていては、絶対に見えてきません。ぼくが「千

【香】夜千冊」でとりあげてきた本の多くは、この逸品かどうかというところにかかっているんです。

【玄】あっ、そうだったんですか。そういう選本ですか。

【香】サン＝テグジュペリを『夜間飛行』にするとか、漱石は『草枕』で、ロラン・バルトは『テクストの快楽』とかね。それを、デレク・ジャーマンとか大槻ケンヂとか、シルヴィア・ビーチの『シェイクスピア・アンド・カンパニイ書店』と交ぜる。

【玄】五味康祐《ごみやすすけ》の『柳生武芸帳』もディックの『ヴァリス』も入れる。

【香】ひとつずつだけでなく、その並びもね。井伏鱒二『黒い雨』、宮本常一『忘れられた日本人』、堀正三『朝倉文夫の青春』とかね。これはこう並べることでそれぞれが細大相互に逸れあいつつ、寄っていく。

【玄】なるほど、そういうことですか。

【香】あるいは、三四〇夜からのアレン・ギンズバーグ、ハンナ・アレント、間章《あいだあきら》とか、四一七夜のフランセス・イエイツ、フレドリック・ブラウン、『枕草子』の並びとかね。

【香】そういう感覚では、私は『イーディ』、正岡子規『墨汁一滴』、そしてジャコメッティの『エクリ』という、あの五〇〇夜前夜で痺れました。

【玄】そうそう、それそれ。ぼくはそれを四年にわたって、いろいろ遊んできたんですね。だから、いっぱいありすぎるんだけど、九〇〇夜前後のカイヨワ『斜線』、賢治『銀河鉄道の夜』ときて、それに土門拳《どもんけん》の『死ぬことと生きること』を添えたところなんか、ぼく自身もけっこう好きですね。ごく最近のでは、九六六夜からの、マラルメの詩、『とはずがたり』、澁澤龍彥『うつろ舟』の三冊連畳なんて気にいっています。

【香】なるほど、ちょっとわかってきました。それが露伴にもあるんですね。

【玄】露伴はそれを一人でやってのけてる。とくに古典に戻ってね。知の連句ですよ。

【香】そうすると、露伴につづく明日の夜の一冊が決まってくる。

【玄】はっはっは、そうやって引っかけようったって、ダメだ。露伴は露伴です。なにしろ国宝的存在なんだから（笑）、では、これで。

【香】えっ、これで終わりですか。

【玄】ま、やっぱり原作を読んでもらわなくちゃね。そうそう、露伴の全集は岩波で刊行されているんだけれど、単一の作品集では筑摩の「現代日本文学大系」が一番よくできています。さっきから出ている『風流仏』も『五重塔』も『二日物語』も、むろん『連環記』も入っている。とくに『評釈猿蓑』が収録されているのがいいね。あの一冊はすばらしい編集です。

【香】もう一言。

【玄】そうだなあ、その筑摩のものにも入っているんだけど『骨董』とか『幻談』もおもしろいね。『骨董』では利休を錬金術師と見立てていたりして、これまたオツなものです。ま、露伴の前では青山二郎も小林秀雄も、それから益田鈍翁《どんおう》すら及ばないかな。だって、露伴はヨーロッパを必要としなかった最後の日本人だったかられえ。そういう人物がいないから、宮本常一さんや網野善彦さんが山や土や川や海に生きる〝忘れられた日本人〟を探したんですよ。

【香】あっ、すごい！　次夜は誰ですか？

【玄】ダメダメ。絶対にわかりっこない。

第九八三夜　二〇〇四年五月二八日

参照千夜

第二四七夜：小林勇『蝸牛庵訪問記』　七五夜：岡倉天心『茶の本』　一二四五夜：内藤湖南『日本文化史研究』　一六二四夜：『南方熊楠全集』　一四三夜：折口信夫『死者の書』　六六〇夜：寺田寅彦『俳句と地球物理』　一二一一夜：三枝博音『日本の思想文化』　一夜：中谷宇吉郎『雪』　一六〇七夜：『鐵齋大成』　四四夜：幸田文『きもの』　九〇〇夜：宮沢賢治『銀河鉄道の夜』　九八一夜：杉浦康平『かたち

誕生』 四九九夜：正岡子規『墨汁一滴』 五八三夜：夏目漱石『草枕』 八九一夜：尾崎紅葉『金色夜叉』 七一二夜：吉野孝雄『宮武外骨』 七三〇夜：伊東忠太・藤森照信・増田彰久『伊東忠太動物園』 九七八夜：フランク・ロイド・ライト『ライト自伝』 八五夜：唐木順三『中世の文学』 六一八夜：井原西鶴『好色一代男』 七五三夜：西行『山家集』 九七四夜：『近松浄瑠璃集』 九八〇夜：『グレン・グールド著作集』 一一八夜：世阿弥『風姿花伝』 七五八夜：森鷗外『阿部一族』 九九一夜：松尾芭蕉『おくのほそ道』 二五九夜：斎藤茂吉『赤光』 一八〇三夜：源信『往生要集』 二六二夜：青山二郎『眼の哲学・利休伝ノート』 九九二夜：小林秀雄『本居宣長』 二三九夜：宮本常一『忘れられた日本人』 八七夜：網野善彦『日本の歴史をよみなおす』

晩年の幸田露伴は、
カラスミやタタミイワシのようだった。

小林勇

蝸牛庵訪問記

岩波書店　一九五六／筑摩書房　一九八三／講談社文芸文庫　一九九一

小林勇には全集一一巻がある。『小林勇文集』という。出版社の親分としては過ぎて立派だが、大半はろくな作文になっていない。ところがいくつかの文章はまことに光っている。たとえば「人はさびしき」「遠いあし音」、あるいは画家の柳瀬正夢《まさむ》や経済学者の野呂栄太郎を送った追悼文だ。

雅号を冬青という。絵も描く。うまくはない。最初は中谷宇吉郎と二人展をしていたが、中谷が亡くなってからは無謀にも個展をくりかえした。料理にもうるさかったらしく、ことに鍋料理は自分で仕込まなければすまなかったらしい。よせばよいのに小説も書いたし、将棋の相手も断らなかった。玩志喪物というが、まさに何でも手を出し、何も大成しなかった。しかし、小林勇が生きた時代こそ日本の最後の文人が痛快な日々を送った時代となった。そこは小林ならではの功績である。おそらくこんな編集者や出版人は日本にはもう一人もいない。頑固で人情に溢れていて、手を尽くす。

小林勇は岩波茂雄の娘をなかば強引に貰《もら》いうけて、その後は岩波書店を背負った。岩波新書をつくり、中谷宇吉郎とともに岩波映画製作所を開設し、さらに岩波写真文庫を創刊した。今日の大岩波をつくったのは小林だ。岩波茂雄が戦後まもなく死んでしまったからでもあるが、けれども小林が小林らしいのは大岩波を大成させたということよりも、日本を代表する文人たちととことん付きあい、そのすべてをまるで女衒《ぜげん》のように守りきり、そのそれぞれの生涯の一角に強烈な光を送りこんだところにある。

小林をそのようにさせたきっかけが蝸牛庵《かぎゅうあん》との出会いだった。蝸牛庵とは幸田露伴のことをいう。のべつ住まいを替えるヤドカリをもじってカタツムリに擬した命名だ。

露伴の家に小林が最初に行ったのが大正十五年の春のことで、以来、露伴が死ぬ昭和二二年までずうっと露伴と行動をともにした。岩波茂雄も露伴を格別に崇拝していて、岩波三十周年の記念式典の劈頭《へきとう》の挨拶は露伴に頼んでいる。新しく家を建てたときも露伴がどう言うかだけを気にしていた。

その露伴が寺田寅彦や安倍能成《よししげ》、小宮豊隆《とよたか》・小泉信三・和辻哲郎・斎藤茂吉をはじめとする多くの文人から慕われていたので、小林はかれらとも親交を深めていった。その間、小林は料理のことも釣りのことも、将棋のことも中国文化のことも俳画のことも、ほとんどすべての知識を露伴から受けた。

つまり、小林がその後、いろいろの趣味に手を出した粗型の大半は、そもそもが露伴に習ったうろおぼえの趣味なのである。けれども、露伴が何を言っても、その大半のことは当時の小林にはわからなかったらしい。朴念仁《ぼくねんじん》だったのである。

本書はその露伴との貴重な出会いの日々を約二十年間にわたって綴ったもので、文章は砂利道めいているが、なんとも読ませる。露伴のことならなんでも知りたいぼくにとっては、出会いがたい愛読書のひとつだ。露伴六十歳から八十歳の日々にあたる。

なぜ、こんなヘタな文章が読ませるのか、その理由をすこし考えてみると、まずはなんといっても露伴の露伴らしい隠れた一面が赤裸々に伝わってくるからだが、そのようにわれわれを露伴の日々の渦中にすうっと運べるということは、これはわざわざヘタくそに綴ってみせたという〝計算〟だったかもしれない。書きっぷりがぶっきらぼうになっているのが、かえって露伴の前ではタダの人でしかない男から見た露伴の独自性を浮かび上がらせているからで、それが幸田文さんらの名文に似てしまったのでは、効果が薄い。そういう〝計算〟は編集者小林にはお手のものだったのだろう。いや、そうではない。ヘタな文章が露伴おやじを描写するのにふさわしかっただけだった。

ともかく本にするにあたって加飾しなかったのが、よかった。おそらくはその日のうちに綴ったメモにもとづいたしわくちゃの訪問日記が、ほぼそのままの木訥《ぼくとつ》で出版された。そこがかえって読ませた。

さて露伴の晩年の日々であるが、これはカラスミというかタタミイワシというか、なんとも味がある。いろいろ気にいったところがあったのだが、実はだいぶん忘れていたので、新たに文芸文庫に入ったものをざっとめくってみた。まるでぼく自身が露伴先生をはたで見守っていたかのように、それらのことを次々に〝思い出した〟。そういう自分の思い出を手繰るような気分にさせるところが小林勇なのである。

こんな調子の口説《くぜつ》が次々に出てくる。黄河のことを話したって何十巻という本ができるがそんなこと、誰も喜ばないだろうね。佐藤信淵《のぶひろ》の『経済要録』に法螺《ほら》貝《がい》を吹くと木についている虫が落ちると出ているね。歳をとってふと気がつくとつい文字の話をしているんだねえ。光悦の「小狐」「霙空」はあれは気にいった。岸田吟香《ぎんこう》なんてシナの浪人のようなやつさ。ぼくは珍本など買わない、普通の本を読んでも人が知らずにすごしてしまうことに気がついて本のうしろにあることを読むんだ。狩野亨吉《かのうこうきち》さんほど本を読むと、宗教なんか馬鹿らしいというのは当たり前なんだ。まあ、茶漬けは体にいちばんいいものだ、等々。

吟香を一蹴《いっしゅう》して亨吉を持ち上げているのが小気味よいが、小林はこういうときも何も反応していない。むろんすべてを察知してのことである。露伴はご時勢にもときどき文句をつけている。「西園寺なんていう男は自分さえよければ、あとはどうでもよい男だから駄目なんだ」「役人の下っ端などが何か世の中のことがわかったような気でいろいろケチなことをするのが、一番世の中をあやまるもとだ」。二・二六事件のときは、「こういう事件が生じるにはそれの根がある。偶然におきるというものじゃない」「高橋が殺されたのは困るだろう。ああいう人間はちょっとほかに見当たらないからな。重みのある人間ということだよ」と言っている。

毒舌ではない。わざわざ何かの物言いをするようなものはもたない。ほうっておけばすむものは、ほとんどほっておく。そのかわり、話すときにはつねに含蓄でしゃべる。ぼくが気にいっているのは、次のような露伴のセンスである。以前から『五重塔』を映画にしたいという話があったらしいのだが、それを露伴はいつも断っている。その理由が、「あれは着物に作ったのだから、襦袢《じゅばん》にしたり法被《はっぴ》にしたりされては迷惑なんだ」というのだ。『五重塔』の十兵衛は紬《つむぎ》か羽二重《はぶたえ》なのである。

本書には露伴の即興俳句が何度か出てくる。これが愛らしい。たとえば「長き夜をたたる将棋の一ト手哉」。いかにも横好きな一句だ。こんな句も小林は書きとめた。「春かすみ邦のへだてはなかりけり」「あの先で修羅はころがれ雲の峰」。

本書を最初に読んだときは八代《やよ》夫人のことに驚いた。文さんの文章からだけではわからなかったことである。露伴にしてそういう境遇だったのだ。が、露伴は「寺田のほうがきっと不幸だったろう」と言っていたらしい。寺田とは寺田寅彦である。露伴は自身にふりかかった出来事をまったく振り払わなかったのだ。それがどういうものであるのかは、露伴が描いた数々の職人たちを思えば推測がつく。諸君、いまのうちである、ぜひ露伴を読みなさい。

第二四七夜　二〇〇一年三月十二日

参照千夜

九八三夜：幸田露伴『連環記』　一夜：中谷宇吉郎『雪』　六六〇夜：寺田寅彦『俳句と地球物理』　八三五夜：和辻哲郎『古寺巡礼』　二五九夜：斎藤茂吉『赤光』　一二二九夜：青江舜二郎『狩野亨吉の生涯』　四四夜：幸田文『きもの』

なぜ八一は平仮名だけで歌を書いたのか。
日本文芸が「文字」の律動で動いてきたからだ。

會津八一

渾齋隨筆

創元社 一九四二／中公文庫 全二巻 一九七八・一九八〇

くわんおん の しろき ひたひ に やうらく の
かげ うごかして かぜ わたる みゆ

これを「観音の白き額に瓔珞《ようらく》の影うごかして風わたる見ゆ」とは綴らない。それが八一である。そのため仮名表記された歌の意味がつかめないという批評も多かった。
會津《あいづ》八《や》一《いち》はめっぽう歌の少ない歌人である。『南京新唱《なんきようしんしよう》』は明治四一年から大正十三年までの十七年間の歌を収めているのだが、全歌九三首。数えてみると一年に数首しか詠んでいない。しかも本書にも入っている「推敲《すいこう》」という随筆で言っているように、そうして詰めに詰めた歌がいざ歌集として活字になってみると、ここはまずい、あそこは足りない、この言葉は溢れすぎているという気持ばかりが前に出てきて、次に『鹿鳴集』に入れるときは矯《た》めつ眇《すが》めつなおしておきたいと、いつまでもそういう彫琢《ちょうたく》をしつづけていた。そういう八一があえて仮名で歌を表記する。おかげで仮名でしかあらわれてこない歌の表情がいっぱいに漲《みなぎ》り、律動に満ちてくる。たとえば、次のように。

ののとり　の　には　の　をざさ　に　かよひ　きて
あさる　あのと　の　かそけく　も　ある　か

ここには「の」や「あ」が動きまわって、まことに自在だ。かそけき小鳥が庭に来たという歌だからなおさらだ。こういうふうに仮名の表記にこだわってきた八一なのだから、よほどの事情と決断があるのだろうと、本書、およびその続篇にあたる『続渾齋《こんさい》随筆』を読んできたのだけれど、どうもそういう事情は書いてはいない。

なんだか最初から当然のように仮名なのだ。どうも不思議な歌人である。しかも、きっとこのことが八一の歌を解くうえで最も重要なことなのだろうが、八一は仏像の歌や鹿の歌や鳥の歌ばかりを詠んだ。

八一が書道界にずっと文句を言いつづけてきたことも、よく知られている。その主旨をつづめると、漢字書道と仮名書道が分断されすぎているということになる。

中国にもとづいて漢文漢詩を書く書人と、和の王朝ふうに草仮名ばかりをしたためる書人は、いったい何を根拠にこんなふうに分断されているのかという不満だ。書人として自分が選んだ書風筆法に対する判断が皆無なのではないかという批判だ。だいたい八一は、書法や筆法をうるさく言う連中など、大嫌いなのである。最近はぼくも顔見知りの石川九楊《きゅうよう》がひとつおぼえのように三折法《さんせっぽう》ばかりを強調しているのだが、こういうのが八一はなんとも嫌だった。石川には仮名についての書論が何もない。

八一は書法や筆法よりも骨法にこそ関心があって、そのためには平筆であれ万年筆であれ、鉛筆であれ針金であれ、その筆記用具にそなわっている骨法を発見すべきだという立場の書人だった。クレヨンやチョークの文字だって八一にとっては立派な書道なのである。しばしば篆刻《てんこく》を支援してきたのもそういう哲学による。のちに棟方志《むなかたし》功《こう》が八一の書に出会って衝撃をうけ、あの志功世界を思いついたというのもよくわかる。

こういう八一が仮名で歌を表記する。他人に仮名表記を奨めるわけでなく、自身の仏像の歌や鳥の歌を仮名であらわしつづけた。とすると、これは八一の「歌仮名の骨法」というべきだ。いわば啄木の分かち書きやローマ字日記なのである。

ぼくが會津八一の書に初めて出会ったのは「早稲田大学新聞」の題字からであった。

右上がりのその書体にはなんとも人を旋回させつつ魅きこむものがあった。学生の目にも、題字のロゴにしてはどんな新聞のロゴより洒落《しゃれ》ていた。ただ、それが書家の字であるとは思わなかった。

會津八一が書家であることを知ったのは早稲田の三年目、『早稲田大学アルバム』という記念の出版に駆り出されて、その題字を會津八一という人の書から集字するのだということを先輩の三輪さんから聞かされてからのことだ。そのとき、八一が相馬御風《そうまぎょふう》と同期の早稲田の出身であったこと、良寛と同じ新潟の出身で、良寛については並々ならぬ感興をもっている歌人であったことも知った。『早稲田大学アルバム』の編集主任のようなことをしていた温和な編集の鬼のような三輪さんからは、これをざっと読んでおけと『鹿鳴集』も渡された。早稲田文化史にとってそれほど八一の存在は大きかったのである。八一自身も自分が早稲田派であることを、越後の出身であることや奈良が好きだということほどではないが、誇っていた。

いま、會津八一は四十代以下の世代にまったく忘れられている。しかし八一のように「稀少《きしょう》な骨法」を求めて生きた人物を見逃したままにしておくのはよろしくない。まず歌である。ついで書で、そして随筆だ。そのことをどのように今日に伝えるとよいかは迷うけれど（歌や書をよく見てもらうに如かないのだが）、ここでは『渾齋随筆』に入っている『譯詩小見』という随筆に洞察されていることで暗示してみたい。これは漢詩を和歌に翻訳するという試みについてのべたもので、たいそう示唆に富む。

八一はまず、王維《おうい》の詩は李白や杜甫《とほ》にはおもしろかったろうが、韓愈《かんゆ》や白楽天にはそれほどおもしろくなかったのではないか。しかし裴廸《はいてき》や崔興宗《さいこうそう》は李白や杜甫より王維が好きだったのではないか。こういうふうに感じるのは自分が王維や韋應物《いおうぶつ》がたんに好きだというより、よくよく解るからで、こういうふうにピンと解るかどうかが文学が文学として和漢をまたぐ力になるのではないかと言う。

だから漢詩を和歌に訳すといっても、五言や七言の中の一行を題詠するように三十一《みそひと》文字にしたところで、これはまだ技法のレベルではないかというのである。

たとえば「天高うして雁《かり》空に横たはる」を「夕霧の晴れ行く空に月すみて鳴きこそわたれ雁のひとつら」と訳し、「残燈を挑《かか》げ盡《つく》して秋夜長し」を「いくたびか掲げそへつる灯火《ともしび》の消えても明けぬ秋の夜半《よわ》かな」とするようなもので、五言では余りすぎ、七言は分量は近いのだが、今度は翻訳っぽくなっている。漢詩文学を和歌文学にするには、もっとそこに骨法が必要ではないかというのだ。

さらに八一は、北京の銭稲孫《せんとうそん》が大伴旅人《たびと》を逆に漢詩にした例をあげて、一首を二句ずつにし、一三首を二六句に積み連ねる方法を紹介して、なるほど、これはこれで支那人のぎりぎりの工夫だったのだろうという感想を書く。旅人の「験《しるし》なき物を思はずは一坏の濁れる酒を飲むべくあるらし」は、漢詩では「空愁奚為者　濁酒且一杯」（空しく愁ふるもなにするものぞ、濁酒また一杯）なのである。

しかし八一はこれでもまだ翻訳にすぎないという。和漢の詩歌を連動させるとは、もっと深いことではないか。たとえば阿倍仲麻呂《あべのなかまろ》が唐に渡って朝衡《ちょうこう》あるいは字《あざな》を巨卿と名のって和歌の心を漢詩で詠み、さらにあの有名な「天の原ふりさけみれば」の歌を向こうの人たちに漢詩にして詠んでみせたというくらいのところまで、あるいは大津皇子《おおつのみこ》の漢詩「臨終一絶」と和歌の「ももづたふ磐余《いはれ》の池に鳴く鴨を」の絶唱の、ああした二様の詠み分けくらいのところまで行くべきではないかというのだ。

八一の「漢語派の書道と仮名派の書道が分断されてつまらない」という意見は、ここまでくるとすさまじい覚悟のうえのことだったことがよくわかる。

こうして八一は、千種有功《ちくさありこと》が『唐詩選』の五言絶句七四詩、七言絶句一六五詩をことごとく和歌にした『和漢草《わかくさ》』に出会って、ついに自分でもその試みに入っていった。『鹿鳴集』に入っている九首がそれである。八一はこれこそが「印象」というものなのだと言う。印象を和漢で共有することだという。張九齢《ちょうきゅうれい》の五言絶句を千種有功が和歌にしたものと、八一が和歌に詠んだものとを並べておく。

宿昔青雲志（宿昔青雲の志）

蹉跎白髪年（蹉跎《きだ》たり白髪の年）
誰知明鏡裏（誰か知る明鏡の裏）
形影自相憐（形影おのずから相憐れむ）
いくとせか心にかけし青雲をつひにしらがの影もはづかし（有功）
あまがける　こころは　いづく　しらかみ　の　みだるる　すがた　われと　あひみる（八一）

第七四三夜　二〇〇三年三月三一日

参照千夜

五二五夜：棟方志功『板極道』　一〇〇〇夜：『良寛全集』　九五二夜：『李白詩選』

大正の短歌は茂吉の挽歌、
「死にたまふ母」に集約されている。

赤光

斎藤茂吉

東雲堂書店　一九一三　／　岩波文庫　一九九九　／　新潮文庫　二〇〇〇

最初は逆に並べ、八年たって元に戻した。茂吉はけっして大胆ではないが、連想的構造についてはときに順逆をリバースする決断をする。『赤光《しゃっこう》』は大正二年十月に東雲堂《しののめどう》書店から刊行された茂吉の第一歌集である。八三四首が制作年代を逆にして並んでいた。それが大正十年の版では七四首が削り取られ、制作年代順に並んだ。

その制作順の新しい時期に「死にたまふ母」が四部構成五九首として出てくる。茂吉の母の守谷いくが脳溢血《のういっけつ》で亡くなるのは大正二年五月二三日のことで、茂吉は危篤の知らせをうけて山形上山《かみのやま》（堀田村金瓶《かなかめ》）に帰郷、火葬ののち悲しみのまま故郷近くの高湯《たかゆ》酢《す》川《かわ》温泉に身を休めて歌を詠んだ。こうして『赤光』が母の死をうたった歌で誕生した。それを発表するにあたっては、近くから遠くを見るように配列した。八年後、茂吉は逆に遠方が近傍に向かうようにしたわけだ。

先だっての夜のことだが、久々に「死にたまふ母」を読んでみた。ぼくの母の中陰のとき、やっと妹のところから古びた仏壇をはこび、あらためて母がいつもこの前に座っていた仏壇をゆっくり拭き、花を供えて線香の煙をしずかに見ているうちに、茂吉のことを思い出したからだった。

赤光は、茂吉が野辺の送りの夜空に見た光だ。「赤光のなかに浮びて棺《かん》ひとつ行き遥《はる》けかり野は涯《はて》ならん」。歌集のなかの「死にたまふ母」は、「其の一」茂吉が母の危篤の知らせをうけた不安のときの歌、「其の二」母の臨終前後の歌、「其の三」野辺の送りから骨揚げまでの歌、「其の四」葬儀をおえて母を偲《しの》ぶ歌というふうになっていて、ぼくが二月に母の葬儀をめぐって体験したことと同様の「時」が詠まれている。

もともと『赤光』は連作が多い構成だが、挽歌《ばんか》「死にたまふ母」はなかでも大作で、一種の歌詠型ナレーションになっている。いわば〝短歌による心象映画〟でもある。こういう構成感覚は茂吉の師の伊藤左千夫《さちお》にはなかったもので、すでに茂吉が徹底して新風を意識していることが伝わってくる。

歌詠ナレーション「其の一」十一首では、なんといっても「ひろき葉は樹にひるがへり光りつつかくろひにつつしづ心なけれ」の背が高い。この歌を詠めたことが、茂吉にこの連作を可能にさせた契機であろうと思えるほど、悲哀の予感をきわどくとらえている。そして、「吾妻《あづま》やまに雪かがやけばみちのくの我が母の国に汽車入りにけり」。正直な歌である。よほど母への思慕が深かった。「其の二」十四首には、「死に近き母に添寝のしんしんと遠田のかはづ天に聞ゆる」から、宝泉寺に建った歌碑で有名な「のど赤き玄鳥《つばくらめ》ふたつ屋梁《はり》にゐて足乳《たらち》ねの母は死にたまふなり」にむかって、茂吉の激情が高まり、懸命にこれを鎮めているのが、強烈に伝わってくる。死にゆく母に対するに「かはづ」「玄鳥」の生きた呼吸が対照される。ぼくの母のばあいは、そうした小動物ではなくて、つねに草花が対照された。

歌詠ナレーション「其の三」十四首では「星のゐる夜ぞらのもとに赤赤とははそはの母は燃えゆきにけり」が、やっぱりものすごい。まず、「星のゐる」。これは容易な言葉ではない。その直下に赤い光が母を燃やしている。その母の赤光も「ゐる」わけなのである。そこに「ははそはの」が同音連鎖で母の枕詞をつくっている。「其の四」二十首は茂吉が高湯酢川温泉に二泊したときの歌で、心の残響を丹念に仕上げた。とりわけ「笹はらをただかき分けて行きゆけど母を尋ねんわれならなくに」を前に、「山ゆゑに笹竹の子を食ひにけりははそはの母よははそはの母よ」を後においた配列は、笹の律動と母の律動を重ねて分けて、たいそうな寂寥《せきりょう》を歌い切る。

あらためて「死にたまふ母」に接して、『赤光』をさあっと流れ読みもし、また茂吉という歌人の生涯を想ったのである。

茂吉が挽歌に長《た》けているのは、いうまでもない。そこが歌の出発点だったからで、しばしば近代短歌の挽歌三傑作といわれる木下利玄《りげん》の「夏子に」、窪田空穂《うつぼ》の「土を眺めて」とくらべても、その魂魄《こんぱく》において抜頭するものがあった。しかし、茂吉の歌業は挽歌を含んで広大で、かつ無辺なものにむかっていった。

それだけでなく、医学者としても脳科学に徹した生涯を送った。東京帝大医科で、かの呉秀三《くれしゅうぞう》（夢野久作『ドグラ・マグラ』や埴谷雄高『死霊』のモデル）に副手として就いて学んだことが大きかったのだろうとは思うが、なにか「たゆまぬもの」が茂吉には滾《たぎ》っていたのであろう。茂吉が初期に研究していたのは「麻痺性痴呆者の脳図」というもので、大正十一年にベルリンからウィーンの神経学研究所に入って、これで学位をとった。このころの茂吉の研鑽《けんさん》ぶりと当時の日々のことは『オウベルシュタイネル先生』で読める。渋い文章だ。

ミュンヘンなどをへて茂吉が帰国してみると、「アララギ」再生にあたって苦楽をともにした島木赤彦の死が待っていた。ついで昭和二年、養父紀一のあとをうけ、青山脳病院の院長になっている。芥川が自殺した年だった。このあと、茂吉の歌道を象徴するちょっとした事件がおこる。五島茂らが「アララギ」を批判して、茂吉らの歌は「僧侶主義・無常観的・遁走的《とんそう》」であるから、こんな短歌はたんに復古調に堕しているだけだと詰《なじ》ったのである。

茂吉は応戦をする。黙っていない。ときには五島を〝模倣餓鬼〟とよぶような激越な言葉もつかったが、総じて相手を根源的な人間観で包んでしまった。その後も茂吉の周辺には論争が絶えなかったけれど、いずれのときも茂吉は悠然と相手を打倒した。ぼくはそこに医学者としての科学性を身につけてもいた茂吉の科学浪漫主義のようなものを感じる。それにしても茂吉が詰られた「無常観・遁走観」こそは、ぼくが茂吉を読む理由なのだ。

無常は迅速、けっしてとろくない。かえって意識が速い。無常はまっすぐ向こう側へ駆け抜ける。このこと、空海、紫式部、慈円に共通して、茂吉に及んだ。

第二五九夜　二〇〇一年三月二九日

参照千夜

四〇〇夜：夢野久作『ドグラ・マグラ』　九三二夜：埴谷雄高『不合理ゆえに吾信ず』　九三一夜：芥川龍之介『侏儒の言葉』　七五〇夜：空海『三教指帰・性霊集』　一五六九～七一夜：紫式部『源氏物語』　六二四夜：慈円『愚管抄』　一七二一夜：北杜夫・斎藤由香『パパは楽しい躁うつ病』

晶子に『源氏』のロマンティシズムを習い、漱石にヨーロッパを日本化することを教わった才能が唸った。

堀口大學

月下の一群

第一書房　一九二五　／　白水社　一九五二　／　講談社文芸文庫　一九九六　／　岩波文庫　二〇一三

あのころは川島忠之助《ちゅうのすけ》がいた、中江兆民がいた、森田思軒《しけん》がいた、黒岩涙香《るいこう》がいた。それから永井荷風あたりがあいだに入って、堀口大學《だいがく》になる。

これがフランス語を美しい日本語に乗せていった最初の冒険者たちの顔ぶれだ。日本人のドイツ語のほうはなぜか演劇を通した。シラーの『ウィリアム・テル』を斎藤鉄太郎が、『メアリー・スチュアート』を福地桜痴《ふくちおうち》が訳し、それから土方与志《ひじかたよし》や村山知義に移っていった。これにシェイクスピアの坪内逍遥やアンデルセンの森鷗外が加わった。しかし詩人の魂を紹介したのは、フランス語に浸った上田敏《びん》・永井荷風・堀口大學だった。そうして『月下の一群』である。

これほど一冊の翻訳書が昭和の日本人の感覚を変えるとは、大學自身もほとんど想定していなかったろうと思う。明治三八年の上田敏の『海潮音《かいちようおん》』が明治大正の文芸感覚をがらりと一新させていったように、大正十四年の大學の『月下の一群』は昭和の芸術感覚の言葉の光景を一新していった。たとえば、こんなふうに、である。

ポオル・ヴァレリイ『風神』
人は見ね　人こそ知らね
ありなしの
われは匂ひぞ
風のもて来《こ》し！

上田敏同様に、また大正二年の永井荷風のフランス訳詩集『珊瑚集』同様に、大學は自分で詩人と詩を選び、新しい時代の詩語としての日本語を練った。全体には応じない。ひたすら「いいとこどり」。これを編集手法ではアンソロジーとかオムニバスというが、明治のロマンティストたちはたいていは、こうした組み立て、組み直しが好きだった。正確に翻訳しようなどというのでなく、日本語として蘇《よみがえ》らせたかったのだ。

実際にはいま読める『月下の一群』は改訳と再構成によって、大正十四年の第一書房初版本とはだいぶん変わっているのだが（注：この初版本に依拠した岩波文庫版が二〇一三年に刊行された）、それでもフランス語づかいの具合の醍醐味《だいごみ》に突っこんで日本語を的確にあてがう大學流ともいうべき訳業の二、三を見てみれば、『月下の一群』がどんなに清新であったかは、すぐ響いてくる。たとえば――。

ギィヨオム・アポリネエル『蝗《いなご》』

　これは上品な蝗です
サン・ジャン聖者の食物《たべもの》です
私の詩歌も蝗のやうに
立派な人たちの腹のたしになればよい

フランシス・ジャム『哀歌』第十七

雨がふつた。
大地はよろこんでゐる。
万物は輝く。
薔薇の花弁の一つ一つに
一滴《ひとしづく》づつ露がたまつて
重たげに傾かせる。

でもまた
暑くなりさうだ。

レエモン・ラディゲ『頭文字』

砂の上に僕等のやうに
抱《いだ》き合つてる頭文字
このはかない紋章より先きに
僕等の恋が消えませう

ジャン・コクトオ『シャボン玉』

シャボン玉の中へは
庭は這入《はいれ》ません
まはりをくるくる廻つてゐます

ジュウル・ラフォルグ『最後の一つ手前の言葉』

宇宙かね？
——おれの心は

　そこで死んでいくのさ
　あとものこさずに……

翻訳がうまいというだけでなく、シャルル・クロスをふんだんに採用したり、フランシス・ピカビアやマリー・ローランサンを加えたり、気分を流行歌ふうにするなど、好みの配分が抜群だった。三三歳のときのアイディアだ。やがて大學の訳詩はアポリネール詩集、コクトー詩集、シュペルヴィエル詩集からランボオ、ボードレール、モーランその他に及んで、主要なフランス詩人を踏破していった。サン＝テグジュペリ、ルブランのルパン・シリーズも手がけた。

大學の出発点は内藤鳴雪《めいせつ》に惹《ひ》かれた中学生のころからの俳句づくりと、十七歳で入った新詩社にある。そのころの新詩社は与謝野鉄幹が八年にわたった「明星」を廃刊した後に、新たに「スバル」を創刊したばかりだった。この時代は「日本近代の最初の秋の黄昏《たそがれ》」で、岡倉天心といい横山大観といい、荒畑寒村《あらはたかんそん》といい大杉栄といい辻潤《じゅん》といい、また鷗外・鉄幹・晶子・らいてうといい、それぞれが明治の残照に向かって色めいていた。新人たちもそれぞれ虹のような色を放っていた。

鉄幹・晶子の家には、平出修《ひらいでしゅう》・平野万里《ばんり》・北原白秋・吉井勇・木下杢太郎《もくたろう》、さらに石川啄木や高村光太郎らが毎夜集って色めいていた。かれらは唸りをあげたい青少年というべき連中ではあったけれど、誰一人としてガキのようにはふるまわなかったし、静かに暮れゆく明治という時代を実感し、新たな季節が黄昏の向こうから落暉の照り返しをうけて到来するはずだということを、ちゃんと知っていた。

その色めいた集いの家は「明星」のころの千駄ヶ谷《せんだがや》から神田駿河台《するがだい》ニコライ堂の崖下に移っていて、ぼくは京都から上京して九段高校に編入した最初の夏休み、わざわざその崖下を「東紅梅町《ひがしこうばいちょう》」という町名だけをたよりにうろうろしてみたものだ。堀口大學はどうだったかというと、同じ十七歳の佐藤春夫がほぼ同じころ新宮《しんぐう》から上京して入門していたため、春夫ととくに親しい仲となっていたようだ。『月下の一群』も「佐藤春夫におくる」と献辞されている。

どうでもいいようなことではあるが、興味深いのは、当時、門人大半が鉄幹を「先生」とよび、晶子のことを「奥さん」とよんでいたのに、ひとり大學だけは晶子を「先生」と言いつづけたことである。

すでに晶子の短歌や文章は鉄幹を凌《しの》いでいたし、その晶子の感覚こそはのちの大學の言葉の錬磨に継承されもしていた。しかし晶子のほうは「わたしはあなたの先生ではありません。だって同門ではありませんか」と筋を通していたらしい。晶子っぽい応接だが、大學はずっと「先生」で通した。

実際にも大學は晶子をそうとうに敬慕していて、日曜日ごとの晶子による『源氏物語』の講義を熱心に受講した。ノートもとった。この『晶子源氏』に浸ったことが大きい。その後、西村伊作を手伝って開校したお茶の水の文化学院の講師を務めたのも晶子の推薦によっていたし、昭和十七年の晶子の葬儀には門人を代表して鎮魂の挽歌十首を捧げた。晶子は晶子で、大學の歌集『パンの笛』にこんな短歌を寄せている。「この君は微笑むときも涙しぬ　青春の日の豊かなるため」と。

大學は東京本郷に生まれ越後長岡で育った。外交官だった父親の九萬一《くまいち》に引っぱりまわされた。九萬一は外交官及領事官試験の第一回合格者で、まだ補官時代の閔妃《ミンピ》暗殺事件では、朝鮮の大院君《だいいんくん》に日本側からの決起を促した張本人だった。

その後はオランダ、ベルギー、スウェーデン、メキシコ、スペイン、ブラジル、ルーマニアを股にかけたコスモポリタンで、大學を産んだ妻マサとは死別し、ベルギーで向こうの女性と再婚をした。その九萬一に呼ばれて大學はメキシコ、ベルギーに行き、喀《かっ》血《けつ》をしながらもさまざまな海外の風を受け止めて、これを日本的に転換して思索するという工夫をするようになっていった。この父にして、この子あり。

当時は二十歳に満たない日本人が海外を遊学雄飛するのはかなりめずらしく、そのため大學の洋行壮行会が何度か開かれている。鉄幹は自分が主催したその壮行会の席上で、「君、ベルギーへ行くといふ　行くもよし、行かざるもよし」に始まる送別の詩を贈って、自分もいつかは洋行するかもしれない運命を織りこんだあと、終行を「行くとは言はじ　帰るとは言はん」と結んだ。伊藤整の『日本文壇史』は、大學と春夫がこの鉄幹の終行を二人で口ずさんで互いの別れを惜しんだと描写していた。実際にも、こんな詩を春夫が贈ったのちに、大學は「僕は思うのだ、春夫と僕とは、もとこれ一卵性双生児だろうと。一人が痛めば一人も泣いた」と書いたらしい。

大正四年に父に伴ってマドリードを訪れた大學は、折から亡命中のマリー・ローランサンと親しくなり、ついでアポリネールを教えられるとすぐに熱中した。大正十二年、三一歳のときに父親とともにルーマニアを訪れたときはポール・モーランに没頭して、さらにパリに飛んでからはローランサンと再会して多くの詩人を紹介され、大學の好みが磨かれていった。

それでも大學はやたらに日本を恋しがっている。なぜ堀口大學が世界を旅し、世界の詩人に親しんで、なお日本と日本語を愛しつづけたかということは、ひとつには与謝野晶子への傾倒があるのだが、もうひとつは吉井勇の華麗洒脱《しゃだつ》な短歌に対して終生の敬意をもっていたことがあげられる。三六歳のときのことになるが、日《ひ》夏耿《なつこう》之《の》介《すけ》と西條八十《やそ》と詩誌「パンテオン」を創刊したとき、大學は自分自身であろうとすることより晶子や吉井勇の歌を愛していることを標榜《ひょうぼう》して、うるさい耿之介に批判されている。

それほどに大學には、いったん愛した者を裏切らないというところがあった。もっと正確にいえば、詩語としての日本語をつくることと、そのような日本語をもつ日本人を愛することは同じことだったのである。『源氏』と漱石の感覚が生きていた。

ところで、ぼくが堀口大學に親しんだのは『月下の一群』が最初ではなかった。大學の第一詩集『月光とピエロ』に惹かれた。が、のちにジュール・ラフォルグを知って、本家本元に恋をした。ついでアルセーヌ・ルパンとサン＝テグジュペリを華麗に操る大學に目を見はり、ついには『月下の一群』に逢着《ほうちゃく》して感服するのだが、もうひとつ大學に感服したことがあった。それは良寛を見る大學の目というものだ。

詳しいことは『外は、良寛。』（芸術新聞社→講談社文芸文庫）に書いたことなので省略するが、大學はやっと四七歳で新潟県関川の三十歳も年下のマサノと結婚したとき、おりからの太平洋戦争を避けて、その関川に、また戦後すぐは高田に住んだ。そこで自分の故郷にも近かった良寛の生涯と書と歌にひたぶるに惚《ほ》れた。「越後に移ってからは、良寛和尚が悉く心の悦びをしめてしまった風である」と書く。

良寛が大學を覆っていったことは、漱石が良寛にのめりこんでいったことにつながっている。こんな歌を詠んでいる。おそらく、この一首が、今夜堀口大學をとりあげた理由のいっさいを語ってくれている。

老いけらし良寛坊に及ばざりロオランサンもアーキペンコも

第四八〇夜　二〇〇二年二月十九日

参照千夜

四〇五夜：中江兆民『一年有半・続一年有半』　四三一夜：黒岩涙香『小野小町論』　四五〇夜：永井荷風『断腸亭日乗』　九二九夜：村山知義『忍びの者』　六〇〇夜：シェイクスピア『リア王』　五八夜：アンデルセン『絵のない絵本』　七五八夜：森鷗外『阿部一族』　一二夜：ヴァレリー『テスト氏』　九一二夜：ジャン・コクトー『白書』　六九〇夜：ランボオ『イリュミナシオン』　七七三夜：ボードレール『悪の華』　一六夜：サン＝テグジュペリ『夜間飛行』　一一七夜：モーリス・ルブラン『奇巌城』　七五夜：岡倉天心『茶の本』　一四七〇夜：近藤啓太郎『大観伝』　五二八夜：『寒村自伝』　七三六夜：『大杉栄自叙伝』　二〇夜：佐藤春夫『晶子曼陀羅』　一二〇六夜：平塚らいてう『元始、女性は太陽であった』　一〇四八夜：『北原白秋集』　九三八夜：『吉井勇歌集』　一一四八夜：石川啄木『一握の砂・悲しき玩具』　一〇〇〇夜：『良寛全集』

日本がついに見失った「或るおおもと」とは何か。
藤村がその奪還の痛みを書き上げる。

島崎藤村

夜明け前

新潮文庫　全四巻　一九五四〜一九五五

篠田一士《はじめ》に『二十世紀の十大小説』がある。いまは新潮文庫に入っている。円熟期に達した篠田が満を持して綴ったもので、過剰な自信があふれている。

十大小説は、プルーストの『失われた時を求めて』、ボルヘスの『伝奇集』、カフカの『城』、茅盾《ぼうじゅん》の『子夜』、ドス・パソスの『U・S・A』、フォークナーの『アブサロム、アブサロム！』、ガルシア＝マルケスの『百年の孤独』、ジョイスの『ユリシーズ』、ムージルの『特性のない男』、そして日本から唯一合格した藤村の『夜明け前』である。モームの世界文学十作の選定を思わせるこの選び方をどういう評価をするかはともかく、篠田はここで『夜明け前』を「空前にして絶後の傑作」といった言葉を都合三回もつかって褒めそやした。日本の近代文学はこの作品によって頂点に達し、この作品を読むことで日本の近代文学の本質を知る、だいたいはそんな意味なのだが、ところが篠田の筆鋒《ひっぽう》は他の九つの作品の料理のしかたの切れ味にくらべ、『夜明け前』についてはいささか空転していた。褒めすぎて篠田の説明がなんら迫真していないのだ。

どんな国のどんな文学作品をも巧妙に調理してみせてきた鬼才篠田にして、こうなのだ。『夜明け前』が大傑作であるのは言うを俟《ま》たないことなのに、そのことを彷彿《ほうふつ》とさせる批評の言葉がまにあわない。

これはおそらく藤村が相手であるからである。漱石や鷗外では、まずこんなことはおこらない。露伴や鏡花でもむずかしくはない。むろん横光利一《よこみついち》や川端康成ではもっと容易だ。それなのに『夜明け前』では、ままならない。もてあます。挙げ句は、藤村と距離をとる。

のちに少しだけふれることにするが、日本人は島崎藤村を褒めるのがとくにヘタだ。『破戒』も『春』も『新生』も、自我の確立だとか社会の亀裂の彫琢だとか、そんな言葉はいろいろ並ぶものの、ろくな評価になってはいない。前もって結論めいたことを言うことになるが、われわれは藤村のように「歴史の本質」に挑んだ文学をちゃんとうけとめてはこなかったのだ。そういうものをまともに読んでこなかったし、ひょっとすると日本人が「歴史の本質」と格闘できるとは思っていないのかもしれない。

これはまことに寂しいことであるが、われわれ日本人が藤村をしてその寂しさに追いやったともいえる。ともかくもそれくらい『夜明け前』を論じるのはむずかしい。まずは、そのことを告げておきたかった。

あらためて言う。『夜明け前』は聞きしにまさる長編小説である。第一部と第二部に分かれ、ひたすら木曾路の馬籠《まごめ》の周辺にひそむ人々の生きた場面だけを扱っているのに、幕末維新の約三十年の時代の流れとその問題点を、ほぼ全面的に、かつ細部にいたるまで執拗《しつよう》に描いた。

これを大河小説といってはあたらない。大長編ではあるけれど、日本近代の最も劇的な変動期を背景に一人の男の生活と心理を描いたというくらいなら、ただそれまでのこと、それなら海音寺潮五郎《かいおんじちょうごろう》や司馬遼太郎だって、そういう長編歴史小説を何本も書いてきた。勝海舟や坂本龍馬の内面も描写されてきた。しかし藤村がしたことは、そうではなかったのだ。『夜明け前』全編を通して、日本人のすべてに「或るおおもと」とは何かということを問うたのである。その「或るおおもと」がはたして日本が必要とした「歴史の本質」だったのかどうか、そこを描いた。

それを一言でいえば、いったい「王政復古」とは何なのかということだ。いまも、このことに答えられる日本人はおそらく何人もいないとおもわれるのだが、当時は、そのことをどのように議論してよいかさえわからなかった。

藤村がこれを書いたときのことをいえば、「中央公論」に『夜明け前』の連載が始まったのが昭和四年、藤村最晩年の五七歳のときだった。昭和四年は二年前の金融恐慌につづいて前年に満州某重大事件がおき、翌年には金輸出解禁に踏みきらざるをえなくなった年、すなわち日本がふたたび大混乱に突入していった年である。ニューヨークでは未曾有の世界大恐慌が始まっていた。

そういうときに、藤村は王政復古を選んだ歴史の本質とは何なのかと問うた。王政復古は維新ののちに歪《ゆが》みきったただの西欧崇拝主義だった。それがすべてヤバイというわけではなく、福澤諭吉が主張したように、「脱亜入欧」は国の悲願でもあった。しかしそれを推進した連中はその直前まで「王政復古」を唱えていたわけである。

いったい何が歪んで、大政奉還が文明開化になったのか。藤村はそのことを描きたかった。それはわれわれが見捨ててきたか、それともギブアップしてしまった問題の正面きっての受容だった。

物語を覗《のぞ》いておきたい。主人公は青山半蔵である。父の吉左衛門が馬籠《まごめ》の本陣・問屋・庄屋を兼ねていたので、半蔵はこれを譲りうけた。この半蔵が藤村の実父にあたる。『夜明け前』は明治の青年にとっての〝父の時代〟の物語なのである。

話は「木曾路はすべて山の中である」という有名な冒頭に象徴されているように、木曾路の街道のわずかずつの変貌から、木の葉がそよぐように静かに始まっていく。その街道の一隅に馬籠の宿がある。馬籠は木曾十一宿のひとつ、中山道から木曾路に入ると最初の入口になる。そこに本陣・問屋《といや》・年寄・伝馬役《てんまやく》・定歩行役《じょうほこうやく》・水役《みずやく》・七里役などからなる百軒ばかりの村をつくる家々と、六十軒ばかりの民家と寺や神社とが、淡々とではあるが、脈々と生きている。

その馬籠の一隅に芭蕉の句碑が立った。「送られつ送りつ果ては木曾の穐《あき》」。それは江戸の文化の風がさあっと吹いてきたようなもので、青山半蔵にも心地よい。半蔵はそういう江戸の風を学びたいと思っていた青年である。そこで、隣の中津川《なかつがわ》にいる医者の宮川寛斎に師事して平田派の国学を学ぶことにした。すでに平田篤胤《あつたね》は死んでいたが、この国のことを馬籠の宿から遠くに想うには、せめて国学の素養やその空気くらいは身につけたい。残念ながら宣長を継承する者は馬籠の近くにはいなかった。

そこへ「江戸が大変だ」という知らせが入ってくる。嘉永《かえい》六年のペリー来航のニュースである。さすがに馬籠にも飛脚が走り、西から江戸に向かう者たちの姿が目立ってきた。けれどもニュースは噂以上のものではなく、とんでもなく粉飾されている。物語はこの「黒船の噂」が少しずつ正体をあらわすにつれ変化を見せていく。

半蔵は三二歳で父の跡を継いでいた。村民の痛ましい日々を目のあたりにし、盗木で追われる下民の姿などにふれて、ひそかな改革の志を抱いていた。半蔵は「世直し」の理想をかすかながらも持ちはじめていたのだ。だが、そんな改革の意識よりもはるかに早く、時代は江戸を震源地として激変していったのである。

このあたりの事情について、藤村はまことにうまく描写する。安政の大獄、文久の変、桜田門外の変などを馬籠にいる者が伝え聞く不安のままに、そこで憶測をまじえて国難を案ずる半蔵の心境のままに、描写する。たとえば木曾寄せの人足七三〇人と伊那の助郷《すけごう》一七〇〇人が馬籠を通って江戸表に動くといった木曾路の変化をとらえ、また、会所《かいしょ》の定使《じょうつか》いや牛方衆《うしかたしゅう》の口ぶりやかれらのちょっとした右往左往を通して、その背後の巨大な変貌を描いていく。

こうして山深い街道に時代の変質がのしかかってくると、半蔵はふと古代への回帰を思い、王政の古《いにしえ》の再現を追慕するようになる。そんなとき、京都にも江戸にも大騒動がもちあがった。皇女和宮《かずのみや》が降嫁《こうか》して、徳川将軍が幕政を奉還するという噂だ。半蔵もさすがに落ち着かない。和宮の道中コースは当初の東海道下りではなく、木曾路を下る模様替えとなったため、これを迎えなければならなくなったのだ。馬籠はてんやわんやの用意に追われた。

村民たちは和宮の降嫁に沸き立った。加えて、三河や尾張あたりから聞こえてくる「ええじゃないか」の声は、半蔵のいる街道にも騒然と伝わってきた。半蔵は体中に新しい息吹がみなぎっていくのを実感する。

こうして、第一部の「下」の第九章くらいから、藤村は「日本の夜明け」を担おうとした人々を、半蔵に届いた動向の範囲で詳細に綴っていく。たとえば長州征伐、たとえば岩倉具視《ともみ》の動き、たとえば大西郷の噂、たとえば池田屋の事件。なかで藤村は、半蔵が真木和泉《まきいずみ》の死や水戸浪士の動きを見ている目が深くなっていくことをやや克明に描写する。

真木は久留米藩の神官で、会沢正志斎《あいざわせいしさい》と交流して尊王攘夷派に理論的根拠を提供していた。ここはさすがに国学の解釈にもとづく描写になっていて、日本の舵《かじ》を切るイデオロギーを問うている。そこに〝思いがけない声〟が半蔵のもとに届いた。「王政の古に復することは建武中興の昔に帰ることであってはならない。神武の創業にまで帰って行くことであらねばならない」。

藤村はいそいで書き加えた。「その声こそ彼が聞こうとして待ち侘びていたものだ。多くの国学者が夢みる古代復帰の夢がこんな風にして実現される日の近づいたばかりでなく、あの本居宣長が書き遺したものにも暗示してある武家時代以前にまでこの復古を求める大勢が押し移りつつあるということは、おそらく討幕の急先鋒をもって任ずる長州の志士達ですら意外とするところであろうと彼には思われた」。

かくて「御一新」。半蔵はこれこそ「草叢《くさむら》の中」から生じた万民の心のなせるわざだろうと感じて、王政復古の夜明けを「一切は神の心であろうでござる」と得心する。半蔵が日々の多事に忙殺されながらも国学の真髄に学び、ひそかに思い描いてきたこの国の姿はやはり正しかったのだ。

けれども、世の中に広まっていった「御一新」の現実はそういうものではなかった。それら半蔵が得心した方向とはことごとく異なった方向へ歩みはじめてしまっていた。それらはただたんなる西洋化に見えた。半蔵は呆然《ぼうぜん》とする。

木曾福島の関所が廃止され、尾州藩が版籍奉還をした。いっさいの封建的なものは雪崩を打つように崩れていった。本陣もなくなった。大前《おおまえ》・小前《こまえ》による家筋《いえすじ》の区別もなくなった。村役人すら廃止された。享保このかた庄屋には玄米五石があてがわれていたが、それも明治五年には打ち切られた。何が改革されているのか。どうも事態は改革には見えない。そんなおり、父が死ぬ。

いちばん半蔵がこたえたのは、村人たちが「御一新」による村の変化をよろこんでいないことだった。その理由が半蔵には判断しきれない。なぜ、日本が王政復古の方向に変わったのに、村が変わっていくことは受け入れられないことなのか。もしかして古の日本の姿は、この村人たちが愛してきた暮らしや定めの中にあったのか。半蔵の煩悶《はんもん》はまさに藤村の疑問であり、藤村の友でもあった柳田國男の疑問でもあった。

もっと答えにくい難問も待っていた。平田派の門人たちは「御一新」にたいした活動をしなかったばかりか、維新後の社会においてもまったく国づくりにも寄与できなかったということである。半蔵がはぐくんできた国学思想は、結局、日本の新たな改変にかかわっていないようなのだ。

それでも半蔵は村民のために〝新しい村〟をつくろうとした。努力もした。しかし、その成果は次々にむなしいものに終わっていく。山林を村民のために使いやすいようにしようとした試みは、山林事件として責任を問われ、戸長免職にまで追いこまれた。半蔵は自信を失った。そこへもってきて、挙式を前に娘のお粂《くめ》が自殺騒ぎをおこした。いよいよ日本の村における近代ならではの悲劇が始まったのである。

それは青山半蔵だけにおこった悲劇ではなく、青山家が全体の悲劇を迎えるかどうかという瀬戸際の悲劇でもあった。そして、その悲劇を「家」の単位でくいとめないかぎりは、馬籠という共同体そのものが、木曾路という村民共同体そのものが瓦解する。民心は半蔵から離れていかざるをえなかった。だれも近代化の驀進《ばくしん》に逆らうことなど不可能だ。半蔵はしだいに自分が犠牲になればそれですむのかもしれないという、最後の幻想を抱く。

半蔵は「一生の旅の峠」にさしかかって、すべての本拠地とおぼしい東京に行くことを決意する。そこで一から考え直し、行動をおこしてみるつもりだったのだ。四四歳のときである。縁あって教部省に奉職するのだが、ところがそこでも、かつて国の教部活動に尽くしたはずの平田国学の成果はまったく無視されていた。

維新直後の神祇局《じんぎ》では、平田鉄胤《かねたね》をはじめ、樹下茂国《じゅげしげくに》、六人部《むとべ》雅楽《うた》、福羽美静《ふくばびせい》らの平田国学者が文教にも神社行政にも貢献し、その周囲の平田延胤《のぶたね》・権田《ごんだ》直助・丸山作楽《さくら》・矢野玄道《はるみち》らが明治の御政道のために尽力したばかりのはずである。それがいまやまったく反故《ほご》にされている。祭政一致など、神仏分離など、ウソっぱちだったのである。半蔵はつぶやく、「これでも復古といえるのか！」。

教部省奉職において半蔵が無残にも押し付けられた価値観は、いよいよ『夜明け前』が全編の体重をかけて王政復古の「歴史の本質」を問うものになっていく。が、半蔵その人は、この問いに堪えられない。そしてついに、とんでもないことをする。

半蔵は和歌一首を扇子にしたためて、明治大帝の行幸の列にサーッと投げ入れたのだ。悶々《もんもん》として詠んだ歌はこのようなものだった、「蟹の穴ふせぎとめずは高堤やがてくゆべき時なからめや」。このときの半蔵の心を藤村は次のように綴る。

その時、彼は実に強い衝動に駆られた。手にした粗末な扇子でも、それを献じたいと思うほどの止むに止まれない熱い情《こころ》が一時に胸にさし迫った。彼は近づいて来る第一の御馬車を御先乗《おさきのり》と心得、前後を顧みるいとまもなく群衆の中から進み出て、その御馬車の中に扇子を投進した。そして急ぎ引きさがって、額を大地につけ、袴《はかま》のままにそこにひざまずいた。

「訴人だ、訴人だ」

その声は混雑する多勢の中から起る。何か不敬漢でもあらわれたかのように、互に呼びかわすものがある。その時半蔵は逸早《いちはや》く駈け寄る巡査の一人に堅く腕をつかまれていた。大衆は争って殆《ほと》んど圧倒するように彼の方へ押し寄せて来た。

結局、青山半蔵が半生をかけて築き上げた思想は、たった一分程度の、この惨めな行動に結実しただけだった。

それは難波《なんば》大助から村中孝次《たかじ》におよぶ青年たちの行動のプロトタイプを、好むと好まざるとにかかわらず先取りしていた。これら「日本の歴史」を問おうとした者は、藤村が鋭く予告したようにことごとく散っていっただけなのである。

これですべてが終わった。木曾路に戻った半蔵は飛騨《ひだ》山中の水無《みなし》神社の宮司として「斎《いつき》の道」に鎮んでいくことを選ぶ。その四年後、馬籠に戻った半蔵はなんとか気をとりなおし、村の子弟の教育にあたろうとする。自分の息子も東京に遊学させる。この東京に遊学させられた息子こそ、島崎藤村その人である（このとき以来、藤村は父の世界からも、馬籠からも離れていき、そして『夜明け前』を書くにいたって接近していったのだが、おそらくはいっときも馬籠の父の悲劇を忘れなかったにちがいない）。

しかし、馬籠の新たな日々に生きている村民たちはこのような半蔵をまたしてもよろこばない。半蔵は酒を制限され、隠居を迫られる。そうしたある日、半蔵がついに錯乱するのである。明治十九年の春の彼岸がすぎたころの夜、半蔵はふらふらと寺に行き、火をつけた。藤村はこの最も劇的な場面で、よけいな言葉を費やさない。半蔵の放火は仏教への放火だった。我慢に我慢を重ね、仏教に背こうとした放火であった。仏に反逆したのではない。神を崇拝するためでもない。神仏分離すらまっとうできなかった「御一新」の体たらくが我慢できなかったのだった。

こうして半蔵は長男に縄で縛られ、息子たちや村人が用意した座敷牢に入れられる。幽閉の日々である。わずかに古歌をしたためるひとときがあったものの、そのまま半蔵は死んでいく。五六歳。藤村がこの作品を書いた歳とほぼ同じである。こうして物語は閉じられる。時代は「夜明け前」にすぎなかったのである。

青山半蔵は島崎正樹である。むろん多少の潤色があるものの、およそ実像に近い。藤村がそのような父の生涯を描くにあたって、かなり綿密に資料にあたっていたことはよく知られている。馬籠に遺る村民たちの記録や文書もそうとう正確に再現された。

しかし、それだけならこれは鷗外が『阿部一族』や『渋江抽斎』を仕立てた手法とあまり変わらない。けれども藤村は父の生涯を描きながらも、もっと深い日本の挫折の歴史を凝視した。そして父の挫折をフィルターにして、王政復古を夢みた群像の挫折を、さらには藤村自身の魂の挫折を塗りこめた。

なぜ、藤村はこの問題を直視する気になったのか。藤村はしばしば「親ゆづりの憂鬱」という言葉をつかって血のことを書いている。自分の父親は「慨世憂国の士をもって発狂の人となす。豈《あに》悲しからずや」と言って死んでいったのだ。これが藤村にのしかからないわけがない。

それでも『若菜集』や『千曲川のスケッチ』を書くころまでは、父が抱えた巨大な挫折を抱えるにはいたっていなかった。父が死んだのは藤村が十四歳のときで、その後もしばらくは父親がどんな人生を送ったのか、まったく知らないいままだった。

藤村が父の勧めで長兄に連れられ、三兄とともに九歳で上京したのは明治十四年のことだ。泰明小学校に入り、三田英学校から共立学校（いまの開成中学）に移って木村熊二に学んだ。明治学院に進んで、木村から洗礼をうけた。十九歳、巌本善治《いわもとよしはる》の「女学雑誌」に翻訳などを載せ、二十歳のときに植村正久の麹町一番町教会に移った。ここまではまだキリスト教にめざめた青年である。明治女学校で教鞭《きょうべん》をとったとき、教え子の佐藤輔《すけ》子《こ》と恋愛したことに自責の念を感じているのがキリスト者らしい。

ただし、この時期の日本のキリスト教は内村鑑三がそうであったように、海老名弾正《えびなだんじょう》がそうであったように、多分に日本的な色彩の濃いもので、のちに新渡戸稲造がキリスト教と武士道を結びつけたように、どこか神道の精神性と近かった。このことは、青山半蔵が水無神社の宮司になってそれまでの日本の神仏混淆にインド的なるものや密教的なるものが入りこんでいることに不満を洩らすこととも関連して、藤村自身が青年キリスト者であった体験を、その後少しずつ転換させ、父が傾倒した平田国学の無力を語っていくときの背景になっていると思われる。

つづいて透谷の自殺に出会ってから、藤村は少しずつ変わる。キリスト者であることに小さな責任も感じはじめる。けれどもロマンティックではあれ、まだまだ藤村は情熱に満ちていた。

仙台の東北学院に作文教師となって赴任し、上田敏・田山花袋・柳田國男らを知り、内訌《ないこう》する詩情を『若菜集』として発表、二七歳で木村熊二の小諸義塾に赴任したときも『千曲川のスケッチ』を綴って、その抒情《じよじよう》に自信をもっていた。

それが三十歳をすぎて被差別部落出身の瀬川丑松《うしまつ》を主人公とした『破戒』を構想し、それを自費出版したのちに二人の娘をつづけて失ってからは、しだいに漂泊と韜晦《とうかい》の二つに惹かれていったかに見える。三六歳のときの『春』や、そのあとの芭蕉の遍歴に自身の心を託した『桜の実の熟する時』や、不倫と渡仏と父の面影と伝統再生を一身に背負う『新生』の岸本捨吉の日々は、そのあらわれである。

こうして、藤村は自分の生きざまを通して、しだいに父親の対照的な人生や思想を考えるようになっていく。

島崎正樹すなわち青山半蔵は、息子の藤村とちがって断固として馬籠にとどまり、日本古代の英知を透視して、そして文明開化の欺瞞《ぎまん》を浴びて全身で傷ついていった。青年藤村には歴史がなかったが、父には歴史との真剣な格闘があった。実際にも藤村は四二歳のときにフランスに渡って、やっと「日本」を考える。「父」のことも思い出した。もともと自分を見つめることから始まった作家である藤村は、しだいにこの父の姿の奥に自分が見るべき歴史を輸血する。

それが藤村のいう「親ゆづりの憂鬱」をもって自己を「歴史の本質」に投入させるという作業になっていった。

たんに歴史と文学を重ねるというだけなら、露伴や鷗外のほうが多様であったし、小説的だった。藤村が描いた歴史はあくまで〝父の時代〟の歴史であり、その奥に父が抱いた王政復古の変転の歴史というものだった。このことを藤村ほど真剣に、かつ深刻に、かつ自分の血を通して考えた作家は稀有《けう》である。

それは、日本の近代に「過誤」があったのではないかという苦渋をともなっている。「或るおおもと」とはいったい何だったのかという問いをおこすことにある。藤村の指摘はそこにある。そして、そのことをこそ物語に塗りこめた。

では、過誤ではない歴史とは何なのか。過誤を避ければ苦渋がないかといえば、そんなことはもはや日本の近現代史にはおこりそうもなく、たとえば朝日平吾《へいご》のテロリズムのような、たとえば二・二六の青年将校の蜂起《ほうき》のような、また三島由紀夫の自決のようなかたちでしかあらわれないものかもしれないのだが、それでも藤村は結果的にではあるけれど、唯一、『夜明け前』をもってその過誤を問うたのである。答えがあるわけではない。青山半蔵の挫折が答えであった。

少数者からの声ではあるけれど、『夜明け前』には答えがあるという見解もある。このことをいちはやく指摘したのは保田與重郎だ。いまは『戴冠詩人の御一人者』（昭和十三年）に収録されている「明治の精神」には、次のような意見がのべられている。「鉄幹も子規も漱石も、何かに欠けてゐた。ただ透谷の友藤村が、一人きりで西洋に対抗しうる国民文学の完成を努めたのである」。

この一文には、篠田一士も気がついていたはずだ。篠田はこの保田の一文に気をとられ、自分の評価の言葉を失ったとさえいえる。しかし『夜明け前』は西洋に対抗した国民文学の最高傑作だというだけなのか。そんなことはあるまい。西洋に対抗したわけでもない。

ぼくが見るに、藤村にはラファエル前派もあるし、ルソーもあるし、ギリシア文学もある。藤村がフランスに行ったときリモージュで思いに耽《ふけ》るのは、そうしたヨーロッパの浄化の力というものだった。ただ藤村は晩年になるにしたがって、それらのヨーロッパを日本の古代的なるものや神道的なるものと直結させるようになっていった。伊東忠太や白井晟一《せいいち》などもそうやった。

そういうわけだから、『夜明け前』を国民文学の傑作とか西洋との対決をはたした作品とはいえないのだが、それでもこの作品は日本の近代文学史上の唯一の実験を果たした作品だったのである。われわれは青山半蔵の挫折を通して、日本の意味を知る。日本王朝の底流を知る。もう一度くりかえしておくが、その〝実験〟とはいまなお日本人が避けつづけている明治維新の意味を問うというものだった。「或るおおもと」を問うとはそういうことだ。

今夜は二十世紀の最後の年末である。ぼくは二十世紀最後の二十年ほどをかなりの不満をもって終えようとしているのだが、その気持ちを『夜明け前』に託してみたらどうなるのかと思って、この千夜千冊にしてみた。なんだか一番大事なことを伏せたままのような書きっぷりになってしまったような気もするが、この伏せかげんが藤村の問うた「或るおおもと」を実感するニュアンスをあらわすような気もする。

第一九六夜　二〇〇〇年十二月二一日

参照千夜

九三五夜：プルースト『失われた時を求めて』　五五二夜：ボルヘス『伝奇集』　六四夜：カフカ『城』　九四〇夜：フォークナー『サンクチュアリ』　七六五夜：ガルシア＝マルケス『百年の孤独』　一七四四夜：ジョイス『ダブリンの人びと』　三三二夜：モーム『月と六ペンス』　五八三夜：夏目漱石『草枕』　七五八夜：森鷗外『阿部一族』　九八三夜：幸田露伴『連環記』　九一七夜：泉鏡花『日本橋』　五三夜：川端康成『雪国』　三七一夜：海音寺潮五郎『日本の名匠』　九一四夜：司馬遼太郎『この国のかたち』　三三八夜：勝海舟『氷川清話』　四一二夜：福澤諭吉『文明論之概略』　九九一夜：松尾芭蕉『おくのほそ道』　九九二夜：小林秀雄『本居宣長』　一一四四夜：柳田國男『海上の道』　二五〇夜：内村鑑三『代表的日本人』　六〇五夜：新渡戸稲造『武士道』　一〇二二夜：三島由紀夫『絹と明察』　二〇三夜：保田與重郎『後鳥羽院』　四九九夜：正岡子規『墨汁一滴』　六六三夜：ルソー『孤独な散歩者の夢想』　七三〇夜：伊東忠太・藤森照信・増田彰久『伊東忠太動物園』

1953年公開の映画『夜明け前』。監督吉村公三郎の佳作。脚本は新藤兼人、音楽は伊福部昭。半蔵役の滝沢修は徹底した役作りで“新劇の神様”と呼ばれた。

追伸

源氏、右京大夫、連歌、晶子、漱石

これまで古典や近現代文学や詩歌を好きに読んできて、日本文芸史にはいまだ議論しつくされていない「試み」が秘められてきたなと、何度も思ってきた。たとえば人麻呂に顕著な「代作性」である。「代わり」になることが意図的に重んじられている。また古代中世の史談から近松・南北におよぶ「物語」にひそむ虚実皮膜の書き方の特徴だ。最初からリアルとヴァーチャルをごっちゃにしたかったところがある。芭蕉も「虚に居て実を行ふべし」と指南した。

主人公があからさまな描写の対象にならないことも気になってきた。これは世阿弥のシテの描き方から近現代小説の「はぐれている私」の扱いまで貫いていて、海外の批評家には「やりきれないもの」を感じさせている。しかし思うに、これらは慈円が指摘したように、日本人が「世」に「あらわるるもの」と「かくるるもの」を二つながら想定してきたこと、宣長が指摘したように、日本語には「ただの詞《ことば》」では描けない「あやの詞」があることに関係するのであろう。

総じては「暗示性」がきわめて深くて多層的（もっといえば多瞰的）だということなのであるが、それが技法上だけではなく、日本文芸作品が好んだ模擬的な構造感覚や生成変化の思想に及んでいることが気になるのである。いったいこうなってきたについては、どんな世界観や社会観や人間観が日本文学に関与してきたのか。そんなことをつらつら考えているうちに、これらは『源氏物語』がほぼすべてを暗示していたことだったと思うようになっていた。

『源氏』が「いづれの御時《おほんとき》」を紫式部の育ってきた分だけずらしていること、光源氏に名前がないこと、歌物語であること、「もののあはれ」を秘めたかったこと、心《しん》内語《ないご》と草子地《そうしじ》の書き方を独特にしていることなどは、すでに指摘されてきた。けれども、そのことが西行や芭蕉や西鶴や与謝野晶子をへて、紅葉や漱石や堀口大學に及んで変化しつづけていたことは、あまり議論されてこなかった。

ぼくは會津八一の漢字の書が好きなのだが、歌のほうは仮名だけであらわされていることが気掛かりになっていた。そんなとき漱石の漢詩に惑溺《わくでき》するようになって、ふいにあれこれのことが相互にスパークしはじめたのだ。漱石と八一が二人とも良寛を極上に見ていることもヒントになっている。

それで何を考えるようになったのか。結論だけを言うが、「源氏」と「漱石」をつなげてみることが、日本文学の奥でいまだ浮上しきっていない「試み」を取り出す手立てになると思うようになったのだ。ただしそのためには、次のようなことがいっしょくたに議論されていく必要がある。

①「和漢をまたぐ意味」は何をもたらしてきたのか、②「日本仏教のソフトな自立」はどこから始まったのか、③「仮名文学を許容した藤原文化の構造」は何をなしくずしにしたのか、④「後鳥羽院の反抗と失望」の背景に何があったのか、⑤「本《ほん》地垂迹《じすいじゃく》と神道の急増」は何をめざしたのか、⑥どのように「和歌→連歌→俳諧」は流出分化していったのか、⑦なぜ「キリシタンは怖い」と思ったのか、⑧江戸戯作趣向はいったん「近松・西鶴に戻る」ことによって何が変わるのか、⑨明治近代は「四迷の挫折と鷗外の転向」によって何をめざすようになったのか、⑩これらの事情をなぜ「漱石がひとり則天去私」できたのか、そして⑪「鉄幹と晶子がもたらした影響」はどこまで及んでいるのか、といったようなことだ。

なお本書は、既刊の千夜千冊エディション『ことば漬』『芸と道』『面影日本』『日本的文芸術』と呼応するので、参照していただきたい。

松岡正剛

千夜千冊
EDITION

「千夜千冊エディション」は、2000年からスタートした
松岡正剛のブックナビゲーションサイト「千夜千冊」を大幅に加筆修正のうえ、
テーマ別の「見方」と「読み方」で独自に構成・設計する文庫オリジナルのシリーズです。

執筆構成：松岡正剛
編集制作：太田香保、寺平賢司、大音美弥子
造本設計：町口覚
意匠作図：浅田農、清水紗良
口絵撮影：熊谷聖司
口絵協力：学校法人二松学舎
編集協力：編集工学研究所、イシス編集学校
制作設営：和泉佳奈子

千《せん》夜《や》千冊《せんさつ》エディション

源《げん》氏《じ》と漱《そう》石《せき》

松《まつ》岡《おか》正《せい》剛《ごう》

令和5年 2月25日　初版発行
令和6年 10月30日　再版発行

発行者●山下直久

発行●株式会社KADOKAWA
〒102-8177　東京都千代田区富士見2-13-3
電話　0570-002-301（ナビダイヤル）

角川文庫 23565

印刷所●株式会社KADOKAWA
製本所●株式会社KADOKAWA

表紙画●和田三造

ISBN 978-4-04-400745-4　C0195

角川文庫発刊に際して

角川源義

第二次世界大戦の敗北は、軍事力の敗北であった以上に、私たちの若い文化力の敗退であった。私たちの文化が戦争に対して如何に無力であり、単なるあだ花に過ぎなかったかを、私たちは身を以て体験し痛感した。西洋近代文化の摂取にとって、明治以後八十年の歳月は決して短かすぎたとは言えない。にもかかわらず、近代文化の伝統を確立し、自由な批判と柔軟な良識に富む文化層として自らを形成することに私たちは失敗して来た。そしてこれは、各層への文化の普及滲透を任務とする出版人の責任でもあった。

一九四五年以来、私たちは再び振出しに戻り、第一歩から踏み出すことを余儀なくされた。これは大きな不幸ではあるが、反面、これまでの混沌・未熟・歪曲の中にあった我が国の文化に秩序と確たる基礎を齎らすためには絶好の機会でもある。角川書店は、このような祖国の文化的危機にあたり、微力をも顧みず再建の礎石たるべき抱負と決意とをもって出発したが、ここに創立以来の念願を果すべく角川文庫を発刊する。これまで刊行されたあらゆる全集叢書文庫類の長所と短所とを検討し、古今東西の不朽の典籍を、良心的編集のもとに、廉価に、そして書架にふさわしい美本として、多くのひとびとに提供しようとする。しかし私たちは徒らに百科全書的な知識のジレッタントを作ることを目的とせず、あくまで祖国の文化に秩序と再建への道を示し、この文庫を角川書店の栄ある事業として、今後永久に継続発展せしめ、学芸と教養との殿堂として大成せんことを期したい。多くの読書子の愛情ある忠言と支持とによって、この希望と抱負とを完遂せしめられんことを願う。

一九四九年五月三日